学校心理学ハンドブック 第2版
「チーム」学校の充実をめざして

責任編集

石隈利紀　大野精一　小野瀬雅人
東原文子　松本真理子　山谷敬三郎
福沢周亮

日本学校心理学会 編

教育出版

子どもと学校を取り巻く状況と学校心理学のエビデンス
～「学校心理学ハンドブック第2版」刊行にあたって～

　このたび日本学校心理学会編集により，『学校心理学ハンドブック第2版』を出版することになりました。責任編集者として，一言ご挨拶申し上げます。

　『学校心理学ハンドブック』は，「学校心理学」に対する理解を広めることをめざして，2004年に出版しました。学校現場の先生方やスクールカウンセラーに読まれるとともに，大学や大学院の教科書・参考書としても広く使われ，現在7刷となります。読者のみなさまのご愛顧に感謝します。

　さて本書の初版から10年以上を経過し，学校教育をめぐる課題も，教師・保護者・スクールカウンセラーを取り巻く環境も，この10年間で大きく変化し，より複雑になりました。第一に変化の激しい時代で，すべての子どもが発達する過程で援助を必要としています。さらに児童虐待，子どもの貧困，自然災害など，学校教育の枠組み以外の出来事が，子どもの育ちや学校教育に影響を与えています。そして，不登校，いじめ，虐待，貧困などにより，学習や人間関係において幅広く力を獲得する機会を失ってきた子どもも含めて，すべての子どもが，学習面，心理・社会面，進路面，健康面で成長するのは学校なのです。第二に，2015年には「チームとしての学校の在り方と改善方策について」（答申）が文部科学省中央教育審議会から出されました。また同年「公認心理師法」が公布されました。教師とスクールカウンセラーや特別支援教育などの専門スタッフによるチーム体制が支える学校教育に，注目が集まっています。第三に学校心理学は広く周知され，現場での実践も発展してきました。現在学校心理士は，一般社団法人学校心理士認定運営機構が認定をしています。平成28年9月現在学校心理士の資格保持者は約4000名（学校心理士スーパーバイザーを含む）になっており，スクールカウンセラー，生徒指導・教育相談担当教師，特別支援教育コーディネーター等として活躍しています。学校心理士を含む教師やカウンセラーの実践や研究者の調査を基盤として，学校心理学の研究は大きな発展を遂げてきました。『学校心理学研究』『日本学校心理士会年報』をはじめ，『教育心理学研究』『カウンセリング研究』『LD研究』等に，心理教育的援助サービスに関する研究成果が発表されています。また「教育心理学年報」では，「学校心理学部門」が設けられており，1年間における学校心理学の研究動向と展

望の論文が掲載されています。つまり学校心理学のエビデンスが蓄積されてきたと言えます。

　このような中，子どもと学校現場の今のニーズと学校を取り巻く状況に応じるために，学校心理学の実践と研究から蓄積されたエビデンスに基づき，『学校心理学ハンドブック第2版』を出版することにしました。まさに「チーム学校」の充実をめざすものです。第2版は，「学校心理学とは何か」「学校心理学の理論」「学校心理学の実践」の3部から構成されます。新しい知見を紹介しながら，最新の学校心理学の理論と実践を紹介する一冊にするために，学校心理学およびそれを支える学問領域における第一線の先生方を執筆者としてお迎えしました。学校心理学の概論から実践まで理解できる内容になっております。

　本書が，現場の先生たち，スクールカウンセラーや生徒指導・教育相談，特別支援教育担当の方々，教師や公認心理師・スクールカウンセラーをめざす学生や大学院生，学校教育の行政関係者，心理学や学校教育の研究者にとって，気楽に，しかも大いに参考にできる本になることを祈っています。

　そして，何よりも本書が，「チーム学校」の力を発揮し，子どもの学校生活を豊かにし，子どもの成長を促進させる一助になることを念願してやみません。

　　2016年10月

　　　　　　　　　　　　　　　　　　　　　　　責任編集者
　　　　　　　　　　　　　　　　　　　　　　　　石　隈　利　紀
　　　　　　　　　　　　　　　　　　　　　　　　大　野　精　一
　　　　　　　　　　　　　　　　　　　　　　　　小　野　瀬　雅　人
　　　　　　　　　　　　　　　　　　　　　　　　東　原　文　子
　　　　　　　　　　　　　　　　　　　　　　　　松　本　真　理　子
　　　　　　　　　　　　　　　　　　　　　　　　山　谷　敬　三　郎
　　　　　　　　　　　　　　　　　　　　　　　　福　沢　周　亮

目　次

Part I　学校心理学とは何か
- ① 学校心理学の意義 ……………………………………………………………… 2
- ② 学校心理学の内容 ……………………………………………………………… 4
- ③ 学校心理学の方法 ……………………………………………………………… 6
- ④ 学校心理学を構成する学問領域 ……………………………………………… 8
- ⑤ 学校心理士の資格とその認定 ………………………………………………… 10
- ⑥ 公認心理師と学校心理学に関わる資格 ……………………………………… 12
- ⑦ 学校心理士(学校心理学)と倫理 …………………………………………… 14

Part II　学校心理学を支える理論と方法
Ⓐ 学校心理学を支える学校教育学的基盤
- ① 教育学 …………………………………………………………………………… 18
  - ① 教育哲学　18
  - ② 教育方法　20
  - ③ 教育課程　22
  - ④ 教育社会学　24
  - ⑤ 幼児教育　26
- ② 学校組織と教育制度 …………………………………………………………… 28
  - ① 学校経営　28
  - ② 学級経営　30
  - ③ 学校組織　32
  - ④ 教育制度　34
- ③ 特別支援教育の基盤 …………………………………………………………… 36
  - ① 特別支援教育の動向　36
  - ② 幼児期における特別支援　38
  - ③ 小学校の通常学級における援助　40
  - ④ 中・高等学校の通常学級における援助　42
  - ⑤ 通級指導等における援助　44
  - ⑥ 特別支援学校による地域の援助　46
- ④ 生徒指導・教育相談・キャリア教育 ………………………………………… 48
  - ① 生徒指導とは　48
  - ② 学校教育相談　50
  - ③ 教育相談コーディネーター　52
  - ④ キャリア教育　54
  - ⑤ 進路指導とキャリアカウンセリング　56
  - トピックス① 教育学の学び方　58
  - トピックス② 特別支援教育の学び方　59

Ⓑ 学校心理学を支える心理学的基盤
- ① 育つこと　*発達心理学的基盤 ………………………………………………… 60
  - ① 乳幼児期　60
  - ② 児童期　62
  - ③ 思春期　64
  - ④ 青年期　66
  - ⑤ 成人期　68
  - トピックス③ 発達心理学の学び方　70

v

トピックス④　臨床心理学の学び方　71
　② 学ぶこと・教えること ＊教育心理学的基盤 ……………………………… 72
　　　① 認知心理学　72　　　　　　② 教授・学習心理学　74
　　　③ 教科心理学　76　　　　　　④ 言語心理学　78
　　　⑤ 教育評価　80
　③ 個として生きること ＊臨床心理学的基盤 ……………………………… 82
　　　① 教育現場に活かす臨床心理学　82
　　　② 子どもの心をめぐる臨床心理学的問題　84
　　　③ 人格理論　86　　　　　　　④ 心理療法　88
　④ 他者の中で生きること ＊社会心理学的基盤 …………………………… 90
　　　① 集団心理学（規範，同調，リーダーシップ）　90　　② 援助行動　92
　　　③ ソーシャルサポート　94　　④ 被援助志向性　96
　　　トピックス⑤　教育心理学の学び方　98
　　　トピックス⑥　社会心理学の学び方　99
Ⓒ　学校心理学を支える心理教育的援助サービスの方法と技法
　① 心理教育的アセスメント ＊子どもと子どもを取り巻く環境の理解 ……… 100
　　　① 心理教育的アセスメントとは　100
　　　② 心理教育的アセスメントの方法　102
　　　③ 心理検査の活用と限界 ―知能検査を中心に―　104
　　　④ 心理教育的アセスメントの領域
　　　　　a 学習面のアセスメント　106　　b 心理・社会面のアセスメント　108
　　　　　c 進路面のアセスメント　110　　d 健康面のアセスメント　112
　　　⑤ 学級集団のアセスメント　114　　⑥ 学級風土のアセスメント　116
　　　⑦ 子どもと環境の折り合いのアセスメント　118
　　　⑧ 援助サービスシステムのアセスメント　120
　② カウンセリング ＊直接的な援助サービス …………………………… 122
　　　① カウンセリングとは　122
　　　② カウンセリングと一般意味論　124　　③ 教師によるカウンセリング　126
　　　④ スクールカウンセラーによるカウンセリング　128
　　　⑤ カウンセリングの方法
　　　　　a クライエント中心療法　130　　b 論理療法　132
　　　　　c 行動療法　134　　　　　　　　d ブリーフカウンセリング　136
　　　⑥ 個別の学習支援　138　　　　⑦ コーチング　140
　　　⑧ ソーシャルスキル・トレーニング　142
　　　⑨ ソーシャルエモーショナルラーニング　144
　　　トピックス⑦　学校で使えるアセスメント　146
　　　トピックス⑧　学校で使えるカウンセリング　147
　③ コンサルテーション ＊間接的な援助サービス ……………………… 148
　　　① コンサルテーションとは　148　　② 教師へのコンサルテーション　150

③ 保護者・家族へのコンサルテーション　152
④ 管理職へのコンサルテーション　154
⑤ 研修型コンサルテーション　156
⑥ カリキュラム開発と評価のコンサルテーション　158
トピックス⑨ 学校におけるコンサルテーション　160
トピックス⑩ トータルなコーディネーション　161

④ コーディネーションとチーム援助の方法　..................................　162
① 援助サービスにおけるコーディネーションとは　162
② マネジメント委員会　164　　③ コーディネーション委員会　166
④ 個別の援助チーム　168　　⑤ コーディネーション行動　170
⑥ 危機対応チームにおけるコーディネーション　172
⑦ コーディネーションの強みと課題　174

Part Ⅲ　学校心理学の実践：心理教育的援助サービス

① 子どもをめぐる課題への援助　..................................　178
① 学ぶ意欲の問題　178　　② 不登校　180
③ いじめ　182　　④ 非行　184
⑤ 発達障害　186
⑥ PTSDの理解と学校における支援方法　188
⑦ 自殺（自死）　190
トピックス⑪ いじめ防止対策推進法　192
トピックス⑫ ネット問題の広がりと低年齢化　193

② 家族・地域をめぐる課題への援助　..................................　194
① 多様な家族への対応　194　　② 子どもの貧困　196
③ 児童虐待　198　　④ 地域をめぐる問題　200

③ 教師をめぐる課題への援助　..................................　202
① 教師の養成をめぐる課題　202　　② 教師のキャリア発達　204
③ 教師の成長　206　　④ 教師のバーンアウト　208
⑤ 教師のリーダーシップ　210

④ 学校をめぐる課題への援助　..................................　212
① 学力の問題　212　　② 授業のユニバーサルデザイン　214
③ 教師と保護者のコミュニケーション　216　　④ 学級崩壊　218
⑤ 学校種間の連携　220　　⑥ 危機支援　222
トピックス⑬ 生徒指導提要　224
トピックス⑭ 教員養成への提案　225

索　引　226

あとがき　235

責任編集者・執筆者一覧

責任編集者

石隈　利紀　東京成徳大学
大野　精一　日本教育大学院大学
小野瀬　雅人　聖徳大学
東原　文子　聖徳大学
松本　真理子　名古屋大学
山谷　敬三郎　北翔大学
福沢　周亮　筑波大学名誉教授

執筆者(執筆順)

〈Part Ⅰ〉
石隈　利紀　東京成徳大学
小野瀬　雅人　聖徳大学
大野　精一　日本教育大学院大学

〈Part Ⅱ〉
木内　陽一　鳴門教育大学
徳岡　慶一　京都教育大学
田中　統治　放送大学
伴　　恒信　岡山商科大学
塩　美佐枝　聖徳大学
浜田　博文　筑波大学
河村　茂雄　早稲田大学
窪田　眞二　筑波大学
柘植　雅義　筑波大学
安部　博志　筑波大学附属大塚特別支援学校
中田　正敏　明星大学
鳥居　深雪　神戸大学
名古屋　学　神奈川県立平塚ろう学校
八並　光俊　東京理科大学
山谷　敬三郎　北翔大学
渡辺　三枝子　筑波大学名誉教授
今西　一仁　高知県心の教育センター
東原　文子　聖徳大学
安藤　智子　筑波大学

渡辺　弥生　法政大学
佐藤　有耕　筑波大学
大川　一郎　筑波大学
下山　晴彦　東京大学
市川　伸一　東京大学
岡　　直樹　広島大学
小野瀬　雅人　聖徳大学
福沢　周亮　筑波大学名誉教授
服部　環　法政大学
小川　俊樹　放送大学
松本　真理子　名古屋大学
笠井　仁　静岡大学
玉瀬　耕治　前帝塚山大学
吉田　富二雄　東京成徳大学
松井　豊　筑波大学
福岡　欣治　川崎医療福祉大学
水野　治久　大阪教育大学
今野　裕之　目白大学
石隈　利紀　東京成徳大学
飯田　順子　筑波大学
藤田　和弘　九州保健福祉大学
宮本　友弘　東北大学
今田　里佳　ノッティンガム大学
相樂　直子　筑波大学附属高等学校
伊藤　亜矢子　お茶の水女子大学

西山 久子	福岡教育大学	
伊澤 成男	跡見学園女子大学	
半田 一郎	茨城県スクールカウンセラー	
諸富 祥彦	明治大学	
鈴木 由美	聖徳大学	
田上 不二夫	東京福祉大学	
市川 千秋	皇學館大学	
熊谷 恵子	筑波大学	
小泉 令三	福岡教育大学	
大野 精一	日本教育大学院大学	
小林 朋子	静岡大学	
大河原 美以	東京学芸大学	
山口 豊一	跡見学園女子大学	
三野輪 敦	茗溪学園中学校高等学校	
西岡 加名恵	京都大学	
家近 早苗	大阪教育大学	
田村 節子	東京成徳大学	
瀬戸 美奈子	三重大学	
瀧野 揚三	大阪教育大学	

〈Part Ⅲ〉

小野瀨 雅人	聖徳大学
保坂 亨	千葉大学
戸田 有一	大阪教育大学
押切 久遠	法務省保護局
柘植 雅義	筑波大学
本田 恵子	早稲田大学
阪中 順子	四天王寺学園中学校
八並 光俊	東京理科大学
竹内 和雄	兵庫県立大学
鈴木 庸裕	福島大学
宮本 信也	筑波大学
秋田 喜代美	東京大学
田村 修一	創価大学
小泉 令三	福岡教育大学
藤岡 秀樹	京都教育大学
小貫 悟	明星大学
上村 恵津子	信州大学
河村 茂雄	早稲田大学
樋口 直宏	筑波大学
瀧野 揚三	大阪教育大学
新井 肇	兵庫教育大学

Part I

学校心理学とは何か

PartIでは，学校心理学という学問領域の歴史・性格・内容や，他領域との関連性を概観する。
いわば，PartⅡ以降を読む際のガイドの役割を果たしている。

[内　容]
1 学校心理学の意義
2 学校心理学の内容
3 学校心理学の方法
4 学校心理学を構成する学問領域
5 公認心理師と学校心理学に関わる資格
6 学校心理士の資格とその認定
7 学校心理士(学校心理学)と倫理

1 学校心理学の意義

■トータルな存在としての子ども

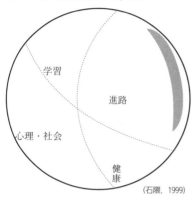

(石隈, 1999)

　子どもはトータルな存在であり, 子どもの悩みも一つの複合体である。学習面, 心理・社会面, 進路面, 健康面は, 心理教育的援助サービスにおける焦点であり, 一つの面での援助が, 他の面での援助にも影響する。例えば, 学習面での援助 (例：基礎学力の獲得) が心理・社会面での援助 (例：自尊感情の向上) にもなる。心理教育的援助サービスは, 子どもをトータルに援助することをめざす。

◆石隈利紀　1999　学校心理学―教師・スクールカウンセラー・保護者のチームによる心理教育的援助サービス　誠信書房 (以下頻出のため本書では「石隈 (1999)」として同じものを指す)

■心理教育的援助サービスの例
①教師による援助 (分かりやすい授業, 教育相談など)
②養護教諭による援助
③特別支援教育
④スクールカウンセラーの活動
⑤教育センター・発達支援センター等の活動

1　学校心理学の定義

　学校心理学とは, 学校教育において一人ひとりの子どもが学習面, 心理・社会面, 進路面, 健康面などにおける課題の取り組みの過程で出会う問題状況の解決を援助し, 子どもの成長を促進する「心理教育的援助サービス」の理論と実践を支える学問体系である。心理教育的援助サービスの対象はすべての子どもであり, 心理教育的援助サービスは教師, スクールカウンセラーなどからなる「チーム学校」が家庭・地域との連携で進める。

2　なぜ学校心理学か

　すべての子どもが発達の過程で援助を必要としている。そして子どもの苦戦も多様である。不登校, いじめ, 非行の問題は, 子どもの学校生活の質を脅かしている。また LD (学習障害), ADHD (注意欠如／多動性障害), 自閉症スペクトラム障害などの「発達障害」の子どもへの援助が, 注目されている。さらに児童虐待, 子どもの貧困, 自然災害など, 学校教育の枠組み以外の出来事が子どもの育ちに影響を与えている。多様で複雑化している子どもの問題を援助するには, 「チーム学校」と家庭・地域の連携が必須である。学校心理学は, 生徒指導・教育相談, 特別支援教育, 学校保健などの領域を超えて, 子どもの学校生活を援助する知見を総合的に論じ, 援助サービスの向上のための, 共通の枠組みを提供してきた。子どもの成長を促進する学校生活の質 (Quality of School Life) を維持向

上するために，学校心理学が求められる。

3 学校心理学と隣接領域との違い

　学校心理学は子どもへの援助サービスの実践を支える学問体系として，教育心理学，臨床心理学，カウンセリング心理学と共通なところが多い。ここで，この3つの隣接領域との主な違いについて触れる。

（1）教育心理学との違い
①教育心理学は心理学の一領域であるが，学校心理学は学校教育と心理学双方のさまざまな分野の統合である。
②教育心理学は学校教育だけでなく，社会教育や家庭教育も含むが，学校心理学は学校教育に焦点を当てる。

（2）臨床心理学との違い
①臨床心理学は主として「個人としての子ども」に焦点を当てるが，学校心理学は「環境の中にいる子ども」に焦点を当てる。
②臨床心理学は子どもの認知・情緒・行動面での偏りに起因する問題に注目するが，学校心理学は学校生活という現実場面での苦戦に注目する。

（3）カウンセリング心理学との違い
①カウンセリング心理学は乳幼児から高齢者までを対象として，結婚・家族，産業，学校などで幅広いトピックを扱うが，学校心理学は学校教育のトピックに焦点を当てる。
②カウンセリング心理学はカウンセラーとクライエントとの面接を中核的な活動とするが，学校心理学は子どもへのチーム援助を中核的な活動とする。つまり，カウンセリング心理学では子どもへのカウンセリング（直接的援助）が中心であり，学校心理学では援助者へのコンサルテーション（子どもに対しては間接的な援助）が重要である。

　　　　　　　　　　　　（石隈利紀）

■学校心理学の基本的な考え
①子どもを一つの人格をもつ人間として，同時に個人差のある児童生徒（学校教育サービスの対象）として尊重する。
②子どもの自助資源（子ども自身の力，得意なこと，興味・関心など）の活用と成長をめざす。
③子どもの援助資源（友人，保護者，担任教師，部活顧問，養護教諭，スクールカウンセラーなど）を活用し，「チーム学校」で心理教育的援助サービスを進める。

　したがって，学校心理学は，教育的であり（①②），問題解決的であり（②③），コミュニティ志向（③）であると言える。

2 学校心理学の内容

■ヘルピングとヘルパー

「カウンセリング」においては，カウンセラー（援助サービスの送り手）のクライエント（援助サービスの受け手）との関係は職業的であり，一定している。カウンセラーとクライエントが交替することはない。一方「ヘルピング」は，助けたり助けられたりの，相互の援助的人間関係あるいは援助行動であり，職業的な関係や活動に限らない。学校心理学においては，職業的な援助者だけでなく，家族や友人も重要な援助者と見なすので，ヘルピングの考え方を基盤としている。本書では，心理教育的援助を行う者として，援助者，ヘルパーという用語を用いている。

■その他のヘルパー

心の教室相談員，キャンパスエイドなどの名称で，大学生・大学院生または子どもの支援に経験のある地域の住民が，子どもの話し相手として学校に派遣されている。大学生・大学院生の場合は，「年齢が近くて話しやすいお姉さん・お兄さん」であり，地域の方の場合は「話し相手になってくれたり，自分の話もしてくれる，近所のおばさん・おじさん」（石隈，1999）として重要な機能を果たしている。

■ボランティア活動

ボランティア活動は，人が困っているのをみて，「ほっとけない」からやるのであり，「自分の中にたった〈さざなみ〉を実行に移す」ことである（金子，1992）。ボランティアの鍵概念は，自発性，連帯性，無償性である。それに自由時間であろうか。

◆金子郁容　1992　ボランティア―もうひとつの情報社会　岩波書店

心理教育的援助サービスの担い手はだれか。子ども自身の自助を尊重しながら，学校心理学では，多様な援助者が4種類のヘルパーに整理される。

1 4種類のヘルパー（援助者）

（1）専門的ヘルパー

心理教育的援助サービスを仕事の中核として，専門的に行う者である。スクールカウンセラー，教育センター・発達支援センターの相談員，発達障害のある子どもなどを援助する巡回相談員は専門的ヘルパーとして期待される。心理職の国家資格（公認心理師）の誕生（本書 pp.12-13参照）により，専門的ヘルパーによるサービスの質的な保証が期待できる。

（2）複合的ヘルパー

複合的なさまざまな仕事の一側面として心理教育的援助サービスを行う者のことである。すべての教師が複合的ヘルパーと言える。

教育相談担当，特別支援教育担当の教師，養護教諭などは，内容的には専門的ヘルパーに近い働きをしていると言える。

（3）役割的ヘルパー

役割のひとつとして心理教育的援助を行う者である。保護者は役割的ヘルパーと言える。

（4）ボランティア的ヘルパー

職業や家族としての役割に関係なく，自発的に子どもに援助的に関わる者である。その例としては，友人，地域の住民，アルバイト先の店長，スポーツクラブのコーチなどがある。またいわゆる「ボランティア」も子ども

にとって重要なヘルパーである。

2　何を援助するか

　心理教育的援助サービスでは，一人ひとりの子どもが，ひとりの「人間」として，そしてひとりの「児童生徒」として，学校生活を通して課題に取り組みながら成長していくということが尊重される。そして心理教育的援助サービスで焦点を当てるのは，子どもが課題に取り組む過程で出会う問題状況である。

　子どもの取り組む課題には，発達上の課題と児童生徒としての教育課題（例：授業に参加する，宿題をする，集団で学習生活をする）などがある。また子どもの問題状況は，子どもと環境の「折り合い」として理解できる。

　心理教育的援助サービスでは，子どもが環境と折り合いをつけ，課題に積極的に取り組めるよう援助する（本書 pp.118-119参照）。

　子どもの問題状況は，子どもにとって危機となることもある。危機とは，人間が通常用いている問題解決の資源では回避も解決もできない危険状況で，心理的均衡を失っている状況のことである。子どもが危機状況にいるときは，子どもが心理的均衡を取り戻すよう援助する必要がある。

3　どこで援助するか

　援助の場は，内・社会体系-外・社会体系で説明される（近藤，1994）。内・社会体系とは，援助の対象である子どもの属する学校社会である。学校は，子どもの問題状況がおきている環境であり，援助資源が豊富な場でもある。一方，外・社会体系における援助は，学校社会の外にある相談機関における相談員のカウンセリングや地域におけるボランティアによる活動である。　　　　　　　（石隈利紀）

■発達上の課題の例
〈児童期〉
①（学習面）基本的な読み書き計算ができるようになる。
②（心理・社会面）勤勉に学び，生活する態度を身につける。
③（進路面）あこがれる対象や職業が言える。
④（健康面）自分の体調に気づき，周りの人に言うことができる。
〈青年期〉
①（学習面）抽象的な思考や科学的論理が実行できる。
②（心理・社会面）身体的な変化を受け入れ，対処することができる。
③（進路面）社会的な役割を積極的に体験することで，「ありたい自分」について語れる。
④（健康面）自分の健康を管理し，体調に応じて生活リズムを整えることができる。

■子どもの危機
①発達上の課題に伴う危機：（例）思春期における身体の変化の受容という課題の失敗
②教育上の課題に伴う危機：（例）進学・進級時の移行の困難，学業や受験の失敗
③心的外傷になる出来事：（例）自然災害による家族との別れ，いじめ被害
④障害・病気に伴う危機：（例）障害のある自分を理解する課題の困難。障害による社会参加の困難や不利益。
⑤精神疾患の現れとしての危機：（例）精神病が関連する自殺未遂

◆近藤邦夫　1994　教師と子どもの関係づくり―学校の臨床心理学　東京大学出版会

3 学校心理学の方法

1 学校心理学の方法の意義

学校心理学の方法は，「心理教育的援助サービス」と言い換えてもよい。学校心理学は学校教育の一環として，一人ひとりの子どもが発達し，学校で生活するうえで出会う問題状況の解決を援助するサービスの体系だからである。心理教育的援助サービスは，3段階の心理教育的援助サービスと具体的な援助技法であるアセスメント，カウンセリング，コンサルテーションなどから構成される。

2 3段階の援助サービス

3段階の援助サービスは，その対象を3層に分けて考える（図1）。
①すべての児童生徒（一次的）
②苦戦し始めた一部の児童生徒（二次的）
③大きな援助ニーズをもつ児童生徒（三次的）

①は，課題に取り組む児童生徒の能力を促進するので，開発的援助とも呼ばれる。②は登校しぶりや教科の学習のある内容でつまずきが見られる一部の児童生徒で，そのままにしておくと，重大な問題に発展する可能性がある。その意味で，予防的である。③は不登校や学習困難，LD（学習障害）等，特別な援助を必要とする児童生徒を対象とする。したがって，これは個別的に計画され，実施される提供援助と言える。

3 心理教育的援助サービス

(1) アセスメント

対象となる児童生徒を援助する際，子ども

図1　3段階の心理教育的援助サービス，その対象，および問題の例（石隈，1999の一部を改めた）

すべての子どもを対象とする一次的援助サービスに，二次的援助サービス，さらに三次的援助サービスが付加される。同時に二次的・三次的援助サービスが効果的な方法は，一次的援助サービスとして活用される。3段階の援助サービスは循環的に働く。

◆石隈利紀　1999　学校心理学――教師・スクールカウンセラー・保護者のチームによる心理教育的援助サービス　誠信書房
◆石隈利紀監修，水野治久編　2009　学校での効果的な援助をめざして～学校心理学の最前線～　ナカニシヤ出版

の問題状況を理解し，援助のための作戦を立てる必要がある。アセスメントは，学習，心理・社会，進路，健康の各側面に関する情報を集めるプロセスと言える。

アセスメントは，一人ひとりの児童生徒が自らの力で解決できる資源，すなわち，知能・学力など自助資源と，自分一人では対応できないため他者の援助を必要とする援助資源に分けて考えることができる。児童生徒一人ひとりについて，自助資源と援助資源を明らかにすることが，より具体的な個別の援助方策を立てるうえで役に立つ。

（2）カウンセリング

「カウンセリング」をやや広義にとらえると，教師やカウンセラーによる子どもへの直接的な援助的関わりであり，授業や保健室での援助活動などが含まれる。また，学校心理士は対象となる児童生徒の心理・社会面，学習面，進路面，健康面での問題が子どもの発達の妨害になったり，周りの者を困らせるとき，児童生徒一人あるいは集団を対象とする援助を目的とした面接を行う。カウンセリングは，子どもの援助ニーズに応じて一次的，二次的，三次的援助サービスをめざす内容になる。

（3）コンサルテーション

カウンセリングが援助対象である児童生徒に対する直接援助であるのに対して，コンサルテーションは，学校心理士が専門的ヘルパーとして，教師や保護者等の社会的ヘルパー・役割的ヘルパーが効果的に児童生徒に援助できるよう働きかける間接的援助である（図2）。その意味において，コンサルテーションは，異なる分野や異なる役割をもつ者どうしが援助対象である児童生徒や彼らの環境について話し合う「作戦会議」と言える。学校心理士の行う援助サービスの中で最も重要な方法とされる。

（小野瀬雅人）

図2 学校心理士が行うカウンセリングとコンサルテーションの関係

（注）学校心理士のコンサルテーションは教師や保護者を介した児童生徒への間接援助であるが，教師や保護者にとっては児童生徒への直接援助となる。

■コンサルテーションの種類

研修型コンサルテーション

学校の教師や保護者等，児童生徒に直接援助する者に対して，援助の技法やその進め方について研修を行うことがこれにあたる。例えば「子どもの学習スタイル」や「子どもの問題行動への対応」の講演会を行う等が考えられる。

問題解決型コンサルテーション

学校場面において児童生徒の問題が生じたときに，その解決を目的として行うコンサルテーション。通常，①問題の定義と問題状況のアセスメント，②目標の設定と問題解決方針・解決案の決定，③解決案の実施，を行う。チーム援助が効果的である。

システム介入型コンサルテーション

学校というシステム（組織）の経営やカリキュラム編成といった問題に対して行うコンサルテーション。

4　学校心理学を構成する学問領域

1　学校心理学のとらえ方

「学校心理学」の「学校」は，学校教育すなわち，幼児教育，小学校，中学校，高等学校等における援助対象を指す。他方，「心理学」は援助の方法を指す。

学校心理学の方法は，心理教育的援助サービスと呼ばれている。それを実践するためには，学校心理学の対象である「学校」に関するさまざまな知識はもちろん，方法にあたる「心理学」を支えるさまざまな知識や技法，体系についても十分理解しておく必要がある。すなわち，学校心理学の三つの柱について理解するとともに，その考え方を実践できる力量をもつことが大切である。

2　学校心理学を支える三つの柱

学校心理学は，①子どもの学習や発達および行動や人格に関する心理学・行動科学の理論と方法，②子ども，教師，保護者や学校組織に対する心理教育的援助サービスの理論と技法，③学校教育に関する理論と方法，の三つの柱から構成されている（具体的には本書 Part Ⅱ を参照）。

（1）子どもの学習や発達および行動や人格に関する心理学・行動科学の理論と方法

これには，学校での学習指導や生活指導に関連する教育心理学，教授・学習心理学，認知心理学，発達心理学，人格心理学，社会心理学，臨床心理学が含まれる。学齢期の子どもを対象としていない研究であっても，問題の解決につながることもあるので，これらの

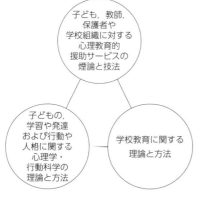

図1　学校心理学を支える三つの柱
（石隈，1999 の一部を改めた）

◆石隈利紀　1999　学校心理学——教師・スクールカウンセラー・保護者のチームによる心理教育的援助サービス　誠信書房

領域について幅広く理解しておく必要がある。

（2）子ども，教師，保護者や学校組織に対する心理教育的援助サービスの理論と技法

これには心理教育的アセスメント，カウンセリング，コンサルテーション等に関する知識と技法が含まれる。いずれも理論と実践が集積されている。

（3）学校教育に関する理論と方法

これには教育哲学，教育方法，特別支援教育，幼児教育，学校組織，学校・学級経営，教育社会学，教育制度などが含まれる。いずれも学校教育が成立する基盤に関するものであるので，学校心理学の実践のためには不可欠の体系である。

3　三つの柱の関連性

学校心理学の実践，すなわち心理教育的援助サービスを実効あるものにするためには，以上三つの柱を有機的に関連づけて理解することが大切である。

また，学校心理学の実践は，学校教育に関わる子どもの問題解決に関係することが多いので，学校心理士は，子どもの理解はもちろん，子どもを取り巻く環境（学校・家庭・地域）について関心をもつと同時に，的確な理解が求められる。したがって，心理教育的援助サービスを必要とする問題が子どもの個人的な問題であったとしても，その解決のためには，その背景と環境である学校・家庭・地域についても理解しておくことが，解決の方策を考えるうえで大切である。

学校心理学の心理教育的援助サービスを実施した結果生まれる成果については，事例報告や論文等の研究報告によって，関連する学問領域の研究者や実践者にフィードバックされ，新しい研究へとつながっていく。

（小野瀬雅人）

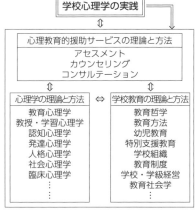

図2　学校心理学を支える理論・方法と実践の関係

5 学校心理士の資格とその認定

■一般社団法人 学校心理士認定運営機構の社員学会は，日本教育心理学会，日本特殊教育学会，日本発達障害学会，日本発達心理学会，日本LD学会，日本学校心理学会，日本応用教育心理学会，日本生徒指導学会，日本学校カウンセリング学会，日本コミュニケーション障害学会，日本学校メンタルヘルス学会の11学会である。

■一般社団法人 学校心理士認定運営機構事務局および日本学校心理士会事務局の所在地等は，〒113-0033 東京都文京区本郷2-32-1 BLISS本郷ビル3F　TEL 03-3818-1554／FAX 03-3818-1588
E-mail:jimukyoku@gakkoushinrishi.jp／
http://gakkoushinrishi.jp/

■2015年8月調査（学校心理士からの回答数1,381人／男性451　女性925　未記入5）によれば，その職種構成の内訳（複数回答総数1,724）は，幼・小・中・高・養・専門等の学校教員724名52.4％（常勤675），スクールカウンセラー（学校カウンセラー）230名16.7％（常勤12），大学・短大教員225名16.3％（常勤142），児童相談所等福祉機関，病院等医療保健機関，その他，国・地方専門機関189名13.3％（常勤72），公立教育研究所・センター，教委関係者99名7.2％（常勤43），心の教室相談員・適応指導教室等相談員82名6.0％（常勤12），スクールソーシャルワーカー14名1.0％（常勤1）で，その他は，大学・大学院在学中とその他・未記入である。
（岡田守弘・藤原正光　2016　日本学校心理士会年報第8号　pp.151-166）

■「日本学校心理士会・東日本大震災，子ども・学校支援チーム制作　震災に関する子どもや学校のサポート―教師，保護者へのヒント（サポート資料Ver.2）」は

1　学校心理士とは

　学校心理士とは，学校生活におけるさまざまな問題や課題に向けて，アセスメント・コンサルテーション・カウンセリングなどを通して，子ども自身や子どもを取り巻く保護者，教師，学校に対して，学校心理学の専門的知識と技能を用いて心理教育的援助サービスを行うことのできる者を認定する資格である。
　1997年度から日本教育心理学会事業として始まり，2011年4月から11学会を社員とする一般社団法人 学校心理士認定運営機構（以下，機構と略記）が資格認定を行っている。平成28年9月現在，5,151名の学校心理士（学校心理士スーパーバイザーを含む）が認定されている。また，学校心理士としての専門的な実務経験だけ不足している学校心理士補が1,238名認定されているので，広義の学校心理士として認定された者は合計で6,389名である。これらの学校心理士が日本学校心理士会を組織し，さまざまな職種で活躍している。また東日本大震災で被災した子どもたちや学校の支援に関わっている。なお，機構では2012年1月から学校心理士の上位資格として「学校心理士スーパーバイザーCSP-SV」の認定事業を開始した。申請時に学校心理士で，その資格を10年以上有していることを基礎条件として，大学に勤務する学校心理学関連の教員（類型A）と，全国各地の教育委員会・教育研究所・センター等で学校心理学関連の業務を務める研究主事・指導主事等，あるいは学校現場での学校心理士のリーダー（類型

B）の二つの類型で資格認定されている。

2　学校心理士の認定

認定は，学校心理学関連大学院修了者および修了見込み者（類型1），教員経験を有する者（類型2－1），教員経験を有する者で公的教育機関による長期研修修了者（類型2－2），相談機関等の専門職従事者（類型3），大学・短期大学の教員（類型4），学校管理職または教育行政職の従事者（類型5），海外での同種資格取得者（類型6）の六つの対象者類型に分けて行われている。

審査は3段階に分かれ，合否判定はこれらを総合して行っている。まず提出された証明書類等により専門的な実務経験の有無や類型適合を判定し，次にケースレポートや研究等の業績により専門的な知識や技能等を審査，これに記述式，多肢選択式，面接の三つの試験方法を組み合わせて実施されている。

類型1については，機構・資格認定委員会が申請のあった全国57大学院64研究科（2015年3月）に対して学校心理学関連の科目（八つの科目と二つの実習）として機構の定める基準に即して適合判定を行っている。

3　学校心理士の今後

子どもたちや学校に関する問題や課題はますます多様化し，複雑化している。こうした事態に汎用的で包括的な役割を果たすことができる学校心理士は学校現場等でさまざまな援助資源を結びつけるコーディネーターとして活躍することが期待されている。2015年9月16日，心理職の国家資格として「公認心理師法」が公布された。「心理に強い教育職」（教員等）あるいは「教育に強い心理職」（相談員等）として学校心理士はその社会的な重要性や必要性を増していくことになる。　（大野精一）

http://www.gakkoushinrishi.jp/saigai/file/saigaizouhonaspmanual_v2.pdf　で，また，機構が文部科学省から受託した復興支援教育事業の報告書は，http://gakkoushinrishi.jp/monkashoufukkoushien/files/ikuseitext.pdf　および http://www.gakkoushinrishi.jp/monkashoufukkoushien/files/tsuihotoseigo.pdf　で入手できる。

■次の各1科目（2単位）以上を修得すること。実習1および実習2については，時間と内容について認定委員会が定める基準を満たすこととされている（学校心理士資格認定委員会編　2012 学校心理学ガイドブック　第3版　風間書房）。
1．学校心理学
2．教授・学習心理学
3．発達心理学
4．臨床心理学
5．心理教育的アセスメント
6．学校カウンセリング・コンサルテーション
7．特別支援教育
8．生徒指導・教育相談，キャリア教育
実習1　心理教育的アセスメント基礎実習
実習2　学校カウンセリング・コンサルテーション基礎実習

6 公認心理師と学校心理学に関わる資格

■公認心理師法
　2015年9月16日に公布された。公認心理師とは、「公認心理師」の名称を用いて、保健医療、福祉、教育その他の分野において、心理学に関する専門的知識および技術をもって、次に掲げる行為を行うことを業とする者をいう。
①心理状態の観察とその結果を分析する（例：子どもや環境に関するアセスメント）
②心理に関する相談に応じて援助を行う（例：カウンセリングなど、子どもに対する直接的な援助サービス）
③関係者に対し、その相談に応じ、援助を行う（例：コンサルテーション等）
④心の健康に関する教育（例：ソーシャルスキルなどの予防開発的心理教育）

◆石隈利紀　2016　公認心理師とこれからの心理教育的援助サービス　教育と医学, 64(4), 68-76

　学校心理学（心理教育的援助サービス）における専門的ヘルパーに関わる資格には、学校心理士がある（前節）。本節では、2015年9月に交付され、2017年からの施行で誕生する「公認心理師」と現在の学校心理士以外の代表的な資格（臨床心理士、臨床発達心理士、特別支援教育士、ガイダンスカウンセラー）について紹介する。

1　公認心理師

　2015年9月「公認心理師法」が公布された。公布後2年未満に施行される。日本で初めての心理職の国家資格であり、一定の心理的援助サービスの能力を証明するものである。学校教育における専門的ヘルパーであるスクールカウンセラーなどに求められる資格となると思われる。公認心理師資格をもつスクールカウンセラーらは、チーム学校の一員として、役割的ヘルパー（保護者）や複合的ヘルパー（教師）の心理教育的援助サービスをコンサルテーションなどを通して援助することが期待される。
　一方公認心理師は名称独占であり、業務独占ではないので、これまでの心理職に関わる資格（臨床心理士、学校心理士等）との関係が相補的になることが望ましい。また公認心理師は、広い分野における汎用性のある資格であり、学校教育における専門性をどう担保するかについても、臨床心理士、学校心理士、臨床発達心理士、特別支援教育士、ガイダンスカウンセラー等との関連で議論が求められ

ている。

2　臨床心理士

　臨床心理学の知識や技術（臨床心理査定，臨床心理面接，臨床心理的地域援助など）を用いて心理的な問題を取り扱う「心の専門家」として，教育，医療・保健，福祉，司法・矯正，労働・産業の各分野の幅広い領域で活動している。学校教育では，スクールカウンセラーとして雇用されている。

3　臨床発達心理士

　個人が生涯発達の過程で出会う多様な問題を解決するのを，発達心理学の専門性に基づいて支援する。子育て支援，思春期の社会適応，高齢者の支援など対象は生涯にわたるが，学校教育との関係では障害のある子どもの支援を行っている。

4　特別支援教育士

　LD・ADHD 等発達障害の心理・教育アセスメントと指導・コンサルテーションに関する専門性をもつ。知的発達のアセスメントとそれに基づく学習指導の専門性を基盤に，特別支援教育の領域で（例：特別支援教育コーディネーター等で）活動している。

5　ガイダンスカウンセラー

　子どもの学業，進路，人格，社会性，心身の健康に関する発達課題への取り組みの援助に関する専門性をもつ。予防開発的な援助，学級・学校全体でのチーム援助，集団対応を特色としており，スクールカウンセラーやコーディネーターとして活動している。

（石隈利紀）

■臨床心理士
　公益財団法人日本臨床心理士認定協会が認定する資格である。認定協会が指定した大学院修士課程または臨床心理士養成の専門職大学院の修了と試験によって，資格の認定が行われる。

■臨床発達心理士
　一般社団法人臨床発達心理士認定運営機構によって認定される。発達と支援に関する指定の5科目を履修した大学院修士課程の修了者で200時間以上の臨床実習を条件として，試験によって認定される。

■特別支援教育士
　一般財団法人特別支援教育士資格認定協会によって認定される。大学院での教育や授業，または「特別支援教育養成プログラム」で規程の単位を修得後，試験を受ける。

■ガイダンスカウンセラー
　一般社団法人スクールカウンセリング推進協議会によって認定される。教員免状を有し，大学院での心理・教育に関する単位の修得とガイダンスカウンセリングの実践を経験した後，試験を受ける。

◆学校心理士資格認定運営委員会　2012　学校心理学ガイドブック第3版　風間書房

7 学校心理士（学校心理学）と倫理

◆佐藤学　2015　専門家として教師を育てる―教師教育改革のグランドデザイン　岩波書店　pp.33-35

◆津田昌弘　2013　専門職要件としての倫理綱領に関する一考察―全米教育協会の倫理綱領の変容過程分析を中心として―　東京大学大学院教育学研究科教育行政学論叢　第33号，p.143

◆学校心理士倫理綱領については
http://gakkoushinrishi.Jp/aboutkikou/mouryou.html　を参照。

◆特別支援教育士倫理綱領については
http://www.sens.or.jp/article_of_incorporation/article_of_incorporation_005.pdf，
日本臨床心理士会倫理綱領については
http://www.jsccp.jp/about/pdf/sta_5_rinrikoryo0904.pdf，
臨床発達心理士倫理綱領については
http://www.jocdp.jp/kiko/org/04.html　を参照。

◆学校心理士倫理規定については
http://www.gakkoushinrishi.jp/aboutkikou/rinrikitei.html　を参照。

1　専門家としての要件

　特定分野において専門的に実践や研究を行っている者を専門家 professional と呼ぶとすれば，その要件は次の五つにまとめることができる（佐藤学，2015）。
①仕事の目的が私的利益ではなく，公共的な利益（人々の幸福）である。
②仕事の遂行には大衆が保有していない高度の知識と技術が不可欠である。
③専門家協会 professional association（行政機構から独立して組織された職能団体）を組織して，自律的に免許と資格を認定し，高度の専門性を維持し更新する研修制度を確立している。
④政策や行政から独立した自律性
⑤自律性の基礎となる責任を自己管理する倫理綱領を有している。
　学校心理士は未だ社会的な分業における専門職とまではなっていないにしても，学校心理学を基盤として研究と実践を行っている学校心理士はこれらすべての要件を何らかのかたちと程度で満たしていると言える。

2　倫理綱領とは

　専門家としての自律性を有するがゆえに，「専門職コミュニティにより共有され明文化された職務上の判断の指針」としての倫理綱領（津田，2013）が不可避となる。日本の心理学関連団体の倫理綱領を見ても，この点は明らかである。
　例えば，「学校心理士倫理綱領」では，「本

倫理綱領は学校心理士（学校心理士補を含む。以下，略）の役割と任務の主旨に鑑み，学校心理士として遵守すべき事項を明確にするもの」とされ，内容としては社会的責任と人間としての道義的責任の観点から，〈人権の尊重〉〈責任の保持〉〈援助サービスの実施と介入への配慮と制限〉〈秘密保持の厳守〉〈研修の義務〉〈研究と公開〉〈倫理の遵守〉の7項目にまとめられている。他の心理学資格関連団体の倫理綱領も同様である。

3　倫理綱領の規範性

　倫理綱領は，倫理規定（規程）あるいは倫理・懲戒規程等によりその規範性を担保している。例えば，学校心理士倫理規定は，「学校心理士倫理綱領に基づいて認定された学校心理士の倫理に関する諸行為について，その適正を期するために」制定され（第1条），倫理綱領違反行為に関して「厳重注意，一定期間の登録停止，登録の抹消などの処理」を行うことになっている（第7条2項）。他の心理学資格関連団体の倫理規定（規程）等も同様の定めをしている。なお，〈秘密保持の厳守〉に関しては，刑罰による制裁により強い保証を求める専門職もある。

　倫理綱領違反に関わる処理については，当該本人にとって不利益処分であるので，適正な手続きが求められる。

（大野精一）

◆特別支援教育士倫理規程については
http://nidaitien.stretch7.com/aboutsens06.html，
一般社団法人日本臨床心理士会倫理規程については http://www.jsccp.jp/about/pdf/sta_4_rinrikitei2012113.pdf，
一般社団法人日本臨床心理士会倫理・懲戒規程については http://www.jocdp.jp/kiko/org/07.html　を参照。

■秘密保持の厳守について，刑罰による制裁規定のある専門職
刑法第134条秘密漏示罪（親告罪）第1項
　医師，薬剤師，医療品販売業者，助産婦，弁護士，公証人又はこれらの職にあった者が，正当な理由がないのに，その業務上取り扱ったことについて知り得た人の秘密を漏らしたときは，6月以下の懲役又は10万円以下の罰金に処する。
　なお，平成27年9月16日に公布された公認心理法（法律第68号）第41条で秘密保持義務を定め，第46条でこれに違反した者は1年以下の懲役または30万円以下の罰金に処するとしている。前述の秘密漏示罪と同じく親告罪で，告訴がなければ公訴を提起できない。

■倫理綱領違反に対する適正手続き
　少なくとも，①伝聞証拠により判断しないこと，②当該本人からの不服申し立てを受けることが重要であると思われる。なお，伝聞証拠とは，刑事訴訟法第320条1項によれば，「公判期日における供述に代わる書面」と「公判期日外における他の者の供述を内容とする供述」で，例えば直接的ではなく新聞報道等により間接的に知り得たこと。

◆「学校心理士（学）と倫理」については，下記の2論文が今後の展望を考えるうえで参考になる。
・西村高宏　2006　専門職倫理規定の問題圏：誰のための，何のための倫理規定か　熊本大学先端倫理研究1，pp.70-84
・慶野遥香　2007　心理専門職の職業倫理の現状と展望　東京大学大学院教育学研究科紀要第47巻，pp.221-229

Part Ⅱ

学校心理学を支える理論と方法

PartⅡでは，PartⅠで述べた学校心理学の内容と方法，学校心理学を構成する学問領域について，より詳細に論じる。それにより，学校心理学という学問が成立した背景と体系性について理解するとともに，それとの関係で発展してきた「心理教育的援助サービス」の方法の理解を深める。

[内　容]
Ⓐ　学校心理学を支える学校教育学的基盤
　　1 教育学　　2 学校組織と教育制度
　　3 特別支援教育の基盤
　　4 生徒指導・教育相談・キャリア教育
Ⓑ　学校心理学を支える心理学的基盤
　　1 育つこと　　2 学ぶこと・教えること
　　3 個として生きること
　　4 他者の中で生きること
Ⓒ　学校心理学を支える心理教育的援助サービスの方法と技法
　　1 心理教育的アセスメント　　2 カウンセリング
　　3 コンサルテーション
　　4 コーディネーションとチーム援助の方法

Ⓐ 学校心理学を支える学校教育学的基盤

1 教育学

1 教育哲学

■哲学の必要性

　人間形成の本質にまで遡及して，「教育とは何か」を探究することが哲学的考察方法である。心理学が主として実験や実証という方法論をとり，事実の学として科学性を主張するのに比べて，教育哲学は，そうした科学の成果を考慮しながら，価値や規範の問題も視野に入れる学問領域である。

1 教育哲学の課題

　教育の問題を哲学的態度・方法によって研究する教育学の立場である。その際，特徴的には，教育の問題を根源的（根本的），全体的（総合的）に問い，統一的認識を獲得することがあげられる。

　このように，教育哲学は第一に，教育に関する問題の全体を考察の対象とする。すなわち教育現実を文化連関全体において見通す立場をとる。第二に根本性ということである。常識的な教育観を超え出て，教育観を基礎づけている，世界，歴史，人間の見方にまで視野を広げることが，ここでいう根本性ということである。第三に統一性とは，教育とは何であるのかという問題（教育の事実性）と，どうあるべきなのかという問題（教育の規範性）を，不可分なかたちで統一するのである。学校心理学との関連で言えば，「援助サービスとは何かという問題」と「どうあるべきかという問題」を問うのが教育哲学である。

2 教育現実と教育哲学

　教育哲学は，生活現実の人間形成的意味の把握の自覚をすることによって，教育現実に関わる。ここは現実の行為としての教育が念頭に置かれるが，その際に教育の事実としてのあり方と課題としてのあり方が問題となる。つまり，存在と当為・理想の二面が教育について考える際に考慮される。教育現実への接近は，他の実証科学とは異なり，現実の思惟による反省という形式をとる。この反省とは，

◆今井康雄編　2009　教育思想史　有斐閣

◆森田尚人・森田伸子編　2013　教育思想史で読む現代教育　勁草書房

◆田中智志・今井康雄編　2009　キーワード現代の教育学　東京大学出版会

◆広田照幸　2009　ヒューマニティーズ 教育学　岩波書店

自己自身について考え意識化することである。
　さらに教育哲学は教育事象の究明それ自身を任務とするだけではなく，問い方や問うものについても検討する。
　このように，教育哲学は，既に存在する教育現実を批判し，そしてその批判をする方法論を検討するという二重の側面をもっている。

3　現代教育哲学の主要研究領域
（1）教育思想史的な論究
　歴史的な考察方法をとり，過去に現れた教育に関する考え方の構造や変遷を解明する。多くの場合，ペスタロッチなど過去の重要な教育（思想）家といわれる人たちの思想の構造を，当時の時代状況との関連で考究することになる。人物研究と並んで，問題史的な研究方法もある。日本の学校教育の成立・発展に寄与した人物の思想を分析することは，現代学校教育の基礎を明らかにすることとなる。
（2）教育的思惟の構造解明
　近代教育の基本的な特質は，「教育による社会改革」である。この教育構想は，進歩史観と結びつくことにより，近代社会の無限の可能性を支えるものとなった。学校という制度自体が近代社会の産物であると考えれば，近代の教育的思惟の構造を問うことは，日本の学校教育を支える教育理論の内実を問うものとなろう。
（3）教育学の学的特質に関する論究
　教育研究領域の多様化は，一方で各研究領域の個別の方法論の発展を促した。こうした細分化現象の中で，教育学独自の問題の把握，解明の立場を考える必要がある。教育問題に対する全体的，究極的な意味づけが教育哲学に求められている。このように教育学の方法論上の問題は教育哲学の重要な研究課題である。
　　　　　　　　　　　　　　（木内陽一）

◆小笠原道雄編　2003　教育の哲学　放送大学教育振興会

◆小笠原道雄・森川直・坂越正樹編　2008　教育的思考の作法2　教育学概論　福村出版

② 教育方法

1 教育方法の定義

　教育は，さまざまな場面で行われている。例えば，若い親が幼児に「これは○○だよ」と実物を指しながら○○という名前を教えている。先輩社員が新入社員に仕事の内容を説明している。教師が教科書を使って授業をしている。その際，教育者は何らかの方法・手段を用いている。教育を行う際に用いられる方法・手段を教育方法という。

　学問的に定義すると，教育方法とは「望ましい価値や理想を人間像に焦点づけた意図から発する人間形成の目的を実現するために，どんな道をどのようにたどって行動して進むかを示した働き」を指す。

　教育方法が用いられる主要な領域は，学習指導と生徒指導の２領域である。生徒指導に関しては別に項目があるので，本項では学習指導に限って話を進める。学習指導は，「子どもが教材に取り組んで学習するように，教師が指導する教育方法上の機能」を指す。
（長谷川，2008）

2 教育方法の構成要因

　教師，学習者，教材の三つを教育方法の基本的要因という。

　教材は学習させたい教育内容を正しくかつ代表として反映していて，学習者が学習しやすいように教育内容を具体化した特定の事実や事例などの素材を指す。

　教育内容は，大人が学習者に習得してほしいと希望する文化的，科学的，芸術的に価値のある概念，法則・技能，態度などを指す。そしてこの三者には次のような関係がある

◆長谷川榮　2008　教育方法学　協同出版

■教育方法の構成要因

図　教授三角形（長谷川, 2008）

　教育方法の構成要因には，左記の三つ以外に教育目的・目標，教育諸条件がある。後者には，教育者と非教育者，被教育者間の人間関係，施設，設備，教具・メディアなどが含まれる（長谷川　2008）。

（長谷川，2008。図参照）。
①子どもと教材の関係において「学習」が行われる。
②教師は教材との関係において指導を準備し計画するために「教材研究」をする。
③教師と子どもとの関係において「指導」が展開される。

3　教師の指導性の現代的課題

　知識基盤社会の到来は，学校教育に大きな変革を求めている。すなわち新学習指導要領では，①基礎的・基本的な知識・技能の習得，②これらを活用して課題を解決するための思考力・判断力・表現力等の育成，③主体的に学習に取り組む態度等の育成を強調している。それでは思考力・判断力・表現力や，主体的に学習に取り組む態度を育むためには，教師の役割は何であろうか。学習者の主体性にすべてを委ねておけばよいのであろうか。それでは放任になり，質の高い学びにはつながりにくい。教師は学習者の学びをモニターしながら学びが不十分だと判断したときに，躊躇せず積極的に対応することが重要である。

　加えてその対応が学習者の主体性を損なわないようにする必要がある。すなわち教師が一方的に誤りを指摘したり答えを教えるのではなく，学習者の主体性を妨げずに学習者自身に考えさせる働きかけを行うことが重要なのである。

　要するに教え込みにならずかつ放任にならないようなバランス感覚が求められているのである。心理教育的援助サービスにおける，子どもの自律性を尊重した援助という考え方と通じる。そしてそのような働きかけはきわめて高度な働きかけなのである。

（徳岡慶一）

◆田中統治・大高泉　2013　学校教育のカリキュラムと方法（新教職教育講座　第3巻）協同出版

◆田中耕治　2007　よくわかる授業論　ミネルヴァ書房

■指導の難しさ―「総合的な学習の時間」―
　「総合的な学習の時間」における教師の指導のあり方としては教師の指導は極力控えるべきであるとする支援論が有力であったが，結果的には放任になりがちであり批判された。

■教育方法の類似性
　学校心理士が学校心理学的な援助サービスを行う際にも教育方法が用いられる。ここで用いる教育方法の一つに，コーチングがある。コーチングの基本スキルは，傾聴，質問，伝える（フィードバック，承認を含む）の三つである。これは教師が備えておくべき基本スキルとよく似ている（本書p.140の「コーチング」参照）。

◆諏訪茂樹　2010　対人援助とコミュニケーション第2版　中央法規出版

Ⓐ 学校心理学を支える学校教育学的基盤　1 教育学

③ 教育課程

1　教育課程の概念

　教育目標を系統的・効率的に達成するために編成される教育活動の計画を指す。日本の学校教育では学習指導要領が国家的な基準を法的に規定し、これに沿って各学校が年間指導計画を編成しており、一般にこの指導計画のことを教育課程と呼ぶ。研究概念としてはカリキュラム（curriculum）が使われることが多く、両者の違いに関しては議論が分かれる。人の学習経験の総体を意味するカリキュラムの概念からみれば、ペーパープランである教育課程の視野は狭いからである。このため近年の学校評価では学習活動の質的な向上をめざすカリキュラム・マネジメントが期待されるようになっている。

2　教育課程の編成と学力向上

　教育課程は各学校の置かれた地域の実情や児童生徒の実態に応じて編成される。特に義務教育段階では教育の機会均等の原則に照らして全国で標準化された共通の教育課程を編成する必要がある。90年代以降の教育改革は学校教育の過剰な画一化を問題と見なして各学校が教育課程に創意工夫をこらし特色を生み出すよう促した。臨時教育審議会最終答申による「個性重視の原則」や教育行政の規制緩和・地方分権化を求める動きが教育課程の基準を従来よりも弾力的に運用しながら編成する余地を広げた。だが90年代末から強まる学力低下論や教育格差拡大と国際学力調査結果をめぐる議論とが相まって「確かな学力」を児童生徒に身につけさせるために教育課程の基準性を再確認する方向に転ずる。

■カリキュラム
　ラテン語のクレレ（走る）を語源として、走路→学習の道筋→学習経験の総体を示す概念にまで拡大して使われてきた。特に「隠れた」（hidden）カリキュラムの研究は、学習者が学校生活を通して習得する経験内容の重要性に気づかせ、教えのカリキュラムから学びのカリキュラムへ研究の視点を深化させた。

◆安彦忠彦　1999　新版カリキュラム研究入門　勁草書房

◆J・デューイ著　市村尚久訳　1998　学校と社会・子どもとカリキュラム、2004　経験と教育　講談社学術文庫

■学習指導要領
　戦後日本の教育課程は約10年に1回の周期で改訂される学習指導要領が示す基準に従って編成されてきた。主たる教材である教科用図書（教科書）もこの基準に沿って検定されてきた。この制度は全国共通の教育課程による教育機会の均等化を推進した半面で学校教育の画一化をもたらす原因と見なされ、基準の大綱化と弾力的運用が試みられてきた。

◆戦後日本の学習指導要領の改訂と経過　文部科学省HP等参照

3　カリキュラム・マネジメントの展開

　学力の向上は重点的な教育目標として多くの学校が掲げているが，近年，その効果的な実現のため教育課程の改善を図るカリキュラム・マネジメントが「中央教育審議会答申」(2008〈平成20〉年1月）等で提唱されている。カリキュラム・マネジメントは授業を含む教育課程を PDCA（Plan-Do-Check-Action：計画－実践－点検－改善）のサイクルで継続的に改良するものである。具体的には学力調査等で収集した客観的資料の分析結果を基に経年比較によって教育課程の改善効果を確認しながら児童生徒の学力を向上させようと試みられてきた。最近では ICT の技術を利用して学力の向上をより効率的に行う学校も増えており，民間企業が製品やサービスの「品質」向上で培ってきた実績から学んでいる。

4　教育課程と学校心理学の関係

　教育課程は児童生徒の学力と動機等の実態に応じて適切に編成されるべきものである。そこで必要な学習支援を十分に展開するうえで学校心理学の知見が求められる。カリキュラム・マネジメントという総合的な視点は個別の教育活動のみでなく年間指導計画まで改善することをめざすので学校心理学と連携を組みやすい。例えば，学校心理学は児童生徒の学力向上に不可欠の家庭学習の支援，クラスの学習環境や人間関係の改善，また学習支援のカウンセリング等において指導に当たる教師にとって有用な専門的知識を提供することができる。学校心理学と学校教育学は協働して学校成員が抱える問題の解明に取り組む必要がある。

　　　　　　　　　　　　　　（田中統治）

■カリキュラム・マネジメント
　従来の教育課程経営の概念を発展させて，カリキュラムを質的に改善するための戦略として PDCA によるサイクル等が提案された。カリキュラム研究と学校経営学の関心が重なる領域であるので，両者の立場から「総合的な学習の時間」や小中一貫教育等の実践研究も行われてきた。

◆田中統治　2005　確かな学力を育てるカリキュラム・マネジメント（教職研修 学力向上をめざす管理職の実践課題）教育開発研究所

◆田中統治ほか　2009　カリキュラム評価入門　勁草書房

◆中留武昭ほか　2015　カリキュラムマネジメントの新たな挑戦　教育開発研究所

4 教育社会学

①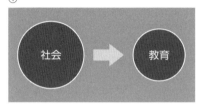

②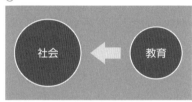

③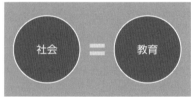

図 教育社会学における教育と社会との関係

◆新堀通也 1986 教育社会学 新教育社会学辞典 東洋館, pp.176-178

■方法的実証主義
　社会調査や統計分析の方法を高度に発達させて，社会事象や社会的問題の実態と背景を数量的に解明していこうとする考え方で，1950年代以降のアメリカの社会学および教育社会学研究の発展に大きく寄与した。

1　教育社会学の定義と研究対象

　教育社会学は，教育事象を社会学的に研究する学問で，教育と社会との関係性をその社会的機能や相互の規定関係においてとらえる研究の方法である。したがって，主に三つの研究対象が考えられる。第一は，教育を規定する社会的条件，すなわち社会が教育に与える影響や条件についての研究である。社会の権力構造や階層，その時代の価値体系や経済状況がいかに教育の目的やカリキュラム内容，教育方法を規定しているか，また国家，地域社会，マスコミ，教育関係団体が教育にどのような圧力や影響力を及ぼしているかなどを研究の対象とするものである。第二は，教育の社会的機能と名づけられる領域で，教育が社会においていかなる役割を果たし，どんな影響をもたらすかについての研究である。教育は社会の発展と統合に政治的にも経済的にも重要性を増してきており，人材の育成や配分，次世代の社会化を通じて社会の職業・階層構造を規定し，社会意識や技術の変革にも大いに寄与している。第三は教育自体の社会構造の解明で，教育の営みそのものが社会を構成しているその社会集団としての性格や人間関係，文化や制度的要件を分析するアプローチである（新堀，1986）。

2　教育社会学の観点からの学校研究

　学校および学校教育の現状とその社会的背景を実証的に明らかにする研究は教育社会学の中心的領域を占める。1950年代〜1960年代には社会制度としての学校の構造と機能に焦点づけた方法的実証主義研究が主流をなして

いたが，1970年代に入るとイギリスで新しい教育社会学が台頭し，統計手法に拘泥するあまり数量化できない問題を捨象してしまう従来の調査法への批判が巻き起こる。新しい教育社会学は，象徴的相互作用論や現象学，エスノメソドロジーなどの解釈的アプローチに基づき学校が文化の伝達・統制機関として作用している教育の内部過程を微視的に参与観察法で明らかにすることに貢献した。

3　学校の教育問題への教育社会学的接近

　戦後の日本で教育社会学者たちが子どもの不適応や逸脱を中心とする教育問題の実態と背景の解明の取り組みを見せた時期が2度ほど存在し，いずれもその嚆矢はマスコミによって射かけられている。最初は1960年代後半からマスコミで過度の学歴競争の問題が取り上げられると，知育偏重，テスト主義，学習塾，落ちこぼれ，青少年非行などの諸現象をまず教育病理との枠組みで一括類型化し，病理現象の発生因を教育機能の障害もしくは逆機能として位置づける教育病理論が教育社会学の第一世代と呼ばれる研究者たちによって提唱された（河野, 1966；新堀, 1975）。次に1980年代半ばにいじめを苦にした自殺が報道され，いじめ問題を取り上げたテレビ番組でいじめが登校拒否の背景にあることが明らかにされると，いじめと登校拒否が一気に社会問題と見なされ，第二世代の教育社会学者がその実情の把握と背景要因の析出に尽力した。特に閉塞的な学級集団の中で，いじめる加害者といじめられる被害者に加え，いじめをおもしろがる観衆や見て見ぬふりをする傍観者といういじめ集団の四層構造がいじめを助長する実態を明らかにした点は心理学的研究にはなかった特長である（森田・清永, 1986）。

〈伴　恒信〉

■新しい教育社会学
　階層社会といわれるイギリスにおける教育機会の不平等の問題を実証的に十分究明できなかったとして，1960年代末から台頭してきた教育社会学の研究法を総称したもの。左記のような新たな研究視角に基づく解釈方法によって学校内部の教育過程の解明をめざした。この流れの発展形態として，近年では「教育臨床の社会学」が提唱され，ミクロ・レベルでの参与観察法による調査研究が行われている。

◆河野重男　1966　教育の病理　社会病理学　有斐閣, pp.176-185
　新堀通也　1975　現代教育の病理―教育病理学の構造―　教育社会学研究第30集, pp.17-27

◆森田洋司・清永賢二　1986　いじめ　教室の病い　金子書房

■教育社会学のいじめ研究
　「いじめ集団の四層構造」の解明を契機に，いじめ研究の関心は被害者と加害者という個人から集団のあり方の特性を問う研究へ向かっていった。いじめに対する否定的な準拠集団規範をもっている学級では加害傾向を抑制することを明らかにした研究（黒川ら, 2009）や子どもたちが集団内で独自のルールを形成し，そのルールから逸脱した者に対する制裁を「口実」として行われるいじめがエスカレートしやすいことを明らかにした調査研究（久保田, 2013）などが注目される。

◆黒川雅幸・大西彩子　2009　準拠集団規範がいじめ加害傾向に及ぼす影響―準拠枠としての仲間集団と学級集団―　福岡教育大学紀要第58号, pp.49-59
　久保田真功　2013　なぜいじめはエスカレートするのか？―いじめ加害者の利益に着目して―　教育社会学研究第92集, pp.107-127

Ⓐ 学校心理学を支える学校教育学的基盤　①　教育学

5　幼児教育

◆幼稚園の歴史に関する参考図書
　文部省　昭和54年8月　幼稚園教育百年史

■恩物
　フレーベルは，1837年に幼児保育のための20の遊具を考案し，「恩物」と名づけた。第1恩物六球，第2恩物三体など積み木や色板，木の棒，紐，布，紙，豆などを使った遊具である。日本の幼稚園でも導入され，明治30年頃までは恩物中心の保育が行われた。

◆倉橋惣三に関する参考図書
　柴崎正行　2008　幼稚園真諦　フレーベル館

1　幼児期の教育・保育の変遷

　1872（明治5）年に制定された「学制」で「幼稚小学」の設立が促されたが，すぐには開設されず，1876（明治9）年に設立された東京女子師範学校附属幼稚園は，その後設立された幼稚園の保育内容，運営等のモデルとなり，大きな影響を及ぼした。保育内容は恩物を中心にしたもので，時間割が作成され，4時間から5時間の保育が行われた。1926（大正15）年「幼稚園令」が制定され，保育5項目（遊戯，唱歌，談話，手技，観察等）が示された。倉橋惣三の誘導保育などの提唱もあり，さまざまな幼稚園の教育が展開され，1942（昭和17）年には，園数が国立29，公立668，私立1388園になるなどした。太平洋戦争中は，戦時託児所としての役割を果たすよう奨励され，幼稚園として運営していた園は1303園まで減少した。

　1947（昭和22）年に学校教育法第1条に幼稚園が「学校」として位置づけられ，教育課程の基準としての「幼稚園教育要領」が1964（昭和39）年に示され，以後数回にわたって改訂されてきている。

　一方，託児所，保育所も明治時代から設立されている。1890（明治23）年には新潟静修学校に付設されていた子守学校の子どもたちのために，「守孤扶独幼稚児保護会」と称して，託児を行った。1894（明治27）年には大日本紡績東京・深川工場託児所，1896（明治29）年には三井炭坑託児所が開設されている。

　1915（大正4）年には，二葉幼稚園が「二葉保育園」と改称し，7，8時間の保育で，

日曜，祝日以外は休みなく保育を行って，保育項目のほかに，生活習慣，ことば遣い，入浴，遠足などの保育が行われ，それ以後の託児所の範となった。常設の託児所は，1926（大正15）年は312か所，1941（昭和16）年には1718か所となり，戦時中は戦時託児所が奨励された。

終戦後は，1947（昭和22）年に制定された「児童福祉法」により，保育所は児童福祉施設として位置づけられた。

2　現代の幼児教育の課題と子ども・子育て支援新制度

歴史を概観してわかるように，幼児の教育・保育はその草創期から二つの機能を幼稚園，保育所という施設で果たしてきた。いわば二つの道が並行して今日に至っていると言える。

現代は，科学技術の進歩・発展，少子化，情報化等，幼児を取り巻く環境が著しく変化し，体力，運動能力や人と関わる力の低下，アレルギー，幼小の連携の必要性など教育内容の見直しが必要となり，学校評価が義務づけられた。

一方，育児不安や虐待の増加，女性の就労増大による保育所待機児の増大が社会問題となっている。このような諸課題を解決するため，政府はさまざまな施策を実施してきた。エンゼルプラン，新エンゼルプラン等の実施を経て，2012（平成24）年に成立した「子ども・子育て関連3法」に基づき，すべての家庭および子どもを対象にしたさまざまな事業が実施されている。幼児教育，保育の場としては，幼稚園，保育所，認定こども園，小規模保育などである。

（塩　美佐枝）

■子ども・子育て関連3法の主なポイント
1．認定こども園，幼稚園，保育所を通じた共通の給付（「施設型給付」）および小規模保育等への給付（「地域型保育給付」）を創設した。
2．認定こども園制度の改善
幼保連携型認定こども園について，認可・指導監督を一本化し，学校および児童福祉施設として法的に位置づけ，財政措置を「施設型給付」に一本化する。
3．地域の実情に応じた支援
教育・保育施設を利用する子どもの家庭だけでなく，在宅の子育て家庭を含むすべての家庭および子どもを対象とする事業として，市町村が地域の実情に応じて実施する。
4．基礎自治体（市町村）が実施主体である。

Ⓐ 学校心理学を支える学校教育学的基盤

2 学校組織と教育制度

１ 学校経営

◆浜田博文編著　2012　学校を変える新しい力―教師のエンパワーメントとスクールリーダーシップ　小学館

◆小野由美子・淵上克義・浜田博文・曽余田浩史編著　2004　学校経営研究における臨床的アプローチの構築　北大路書房

◆天笠茂編著　2011　次代を拓くスクールリーダー　ぎょうせい

◆小島弘道編　2007　時代の転換と学校経営改革　学文社

1　学校経営とは何か

　学校経営とは，各学校が独自に教育目標を設定し，それをより効果的に達成するために人的・物的・財政的リソースの組織化を図りながらカリキュラムを編成・実施し，その成果を吟味して教育目標等のとらえ直しを図るという，学校において行われる一連の営みを言う。学校が有する人的・物的・財政的・情報的諸条件を，教育実践の質的改善に向けて統合的に機能させる働きだと言い換えられる。

　「教育行政」や「学校管理」と区別されてそれが用いられるのは，各学校が一定の独自性をもつ単位組織体だからである。公教育機関である学校は，国・地方自治体による管理・規制的作用を免れることができない。だが，学校が行政機関ではなく教育機関であることに注目すれば，教員と児童・生徒の間で展開される教授・学習過程を起点とした「その学校」独自の教育活動の創造が不可欠である。

　よって学校経営は，国・地方で定められている諸基準を踏まえて，児童・生徒のニーズ，教職員の実態，地域・保護者等の実情などを十分に考慮し生かしつつ，その学校としての教育活動の質を最大限に高めるためになされる，すぐれて創造的な営みである。

2　「経営」にこめられた含意

　利潤を追求する民間企業に関係しそうな「経営」ということばが「学校」と結びつけて使われるのはなぜか。戦後教育改革は国民の教育を受ける権利保障を掲げ，地方自治と

民主主義を旨に出発した。ところが，1956年の教育委員会制度改変を契機として，学校教育は中央集権化へと舵を切った。学習指導要領の国家基準化，教員勤務評定の実施など，教育内容と教員に対する国家管理は強化された。こうした動向への危機感から，教育実践の当事者が教育専門性と児童生徒の多様なニーズに基づいて自律的に教育活動に取り組むことのできる学校のあり方が追究された。

それは，官僚制組織に従属した「学校管理」や，学校内部に閉じた「学校運営」ではない。一つひとつの学校が教育専門の単位組織体として，国や他機関に対する相対的独立性を保持しつつ，教育のための意思決定を主体的に行うことの重要性に関心が向けられた。

3．学校の自律性と協働性

1990年代末から，「学校の自主性・自律性の確立」が掲げられ，校長のリーダーシップや組織マネジメントなどが注目された。同時に，学校と教育委員会は「説明責任」を強く求められている。その間にも，児童生徒の課題は多様性と複雑性を増し，もともと無限定で無境界な性質をもつ教員職務は，一層多忙化し困難を極めている。

こうした学校経営の現状は，さまざまな教職員の協働性を通じて教育の専門性に基づく学校の自律性を確立することを必要とする。同時に，保護者・地域住民を含めた多様な人々と学校の連携・協力の重要性も映し出していよう。

現代の学校経営は，教職員をはじめとするスタッフ（非常勤職員やボランティアなど）どうしの協働と，保護者・地域住民等との相互信頼の構築を従来以上に必要としている。

（浜田博文）

◆岡本智周・田中統治編著　2011　共生と希望の教育学　筑波大学出版会

■地域住民・保護者の学校参加

現代の学校にとって，地域住民と保護者の存在はとても重要である。従前から，学校は地域や保護者に支えられているとは言われてきたが，特に1990年代後半以降，両者の関係は大きな展開を見せてきた。「学校参加」という視点からその変化をとらえると，次のようにまとめられる。第一は，学校が主催するさまざまな行事に地域住民や保護者が協力したり，授業参観等に出席したりすること（文字どおりの「協力」）。第二は，学校のカリキュラムに位置づけられる授業や教育活動にゲストティーチャー等の立場で参加すること（「教育参加」）。そして第三は，学校運営に意見を述べたり助言したりすることを通じて意思決定に関与することである（「学校経営参加」）。今日において，「教育参加」はどの学校でも見られる光景になり，学校評議員制（2000年）の実施以降，コミュニティ・スクールの法制化や学校関係者評価の実施等も含めて，「学校経営参加」もまたたくまに広がった。地域住民・保護者の学校参加は，学校経営を進めていくうえで欠かせない要素となっている。

Ⓐ 学校心理学を支える学校教育学的基盤　②学校組織と教育制度

② 学級経営

1　学級経営とは

　「学級」という近代学校が創り出した制度は，日本でも明治24年の「学級編成ニ関スル規則」により制定された。学級は，教師という成人をリーダーとし，同年齢の児童・生徒によって組織された，最低１年間固定された集団である。そして，学級は知識や技能の獲得をめざす教科学習の場であるだけではなく，学級生活を通して行われる人格形成の場でもある。つまり，学校教育の目的が，具体的に展開される場が，まさに学級なのである。

　日本の教師たちが用いている「学級経営」という概念は，教育学の「教育方法」に近いと考えられ，学校教育全体に関わるとても広い概念である。教育方法とは教育目的を達成するために指導の計画と展開の措置や手段をとることである。狭義の教育方法は，学習指導と生徒指導（ガイダンス）とを指す。この二つは，教科指導と教科外指導とを示す領域概念ではなくて，教科と教科外のいずれの領域にも発揮される機能概念である。それは教科や教科外においても学習指導も生徒指導（ガイダンス）も機能して行われている事実にある。

　つまり，学級経営とは，教師が学級集団のもつ学習集団と生活集団の二つの側面を統合し，児童生徒が，学校教育のカリキュラムを通して獲得される教育課題と，人間としての発達上の課題である発達課題を，統合的に達成できるように計画・運営することである。そしてその学習場面として，対人交流，集団体験を伴った授業や学級活動，行事などが設定され，その基盤に児童生徒が学校生活を送

るうえでのホームとしての生活体験があるのである（河村，2010）。

2　学級経営のあいまいさ

　現在まで「学級経営学」という体系化された研究領域は確立されておらず，「学級経営とは」という問いに対する見解も，研究者の間でも，実践者の間でも一致しているわけではない。

　大学の教職課程でも，学生は「教科教育法」「生徒指導」「教育相談」などの科目をそれぞれ独立して学習する。しかし，それらをどのように統合して適切に展開するのか，学級集団づくりをしていくのかという「学級経営」に該当する科目はないのが実態である。学生たちがその力を身につける学習は，3週間前後の教育実習が主で，それで学級経営の力が一応身についたと見なされてきたのである。つまり，特徴的な学級集団制度をもつ日本の学校現場で，実はほとんどの教員の学級集団育成，学級経営の進め方は，「自己流」といっても過言ではなかったのである。

　教員として最小限必要な資質能力を確実に身につけさせるため，教職課程の中に必修の「教職実践演習」の科目が2013年度から大学の教職課程で完全実施された。その四つの重点事項の一つとして，「幼児児童生徒理解や学級経営等に関する事項」が盛り込まれている。学級経営についての力量を，教員養成の段階から確実に身につけさせる取り組みが始まったのである。学生は学級集団づくりを含めた学級経営の方法を，体系的（河村，2012，2013）に，そして実習も伴って学習することが期待されている。そして，一人ひとりの子どもの学校生活の質を維持し，向上させようとする学校心理学の枠組みは，学級経営にも有用である。

（河村茂雄）

◆河村茂雄　2010　日本の学級集団と学級経営　図書文化

◆河村茂雄　2012　学級集団づくりのゼロ段階　図書文化

◆河村茂雄監修　2012　集団の発達を促す学級経営　小学校中・高学年，中学校各編，2013　集団の発達を促す学級経営　小学校低学年，高等学校各編　図書文化

■学習指導と生徒指導，学級経営はオーバーラップしている面がとても多い。複数の対応を関連づけ，一貫性をもたせて対応していかなければならない。ここに難しさがあり，教師の教育実践における一つの専門性があるのである。

Ⓐ 学校心理学を支える学校教育学的基盤　2 学校組織と教育制度

３ 学校組織

◆浜田博文編　2009　「学校の組織力向上」
　実践レポート　教育開発研究所

1　「組織」としての学校という見方

　組織ということばにはさまざまな意味がある。ここではひとまず，①共通の目標を達成するために二人以上の人々が集まっていること，②集団の中で秩序を維持するために一定の統制作用が働いていること，を組織の構成条件としておこう。これらを踏まえるとき，学校は一つの組織と考えることができる。

　学校は，19世紀後半以降，近代国家の発展とともに国民教育の社会的装置として各国に普及・定着した。現代において，それは第一義的に一人ひとりの子どもが学習し生活する場であるが，教職員にとっては教育を実践する場であり，職場でもある。また，国家にとっては教育の機会均等を保障する手段であり，施策の対象でもある。このように，現代の学校は多様な側面をもち，さまざまな利害関係や主張が交錯する場になっている。

　子どもが抱える課題は多様化・複雑化している。教育課程は「各学校において」編成されるべきだが，地域や子どもの特徴を踏まえて個性を生かす教育活動を実施するには，学校が「組織」としての統合性を高めて教育効果を発揮する必要がある。

2　学校組織の特徴

　学校組織は，国―都道府県―市区町村という官僚制機構のもとに置かれ，そこには縦関係の管理作用が働いている。教育委員会と学校の間や，校長と教職員の間には，権限の明確な格差がある。しかし，学校は単なる「行政の末端機関」とは言えない。学校は子どもの「教育」を実践するための組織であり，そ

の主要メンバーである教師は、自らの専門性に基づいて学級経営や授業を展開することが求められる。この「教育」という行為の性質から、学校組織には、①教育における目標が不明確である、②教師が用いるべき技術が明らかでない、③管理者の統制範囲が大きい、④監督と評価がほとんど機能しない、等の特徴があると指摘されてきた（佐古ほか、2011）。また、子どもの個別性・固有性や、教授・学習活動の相互性・共同性などに鑑みると、「教育」行為は常に不確定な要因を抱えるゆえに学校組織メンバーである個々の教師の仕事は、不確実性に対応するための裁量性と高い独立性のもとで成り立っていると理解できよう（浜田、2012）。

◆佐古秀一・曽余田浩史・武井敦史 2011 学校づくりの組織論 学文社

◆浜田博文編著 2012 学校を変える新しい力──教師のエンパワーメントとスクールリーダーシップ 小学館

3 「ウェブ」型組織としての学校

以上のことから、学校は組織メンバーが権限の縦構造で堅く結ばれた「ピラミッド」型ではなく、一般に、「なべぶた」型組織だとされてきた。「なべぶた」とは漢字の「けいさん冠（亠）」のことで、「管理職以外の職員はみな横一線に並んでいること」を形容している。経験や年齢が違っていても一人ひとりの教師は同じ権限を有し、独自の包括的な業務に取り組むことを踏まえれば、その比喩は的外れではない。しかし、現実には教職員どうしのつながり方は「横一線」ではない。そのありようは、コミュニケーションの状態ごとに異なり、定型的・合理的なとらえ方にはなじまない。このように、独立性の高いメンバーどうしが多方向のコミュニケーション回路で不定型につながり合っているという側面に焦点を当てると、学校組織は「ウェブ」型と把握できる。か細い蜘蛛の糸のようなコミュニケーションが多方向に交差し合うかたちの組織なのである。 　　　　　（浜田博文）

■「ウェブ」型組織としての学校

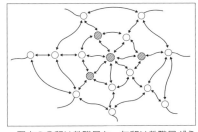

図中の○印は教職員を、矢印は教職員どうしのつながり方（コミュニケーションのありよう）をそれぞれ示している。◎印は、教職員の中でリーダー的な位置にいる者を表している。各教員の教育活動は、各自の課題意識に基づいて進められており、それらは相互に多様なつながり方をしている。そのつながり方は必ずしも「横一線」ではないし、部分によって太いパイプもあれば細い糸のようなものもあり、何かのきっかけで断裂してしまうかもしれないというリスクも抱えている。それぞれの○印のもとで、教授・学習活動を決定づける重要な意思決定がなされている。

A 学校心理学を支える学校教育学的基盤　2 学校組織と教育制度

4 教育制度

◆教育制度研究会編　2011　要説教育制度
[新訂第三版]　学術図書出版社

1 教育を受ける権利を保障する仕組み

教育制度とは，教育の目的を達成するための，社会的に公認された組織（人と物との体系的配置）をいう（教育制度研究会, 2011）。

学校制度は，教育制度のうち直接教育目的を達成するための，法的根拠をもって成立している最も定式化された教育制度ということができる。

各種の教育機関や組織が相互に結びついて形成される体系を教育体系という。学校体系は，学校制度を構成する基本的な枠組みとして，各種の学校を統合関係をもつ学校系統と，接続関係をもつ学校段階によって体系化したものである。

現代の教育制度は，すべての者の学習権を保障するためにある。学習権とは，「人間的生活を追求する過程で生じる諸課題を解決するのに必要な学習を援助する教育を受ける権利（＝生存権の基底としての学習権）」である。桑原敏明は「現代の教育制度は，『すべての者に』『人間的な生きる力を増し強める教育を』『生涯にわたって』保障しようとする」と述べている（同上）。

2 教育制度の基本問題

学校系統は基本的には学校教育の目的や性格の違いによって分類されるが，歴史的には社会階級や職業，性別，障害の有無等によって異なる発達過程をたどった。特にヨーロッパでは社会階級が学校系統に強い影響をもっていた。大学を頂点とし，その準備教育機関として文法学校や予備学校が構築された貴族学校系統（下構型学校系統）と民衆のための

■学校の統合関係と接続関係

各学校系統間のつながりを統合（integration）関係，各学校段階間のつながりを接続（articulation）関係という。統合関係は，同一段階・異系統の学校間の統合や交流，学校種別の分化時期を上級段階に移行することなどをめぐる課題を有する。接続関係は，進学制度，異段階の教育内容の一貫性などをめぐる課題を有する。

■学校系統と学校段階

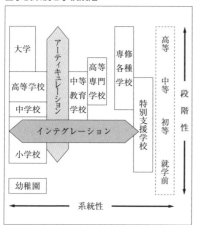

小学校の上に庶民の教育要求の高まりとともに下から上へと構築された庶民学校系統（上構型学校系統）が複線型の学校体系を形成し今日の教育制度にも影響を残している。

学習権保障のためのさまざまな制度改革が蓄積される中で，学校系統間の統合が進み，系統性よりも段階性と各学校段階における多様性をめぐる課題に焦点が移行している。

3　教育制度の「正」の作用と「負」の作用

教育制度は，その定式性のゆえに効率的でだれにも利用可能である反面，画一性や硬直性などさまざまな課題を宿命的に負う。この教育制度のもつ両面性は教育のもつ本質的な機能を反映したものである。教育は，文化の伝達による個人の社会化という側面と，個人の学習への助成による自己実現の保障という側面をもつ。この二つの側面が補完し合いながら働けば，教育制度は正の作用を果たすが，両立しない場合には教育制度は負の作用を果たす。

教育制度の正の作用とは，個人に発達の条件を整え，文化遺産の継承を確保して社会に有為な人材を養成することであり，負の作用とは，個人の発達を阻害したり個人に対して抑圧的に教育制度が作用することをいう。熊谷（1996）は，教育制度に伴う人間疎外の主要形態として，次の諸点をあげている。①制度・組織・規制への適合の自己目的化，②管理優先による人格的関係の希薄化，③教育－学習過程の事務化（非人間化），④発達過程の画一化，⑤抑圧，⑥序列化と差別，⑦理念の形骸化。これらがときに複合して人間の発達に負の働きを及ぼし，さまざまな問題状況となって表面化していると考えられる。

（窪田眞二）

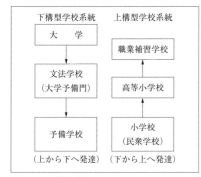

図　二つの学校系統（教育制度研究会，2011　より）

◆窪田眞二　2003　教育と学校の制度　教育学（東京都専修学校各種学校教職課程）東京都専修学校各種学校協会

◆熊谷一乗　1996　現代教育制度論　学文社

A 学校心理学を支える学校教育学的基盤

3 特別支援教育の基盤

① 特別支援教育の動向

1 特別支援教育の理念と基本的な考え

特別支援教育は,「従来の特殊教育の対象の障害だけでなく,LD(学習障害),ADHD(注意欠陥多動性障害),高機能自閉症を含めて障害のある児童生徒の自立や社会参加に向けて,その一人一人の教育的ニーズを把握して,その持てる力を高め,生活や学習上の困難を改善又は克服するために,適切な教育や指導を通じて必要な支援を行うもの」と示された(文部科学省,2003)。

これまでの特殊教育では,障害のある児童生徒の障害の種類や程度に特に注目してきたが,一人ひとりの教育的ニーズを把握して対応していくことになった。つまり,子どもの視点に立って一人ひとりをより多角的総合的に見ていこうとする考え方と方法の変化である。

2 対象と範囲

LD,ADHD,高機能自閉症の(知的障害のない)発達障害のほか,知的障害,視覚障害,聴覚障害,肢体不自由,病弱等の障害のある幼児児童生徒が対象である。そして,例えば,発達障害等の医師による明確な診断がなくとも,学習面や行動面で著しい困難がある場合には,必要な指導・支援を行っていくことになる。

3 義務教育段階の対象者数と在籍の場

文部科学省によると,2001年公表(2000年5月1日現在)のデータでは,小中学校におけ

る通級による指導を受けている子どもの割合が0.24％，特別支援学級が0.63％，特別支援学校（小中学部）が0.43％で，計1.3％であった。それが，2014年公表（2013年5月1日現在）では，それぞれ，0.8％，1.7％，0.7％で，計3.2％であった。さらに，小中学校の通常学級に発達障害の可能性のある子どもが，6.3％（2003），6.5％（2012）の割合で存在する。

4　特別支援教育の法令上の位置づけ

　学校教育法第81条「小学校，中学校，高等学校，中等教育学校及び幼稚園においては，次項各号のいずれかに該当する児童，生徒及び幼児その他教育上特別の支援を必要とする児童，生徒及び幼児に対し，文部科学大臣の定めるところにより，障害による学習上又は生活上の困難を克服するための教育を行うものとする」。

　このほか，障害者基本法では，障害のある児童及び生徒と障害のない児童及び生徒との交流及び共同学習を積極的に進めること，発達障害者支援法では発達障害のある子どもの教育について明記されている。

5　特別支援教育のシステム

　一人ひとりの教師の尽力のみに頼ることなく，システムとして学校全体で支援していく体制の整備が必要である。特別支援教育のシステムは，特別支援教育コーディネーター，特別支援教育委員会（校内委員会），専門家チーム，専門家による巡回相談，個別の指導計画，個別の教育支援計画，特別支援連携協議会，特別支援学校のセンター的機能ほか，さまざまな事項の複合体である。詳しくは文部科学省作成のガイドラインを参照（文部科学省，2004）。

（柘植雅義）

■学校教育法第81条
2　小学校，中学校，高等学校及び中等教育学校には，次の各号のいずれかに該当する児童及び生徒のために，特別支援学級を置くことができる。
一　知的障害者
二　肢体不自由者
三　身体虚弱者
四　弱視者
五　難聴者
六　その他障害のある者で，特別支援学級において教育を行うことが適当なもの

■特別支援教育コーディネーター
　幼稚園，小中学校，高等学校，特別支援学校の特別支援教育の推進のキーパーソンであるとともに，医療機関や大学，発達障害者支援センター等の校外の専門機関・関係機関等との連絡調整の窓口，さらには，保護者との連携や保護者への支援の窓口として機能することが役割である。

■特別支援教育委員会（校内委員会）
　学習や行動等で気になる児童生徒がどのくらいいるのか，個々の児童生徒が学習や行動のどこにつまずいているのか，医師の診断により何らかの障害が確認されているのか，そのような児童生徒にどのように指導・支援を行うか，校外の専門家チームや巡回相談，その他の専門機関や専門家に支援を求める必要があるのかどうかなどを明らかにしていく。

■インクルーシブ教育システムの構築
　国連の，障害者の権利条約を，2014年1月に日本政府が批准したことから，教育の分野においては，"インクルーシブ教育システムの構築"が進むことになる。このような動きは，特別支援教育のさらなる充実発展への追い風であり，国が進める"共生社会"の実現（内閣府）に向けた取り組みに沿うものである。

◆参考資料
　柘植雅義　2013　特別支援教育—多様なニーズへの挑戦—　中公新書（中央公論新社）

② 幼児期における特別支援

1 「困った子」ではなく「困っている子」

幼児期の発達障害児の中には，独特の見え方や感じ方をしている子が少なくない。

物が歪んで見えたり，音が途切れ途切れに聞こえたりしている子がいる。だから，親や先生から言われたことが理解できない。また，肩に手を触れられただけで"痛い！"と感じてしまう感覚過敏の子も少なくない。友達と喧嘩が絶えないのは，そのためかもしれない。

本人は決して，わざとやっているわけではない。しかし，結果的に失敗をしてトラブルになる場合が多い。周囲から注意や叱責を受ける毎日の中で自尊感情が低下しやすい。ここが問題の本質である。

支援者に求められるのは，子どもが抱えている困難やつらさをキャッチする力であり，プラス部分にも着目できる感性である。さらに，環境や支援方法を工夫することで子どもを成功体験へと導く教育技術である。

2 子どもの気持ちに寄り添う支援

視覚障害には点字や白杖などの支援ツールがあるように，発達障害では「わかりやすさ」が一番の支援ツールであろう。

いま目の前に，落ち着きがなく友達にすぐ手が出てしまう子がいるとする。何も手だてを講じなければ，トラブルが頻繁に生じるだろう。周囲はもちろん，本人も困惑しているはずである。そこで，まず次のような環境を工夫するところから始めたい。

動線が交わらないように教室をレイアウトする。ブランコやトイレの前に順番に並ぶことを示すマークを貼る。絵本の読み聞かせで

■感覚過敏の実例
プロジェクターの映像は太陽を見ているよう。
運動会のピストルの音で鼓膜が破裂しそう。
保健室の匂いを嗅ぐと胃液が逆流してきそう。
白米の食感はまるで砂をかんでいるよう。
プールのシャワーは身体に針が刺さるよう。

■わかりやすく伝えるポイント
①子どもの動きを止め注意を引きつけてから
②目線を合わせて正面から
③声のトーンを抑制しながら端的明快に
④ことばだけでなく身振り手振りを加えて
⑤否定型ではなく肯定型で
　「走っちゃダメ！」→「廊下は歩きます」
⑥子どもがイメージできるように
　「早くしなさい！」→「パクパクご飯を食べようね！」
⑦あいまいな表現を避けて具体的に
　「それ片づけて」→「絵本を箱に入れます」

は，よぶんな刺激が目に入らないように背景の黒板にカーテンを引く。

こうした環境の工夫ばかりでなく，いま何が求められているのかをわかりやすく伝える。大切な指示では，前もって集中力を高める模倣ゲーム等をしてから話す。トラブルが起きる予感がするときは，子どもの動きをいったん止めて適切行動を伝えてから見守る。そうすることの意味や理由を繰り返し丁寧に伝える。このように，支援者の負担が少なく，対象児以外の子どもにとってもメリットがある支援策を提案したい。

保育園や幼稚園の先生が専門家に望んでいるのは，ある特定の子どもの状態像の説明や解釈などではない。その子を含めたクラス運営について一緒に考えアイデアを提供してほしいと願っているのである。

また，愛情あふれんばかりに子どもの存在を丸ごと受け容れている先生に対し，安易に障害名や専門用語を口にすることは控えたい。「太郎ちゃんは，かけがえのない太郎ちゃん」であって，決して「○○障害の太郎ちゃん」ではない。保護者との面談では，特にこうしたことばのニュアンスにも慎重でありたい。

3　支援のバトンを小学校につなげる

行事が苦手で不安傾向が強い子が入学予定のA小学校では，春休みにその子を特別招待して紅白幕の張りめぐらされた入学式会場でリハーサルを行ったという。

就学に際して，園と学校がきちんと連携できたケースは，予後が良好である。プロとして，支援のバトンは責任をもって小学校につなげたい。

（安部博志）

■子どもの行動を読み解く三つの視点
① 『わからない』⇒わかりやすい情報伝達
② 『うっかり』⇒環境の工夫・事前の確認
③ 『わざと』⇒行動の機能分析に応じた対応
　（例：注目を引く行動には注目を与えない）

◆田中康雄監修　2004　わかってほしい！気になる子　自閉症・ADHDなどと向き合う保育　学習研究社

◆安部博志　2013　発達に遅れや偏りがある子どもの本当の気持ち　学事出版

■保護者が傷つくことば
「もっと子どもをほめてあげてください」
「ご家庭で，きちんとしつけてください」
「私は専門家ではないのでわかりません」
「もう少し様子をみましょう」
「園の中では特に問題はありませんが…」

◆吉田友子　2003　高機能自閉症・アスペルガー症候群「その子らしさ」を生かす子育て　中央法規出版

◆西舘有沙・徳田克己　2014　配慮の必要な保護者への支援　学研みらい

3 小学校の通常学級における援助

■通常の学級に在籍する発達障害の可能性の ある特別な教育的支援を必要とする児童生 徒に関する調査結果について
学習面又は行動面で著しい困難を示す 6.5%
※男女比：男子 9.3%，女子 3.6%
※小学校第1学年　9.8%
　　　第2学年　8.2%
　　　第3学年　7.5%
　　　第4学年　7.8%
　　　第5学年　6.7%
　　　第6学年　6.3%
　中学校第1学年　4.8%
　　　第2学年　4.1%
　　　第3学年　3.2%

(2012〈平成24〉年 文部科学省 ※推定値)

■自閉症スペクトラム（ASD）の特性
①社会性（人との関わり）の困難
②イマジネーション（柔軟な思考）の困難
③コミュニケーションの困難
その他，感覚過敏による苦しさを抱えている人も少なくない。

■注意欠如・多動性障害（ADHD）の特性
①不注意
②多動性
③衝動性

■学習障害（LD）の特性
全般的な知的発達に遅れはないが，「聞く」「話す」「読む」「書く」「計算する」「推論する」の能力のうち，特定のものの習得と使用に著しい困難を示す。

1 まずは学級運営と授業づくりから

地域の特別支援教育コーディネーターとして7,000あまりのクラスを見てきた。その中で，発達障害の子どもたちがうまく適応しているクラスや学校には，以下のような共通点があることに気づいた。

空気が軽くて居心地がよい。教室に入った瞬間に授業のねらいがパッとわかる。教師のことばがわかりやすい。注意や叱責が少なく声のトーンが抑えられている。子どもたちが互いの発言をうなずきながら聴いている。互いの多様性を尊重し，よさを認め合う雰囲気がある。教師が本気で授業改善をめざしている。休み時間の職員室が子どもの話でにぎやかである。

こうしたクラスや学校には，いじめや不登校，学級崩壊なども少ない。教師が協働して課題解決に当たる力（「学校力」）が蓄積されているから多少のことではグラつかない。

通常学級における援助では，個の支援を考える前に学級運営や授業改善に焦点を当て「学校力」を高めることが肝要である。

2 援助のポイント

このような視点から，通常学級の援助として次のようなポイントが考えられる。
①自発的に行動したり注意を向けたりしやすいような環境を工夫する。
②予定やゴールを明示して見通しをもたせる。
③ルールなど目に見えないものは可視化する。
④課題解決の手がかりをわかりやすく示す。
⑤スモールステップによって課題に取り組みやすくし，子どもを成功体験へ導く。

⑥知識やスキルを一方的に教え込む授業を脱し，子どもどうしが学び合う授業をめざす。
⑦授業改善をめざした話し合いの中で，教師の関係性を高める（チームワーク・フットワーク＆ネットワークの向上）。
⑧話し合いをうまくリードし，校内委員会を活性化し機能させる。

3　コンサルテーションにおける留意点

　以下は，コーディネーターとしての失敗経験の中からコンサルテーションについて学んだことである。

- まずは，ねぎらいのことばをかける。
- ケースの支援にとどまらず学校組織全体をエンパワーする。
- 現場での取り組みを最大限に尊重する（特定の理論や方法論を持ち込まない）。
- だれも責めない，だれも批判しない。
- 他者への不信感については決して掘り下げない。
- 年齢や立場にとらわれず常に対等に接する。
- 多忙や守秘義務を都合のよい"隠れ蓑"にしない。
- 保護者や教師が気づいていない子どものよいところや成長点を具体的に伝える。
- 保護者が気づいていない学校や教師の努力している点を具体的に伝える。
- 的確なアセスメントによって実効性のある具体的な支援策を提案する。
- 話し合いが混乱したり責任論に陥ったりしないようにファシリテートする。
- 原理原則に縛られず"そうはいっても"の部分を大切にする。
- 相手に完璧を求めず，自分もめざさない。
- 自身のメンタルヘルスにも留意する。

　　　　　　　　　　　　　（安部博志）

◆内山登紀夫監修　高山恵子編　2014　ADHD（注意欠陥多動性障害）の子の見え方・感じ方　ミネルヴァ書房

◆榊原洋一　2011　図解　よくわかる発達障害の子どもたち　ナツメ社

◆高森明ほか　2008　私たち，発達障害と生きてます　ぶどう社

◆日本版PRIM作成委員会編　2014　発達障害のある子のサポートブック　学研教育出版

◆田中康雄　2009　支援から共生への道　発達障害の臨床から日常の連携へ　慶應義塾大学出版会

◆古庄純一　2009　日本の子どもの自尊感情はなぜ低いのか　光文社新書

◆齊藤万比古　2009　発達障害が引き起こす二次障害へのケアとサポート　学研教育出版

◆安部博志　2010　発達障害の子どもの指導で悩む先生へのメッセージ～結い廻る：つながっていきましょ！～　明治図書

A 学校心理学を支える学校教育学的基盤　3 特別支援教育の基盤

4 中・高等学校の通常学級における援助

中学校，高等学校の教職員は，援助が最も必要と思われる生徒自身に援助を拒まれることがよくある。思春期特有の複雑な背景もあるが，しかし，対話的な関係性が成立するとさまざまな可能性がひらける。

1　起点としての生徒との対話

生徒との対話ということでは，例えば，授業中，廊下でうずくまっている生徒の状態はどう見ても「問題行動」であるが，「どうした？」というスタンスで関わることにより，その後の展開の起点ができる。

2　「困った生徒」から困っている生徒へ

対話の中で，「困った生徒」が，複雑な背景があるために「困っている生徒」であることがわかることがある。このような転換の中で，教職員は生徒の立場を理解し，一定の感情移入をしつつも，しかし，一定の距離をもって生徒とともに何が問題なのかを考える位置につくことになる。

◆「一定の感情移入」と「一定の距離」
中田正敏　2013　支援ができる組織創りの可能性─「対話のフロントライン」の生成─　教育社会学研究第92集　日本教育社会学会編

3　主体的な取り組みの支援

こうした関係性においては，生徒は教職員とともに今どのような援助が必要かを考える活動の主体であり，援助がいわば共同で構成される可能性がある。とはいえ，生徒と個々の教職員との間ですべて解決するものでもない。

4　オン・ザ・フライ・ミーティング

解決が難しい話について，即興的に同僚とのやりとりができるとすれば，さらに援助に

向けての展開が進む。この臨機応変のやりとりは，必要に応じて相手や場を変えながら展開し，飛び回る（フライ）ようなイメージから，オン・ザ・フライ・ミーティングと呼ばれる。

4　対話的な関係性という土壌

援助を生成するための人的資源のこのような結びつき自体も重要な資源となる。このような支えがあると，教職員は安心して生徒の話を聴けるようになる。また，そのような関係性が土壌となって，チーム会議も充実したものとなり，次第に難しいケースでも解決に結びつくようなものが増えてくる。

5　対話的な関係性の障壁

ところで，生徒との対話的な関係性が未成熟な場合，生徒に関する話は表面的な問題行動の話になりやすい。学年の壁とか教科の壁などがあり，風通しのよくない職員室になることもあり，話し相手もいつも特定の同僚に限定されていることがある。しかし，これらの障壁に気づき，対応し，話題とすることにより，解決の方向に向かえることがある。

6　アイデア会議

生徒との対話の中で，教職員は援助のアイデアを思いつくことがある。同僚のアイデアへの批判は差し控え，自分にはないアイデアに対し互いに敬意をもって受け入れる会議により，単なる情報交換ではない，新たな情報創造につながる可能性が生まれる。

7　協働

協働というものは，私たち一人ひとりがお互いに身近な存在になることで始まる。

（中田正敏）

■オン・ザ・フライ・ミーティング
　Snell, M.E. & Janney, R.E.（2000）*Collaborative Teaming.* Baltimore; Brooks で使われている用語であり，ケース会議などの座席に座って行う会議がオン・ザ・シート・ミーティングとされ，同書では，会議の休憩時間やケース会議とケース会議の間で行われることにより，そうした会議を補完する機能としての副次的な役割が強調されている。
　しかし，学校組織によっては，むしろ，このオン・ザ・フライ・ミーティングが積極的に行われることにより，ケース会議の質を高めるばかりでなく，オン・ザ・フライ・ミーティング自体がケース会議的な内容をこなすことも可能であり，その独自の機能にも注目することが重要である。

■アイデア会議
　中田正敏　2011　アイデア会議で教職員同士が支え合う関係づくりを　月刊学校教育相談 1 月号　学校教育相談研究所，pp.16-19

■協働の起点
　パティ・リー著，石隈利紀監訳・中田正敏訳　2014　教師のチームワークを成功させる 6 つの技法—あなたから始めるコミュニケーションの工夫—　誠信書房
　同書は，インクルーシブな学校づくりを進めるために不可欠な協働には，教職員の間の対話的な関係性が不可欠であるという視点から，教職員と生徒との間では成立しているコミュニケーションのよさを同僚の間でも発揮できるようにするためのさまざまな工夫を提示している。互いに身近な存在になることがインクルーシブな学校づくりの起点である。

Ⓐ 学校心理学を支える学校教育学的基盤　③ 特別支援教育の基盤

5 通級指導等における援助

■学校教育法施行規則
第140条　小学校若しくは中学校又は中等教育学校の前期課程において，次の各号のいずれかに該当する児童又は生徒（特別支援学級の児童及び生徒を除く。）のうち当該障害に応じた特別の指導を行う必要があるものを教育する場合には，文部科学大臣が別に定めるところにより，第50条第１項，第51条及び第52条の規定並びに第72条から第74条までの規定にかかわらず，特別の教育課程によることができる。
1　言語障害者
2　自閉症者
3　情緒障害者
4　弱視者
5　難聴者
6　学習障害者
7　注意欠陥多動性障害者
8　その他障害のある者で，この条の規定により特別の教育課程による教育を行うことが適当なもの

第141条　前条の規定により特別の教育課程による場合においては，校長は，児童又は生徒が，当該小学校，中学校又は中等教育学校の設置者の定めるところにより他の小学校，中学校，中等教育学校の前期課程又は特別支援学校の小学部若しくは中学部において受けた授業を，当該小学校若しくは中学校又は中等教育学校の前期課程において受けた当該特別の教育課程に係る授業とみなすことができる。

1　通級による指導の制度

　通級による指導は，小・中学校の通常の学級での授業に加え，障害に応じた特別の指導（自立活動と各教科の補充指導など）を，年間10～280単位時間の範囲で行うものである。通級指導を行う教室は，地域によって，「ことばの教室」「情緒の教室」「LD・ADHD指導教室」等の名称で設置されている。通級指導教室が自校に設置されている自校通級と，他校に設置されている他校通級，および通級指導担当教員による巡回指導がある。

2　援助の内容

　子どものニーズに応じて，おおむね次のような指導を，個別指導，小集団指導，巡回指導などの形態で行う。

○言語障害：正しい音の認知や模倣，構音器官の運動の調整，発音・発語の指導，話しことばの流暢性の指導，心理的援助等を行う。
○自閉症：コミュニケーション（特に語用論）や社会性の指導等を認知の偏りに配慮して行う。
○選択性緘黙などの情緒障害：心理的要因に対する援助等を行う。
○弱視：視覚認知，目と手の協応，視覚補助具の活用の指導等を行う。
○難聴：補聴器の適切な装用，音声の聴取および弁別の指導等を行う。
○学習障害（LD）：子どもの認知特性に応じた学習指導を行う。子ども自身が自分の得意な学習方略を知ることも重要である。
○ADHD：通常の学級での逸脱行動が問題になりやすいので，行動調整を主なねらいとして指導を行う。

○肢体不自由：身体の動きの改善・向上を図るための指導等を行う。

いずれの場合も，子どもは日常生活のほとんどを通常の学級で過ごしているので，担任や周囲の子ども，家族等の理解が必要であり，環境調整について働きかけることも援助の重要な柱となる。さらに，障害による困難さから，二次的に自己肯定感が低下していることも多く，自信や意欲を支える援助も忘れてはならない。

3　通級指導担当教員に必要な専門性

効果的な指導を行っていくためには，的確なアセスメントに基づく個別の指導計画を作成する必要がある。生育歴，相談・教育歴，家庭の状況，医学的診断の有無，諸検査の結果などの情報を基に，教育的ニーズを把握し，優先的に取り組む課題を整理して，指導方法を検討する専門性が必要である。さらに，場合によっては，心理，医療，福祉といった関係機関と連携することもある。

通級指導担当教員には，総合的アセスメント，教育実践，連携などを遂行する高い専門性が期待される。

4　通級指導等における援助の課題

通級による援助を必要としている子どもの数に対して専門家の数は不足しており，いかに担当教員を養成していくかが大きな課題である。

また，通常の授業を抜けて通級指導を受けることを，子ども自身が納得する必要がある。他校通級の場合は，他校への通学にかかる時間，送迎等の問題も生じる。特別な支援も含めた子どもの教育を受ける権利を，どのように保障していくかが課題である。（鳥居深雪）

◆参考文献
文部科学省編著　2012　改訂第2版　通級による指導の手引 解説とＱ＆Ａ　佐伯印刷㈱

◆参考文献
文部科学省　2013　平成25年度通級による指導実施状況調査結果
http://www.mext.go.jp/a_menu/shotou/tokubetu/material/__icsFiles/afieldfile/2014/03/14/1345110_1_1.pdf

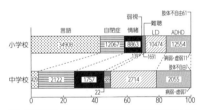

図　通級による指導を受けている児童生徒数と障害種の割合（平成27年度通級による指導実施状況調査結果をもとに筆者が作成）

6 特別支援学校による地域の援助

2005年12月の中央教育審議会答申「特別支援教育を推進するための制度の在り方について」では，特別支援学校が地域に対して次の6つの機能をもつように答申されている。
①小・中学校等の教師への支援機能
②特別支援教育等に関する相談・情報提供機能
③障害のある児童生徒への指導・支援機能
④医療・福祉・労働等の関係機関との連絡・調整機能
⑤小・中学校等の教師に対する研修協力機能
⑥障害のある児童生徒への施設・設備等の提供機能

2006年学校教育法の一部改正で，「特別支援学校が小・中学校等の要請に応じて，児童生徒の教育に対する必要な助言又は援助を行うよう努めるものとする」と述べられている。

2009年3月に「特別支援学校学習指導要領」が改訂された。その中で，特別支援学校は「小学校又は中学校等の要請により，障害のある児童，生徒又は該当児童もしくは生徒の教育を担当する教師等に対して必要な助言又は援助を行ったり，地域の実態や家庭の要請等により保護者に対して教育相談を行ったりするなど，各学校の教師の専門性や施設・設備を活かした地域における特別支援教育のセンターとしての役割を果たすよう努めること」とされている。また，「その際，学校として組織的に取り組むことができるよう校内体制を整備するとともに，他の特別支援学校や地域の小学校又は中学校との連携を図ること」とされている。

1 特別支援学校の「センター機能」

2009年3月に「特別支援学校学習指導要領」が改訂された。その中で，特別支援学校は「地域における特別支援教育のセンターとしての役割を果たすよう努めること」とされている。また，「その際，学校として組織的に取り組むことができるよう校内体制を整備する」とされている。

これらを受け，現在，各特別支援学校では，「地域」「支援」「連携」「相談」等，校外の関係諸機関との連携を明確に打ち出す名称の，地域に向けた窓口を担当する部署を分掌組織や学校組織に位置づけ，それぞれの学校の独自性や地域性を活かし，地域に向けたさまざまな支援活動を展開している。

2 「センター機能」の実践例

現在，各特別支援学校では，障害がある子ども本人と保護者への支援に加え，担任教師，関係諸機関等からのさまざまな相談にも対応している。電話相談や来校相談に加え，特別支援学校の地域支援担当者が地域の学校や幼稚園，保育園，就学前療育施設等の関係諸機関に出向いて，活動の参観を行った後にケース会議を開く「巡回相談」も広く行われている。地域の学校からの要請を受け，児童生徒に向けて障害理解に関する授業を行ったり，職員に向けての研修会の講師を務めたりすることもある。

また，ケースに関わりがある関係諸機関の担当者を集めて，情報の共有や適切な役割分担などを調整する「ケース会議」や「支援会議」を主催することもある。児童相談所や病

院のケースワーカー等が会議を主催する場合は，チームの一員として関わることとなる。県や市町村の教育委員会や教育相談センター等が設置する相談支援チームや専門家チームに，その一員として参加することもある。

　そのほかにも，学校で行われる研修会や講演会を地域に公開したり，授業公開日を設けたりと，地域の通常学級や特別支援学級に在籍する子どもの保護者や担任教師はもちろんのこと，子どもを支えるボランティア等も含めた地域住民に向け，理解啓発や，研究研修の機会の提供も行っている。

コーディネートする関係諸機関は，担任や特別支援学級担当等の学校関係者のほか，行政の障害福祉担当職員，子どもが利用している放課後支援や送迎支援など福祉サービスを提供している機関，地域の社会福祉協議会やボランティアセンターなど，多岐にわたる。

3　今後の課題

　担当する窓口業務が校務分掌等の学校組織の中に位置づけられれば，たとえ担当者が異動したとしても組織間の連携協力が途絶えてしまうことはなくなると思われる。しかし，実際には，不十分な引き継ぎにより年度当初に連携がうまく進まないケースも散見される。そのため，年度当初，できるだけ早い時期に「顔の見える関係」，「担当者同士がお互いにケースを紹介し合える関係」を築くことが必要である。

　また，窓口の業務内容がイメージしやすいネーミングに加え，HPやチラシなどを活用した，地域に向けたPRや活動の周知も欠かせなくなってくると思われる。

〔名古屋　学〕

Ⓐ 学校心理学を支える学校教育学的基盤

4 生徒指導・教育相談・キャリア教育

1 生徒指導とは

◆文部科学省 2010 生徒指導提要 教育図書

◆八並光俊・國分康孝編 2008 新生徒指導ガイド 開発・予防・解決的な教育モデルによる発達援助 図書文化

■生徒指導と学校心理学の構造

　生徒指導の構造と学校心理学の構造は，いずれも3層に分かれており，それぞれが対応関係にある。このほか，児童生徒の成長促進や問題行動の未然防止に重点を置いたプロアクティブな生徒指導（「育てる」生徒指導）と，問題行動の早期解決や重大事態への対処に重点を置いたリアクティブな生徒指導（「治す」生徒指導）という2層構造もある（八並，2008）。

◆八並光俊 2014 ガイダンス・カウンセリングの必要性（日本図書文化協会・日本教育評価研究会 指導と評価 特集ガイダンス・カウンセリング 図書文化，7月号，pp.6-8）

1 生徒指導の定義

　文部科学省は，2010年に国の生徒指導の基本書である『生徒指導提要』を刊行した。同書において，「生徒指導とは，一人一人の児童生徒の人格を尊重し，個性の伸長を図りながら，社会的資質や行動力を高めることを目指して行われる教育活動」（文部科学省，2010）であると定義されている。また，生徒指導が「教育課程の内外において一人一人の児童生徒の健全な成長を促し，児童生徒自ら現在及び将来における自己実現を図っていくための自己指導能力の育成を目指す」（文部科学省，2010）としている。

　これに対して，八並（2008）は，学校心理学の観点から，「生徒指導とは，子ども一人ひとりのよさや違いを大切にしながら，彼らの発達に伴う学習面，心理・社会面，進路面，健康面などの悩みの解決と夢や希望の実現を目指す総合的な個別発達援助である」と実践的な定義をしている。両定義からわかるように，生徒指導は全人的教育活動であると言える。

2 生徒指導の構造

　『生徒指導提要』では，一人ひとりの児童生徒の深い児童生徒理解をベースとして，生徒指導を「成長を促す指導」「予防的な指導」「課題解決的な指導」の三つに階層化している。生徒指導の基底をなす児童生徒理解は，学校心理学における心理教育的アセスメントに相当する。生徒指導の3層構造と学校心理

学の教育援助サービスとの対応関係は，以下のようになる。

①すべての児童生徒を対象とする一次的援助サービスは，成長を促す指導に相当する。主に授業や集団活動を通じて，社会的スキルや学習スキルの習得をめざす成長促進的生徒指導は，いじめ防止教育，情報モラル教育，非行防止教室，薬物乱用防止教育などの問題行動の予防に重点を置いた予防教育的生徒指導が含まれる。特に，授業型の生徒指導は，ガイダンスカリキュラムまたはガイダンスプログラムと呼ばれる。

②苦戦している一部の児童生徒を対象とする二次的援助サービスは，予防的な指導に相当する。欠席がちな児童生徒や加害の傾向のある児童生徒などに対して，コア援助チームや拡大援助チームによるチーム援助による問題行動の早期発見，早期解決を行う。

③特別な援助ニーズをもつ特定の児童生徒を対象とする三次的援助サービスは，課題解決的な指導に相当する。いじめ，不登校，暴力行為，児童虐待，薬物乱用など，学校と関係機関等の連携によるネットワーク型援助チームによる課題解決を行う。

3　生徒指導実践と法

生徒指導実践で，学校心理学の実践家が留意すべき点として，関係法令の理解が不可欠である。例えば，地方公務員法（第33条信用失墜行為の禁止・第34条守秘義務），学校教育法（第11条懲戒・第35条出席停止措置），いじめ防止対策推進法，児童虐待の防止等に関する法律，少年法，青少年保護育成条例，刑事訴訟法（第239条公務員の告発義務），発達障害者支援法などは重要である。

（八並光俊）

■学校心理士の実践
　学校心理士の実践は，スクールカウンセリング推進協議会認定のガイダンスカウンセラー資格対象者の実践事例集が参考になる。
◆スクールカウンセリング推進協議会編　2013　ガイダンスカウンセラー実践事例集　学事出版

■成長促進型生徒指導の一次的援助サービスについては以下の文献が参考になる。
◆横浜市教育委員会　2010　子どもの社会的スキル横浜プログラム　個から育てる集団づくり51　学研教育みらい
◆山崎勝之・戸田有一・渡辺弥生編　2013　世界の学校予防教育　心身の健康と適応を守る各国の取り組み　金子書房

◆日本生徒指導学会編　2016　現代生徒指導論　学事出版

② 学校教育相談

■学校教育相談の定義

大野は,「学校教育相談とは,児童生徒の学習面,進路面,生活面の課題や問題,話題に対して,情緒面のみならず情報的・評価的・道具的にもサポートするため,実践家に共通の『軽快なフットワーク,綿密なネットワーク,そして少々のヘッドワーク』を活動のモットーに,『反省的実践家としての教師』というアイデンティティの下で,すべての子どもにかかわり,早急な対応が必要な一部の子どもとしのぎ,問題等が顕在化している特定の子どもをつなげ,そして,すべての子どもがもっと逞しく成長・発達し,社会に向かって巣立っていけるように,学校という時空間をたがやす,チームによる実践的な指導・援助活動である」としている。

◆大野精一 1997 学校教育相談 理論化の試み ほんの森出版

■学校教育相談の機能分類

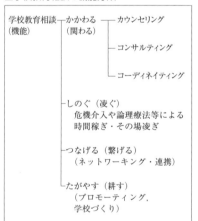

(大野精一 1997 学校教育相談 具体化の試み ほんの森出版 より引用)

1 学校教育相談とは

学校教育相談は,「教育相談」をどのレベルの専門性に位置づけるかによって,定義が変わる。日本学校教育相談学会(2006)は,「教師が児童生徒最優先の姿勢で接し,児童生徒の健全な成長・発達を目指し,的確に指導・支援すること」と定義している。また,大野(1997)は「学校教育相談(School Counseling Services by Teachers in Japan)」は,固有の領域・機能・方法をもち,学校のコミュニティ化をめざすものと位置づけ,領域,機能,方法(統合・包含イメージ)の視点から定義している。

2 学校教育相談の意義

大野(1997)は,学校教育相談の実践を三つの類型に整理している。それは,1対1の治療的活動が中心である「ミニ・クリニック論」,学校教育相談を生徒指導の機能の中に組み込む「生徒指導機能論」,カウンセリングの神髄を教師の基本姿勢とする「カウンセリングマインド論」である。こうした学校教育相談の実践は次のような意義が認められた。
① 真摯な治療的活動として,苦戦していた児童生徒を支援した。
② 従来の管理・訓育的な生徒指導に,個別・受容的な支援の機能を補完した。
③ 学校教育相談を学校教育の中心的な領域に定立させた。

また,学校教育相談の理論化,およびそれ以降のさまざまな議論を経た現段階での意義をあげると,次のように整理できる。
① 一人ひとりの児童生徒に応じた教育的支援

の一つのアプローチを示す。
②教育的支援の対象，領域，水準，および方法を示す。
③教育的支援での教師の貢献と役割を示す。
④教育的支援におけるチームによる指導・援助の重要性を示す。
⑤教育的支援に関して議論する共通の枠組みを提供する。

3 学校教育相談の内容

学校教育相談の全体的な枠組みは，相談，推進，組織，評価の4活動とそれらの統合活動からなる（ここでは相談活動と推進活動について整理しておく）。

①相談活動
- カウンセリング（個別相談や危機介入，アセスメントなど）
- コンサルティング（担任，係［分掌］，保護者への協力・助言・協働など）
- コーディネイティング（校内外の人的・物的資源との連携・調整など）
- 相談室の管理・運営（備品や記録等の保管・管理や相談担当者の決定など）
- その他（当面する生徒指導上の課題の調査・研究・提言など）

②推進活動
- 相談活動の計画・立案（年間計画，事業・設備費等の予算案の作成など）
- 校内研修会の企画・運営（企画，渉外，広報，運営，評価など）
- 相談関係情報の提供（文献や資料の収集・配布，校外研修会の案内など）
- 相談にかかる広報・調査・研究（通信の発行，アンケート調査，研究など）
- その他（円滑な担当者交代の準備，地域との交流，次年度の展望など）

（山谷敬三郎）

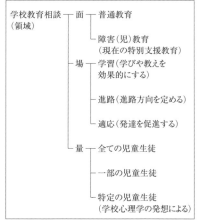

■学校教育相談の領域分類

（大野精一 1997 学校教育相談 具体化の試み ほんの森出版 より引用。一部書き加えあり。）

A 学校心理学を支える学校教育学的基盤　4 生徒指導・教育相談・キャリア教育

③ 教育相談コーディネーター

1 特別支援教育コーディネーター

2003年3月答申の「今後の特別支援教育の在り方について（最終報告）」では、「特殊教育から特別支援教育へ」の転換がなされた。「手厚くきめ細かい教育」から、「障害のある児童生徒一人一人のニーズを把握し、適切な対応を図る教育」への転換である。それを支えるために、特別支援学校には地域の関係諸機関との連携、特に地域におけるセンター的役割が期待された。その中で「特別支援教育コーディネーター」は、障害のある児童生徒に関する一般的な知識やカウンセリングマインドをもち、学校内および関係機関や保護者との連絡調整を担うコーディネーター的な役割が期待された。この、特別支援教育コーディネーターは学校心理学では、「特別の援助ニーズをもつ子どもを対象とした三次的援助サービスの担い手」と言うことができる。

しかし、学校の中にはいじめや不登校、学習面や対人関係面でのつまずきなど、いわゆる一次的援助や二次的援助が必要な子どもも多数在籍している。これらに着目し、神奈川県では「ともに学びともに育つ」という考え方のもと、すべての子どもたちに対して必要な支援を必要なだけ提供する視点から「特別」を冠さない「支援教育」を推進している。

2 教育相談コーディネーター

神奈川県では「子ども一人ひとりの教育的ニーズを把握し、それに基づく支援の計画・実施・評価」をする「教育相談」のプロセスを通して校内支援体制づくりを進めることが重要であると考え、そのキーパーソンとして

◆文部科学省　2007　特別支援教育の推進について（通知）

◆独立行政法人国立特別支援教育総合研究所　2006　特別支援教育コーディネーター実践ガイド　LD・ADHD・高機能自閉症等を含む障害のある子どもへの支援のために

◆神奈川県立総合教育センター　2006　教育相談コーディネーターハンドブック「チームアプローチ＆ネットワーキングハンドブック」（教育相談コーディネーターのためのQ＆A集）改訂版

「教育相談コーディネーター」を位置づけた。現在，小学校，中学校，高等学校，特別支援学校の全校に配置している。近年では他県でも「教育相談コーディネーター」という名称を使う例が増えてきている。

教育相談コーディネーターは，子ども本人の様子や子どもを取り巻く環境を分析し（アセスメント），子ども本人の悩みや困りごとを聴き（カウンセリング），保護者や実際に指導を担当する担任教師に対して具体的なプランを提供し（コンサルテーション），さらには校内の人材や校外の関係諸機関と連絡調整をする（コーディネーション）という，高い専門性とバランス感覚を兼ね備えることが求められる。そのため，教育相談コーディネーターは特別支援教育コーディネーターを包摂する（大野，2012）と考えることができる。

3　教育相談コーディネーターの現状

校内の支援会議を主催する場合，担任や学年リーダー，学部長はもちろん，養護教諭や部活動顧問，寄宿舎指導員など，対象児童生徒の関係がある職員の参加を求める。それに加えて，主訴に対して関係の深い知識や技能をもっている人材や過去の担任などをコーディネートすることで，より多角的な視点からの情報収集と支援策の立案をめざす。

また，校外の関係諸機関との連携協力を行う場合，教育センターや療育センター，病院，児童相談所，就学前通園施設，福祉行政所管課（障害福祉課担当，子ども課ケースワーカー，健康課保健師），さらには社会福祉協議会，ボランティアセンター，地域の民生委員など，多種多様な機関との連携が必要になってくる。そのため，いわゆるスクールソーシャルワーク的な動きも大切になってくる。

（名古屋　学）

◆大野精一　2012　学校心理士としてのアイデンティティを求めて―教育相談コーディネーターという視点から―　日本学校心理士会年報第5号，pp.39-46

④ キャリア教育

■キャリア教育とは

「一人一人の社会的・職業的自立に向け，必要な基盤となる能力や態度(注)を育てることを通して，「キャリア発達を促す教育」である。それは，特定の活動や指導方法に限定されるものではなく，様々な教育活動を通して実践される。キャリア教育は一人一人の発達や社会人・職業人としての自立を促す視点から，変化する社会と学校教育との関連を特に意識しつつ，学校教育を構成していくための理念と方向性を示すものである。」(中央教育審議会, 2011「今後の学校におけるキャリア教育・職業教育の在り方について」(答申)より)

(注) 基礎的汎用的能力の例として，人間関係形成・社会形成能力，課題解決能力，自己理解等を指す。

■職業教育との関係

「『職業教育』とは，『一定又は特定の職業に従事するために必要な知識，技能，能力や態度を育てる教育』である。専門的な知識・技能の育成は，学校教育のみで完成するものではなく，生涯学習の観点を踏まえた教育の在り方を考える必要がある。また，社会が大きく変化する時代においては，特定の専門的な知識・技能の育成とともに，多様な職業に対応し得る，社会的・職業的自立に向けて必要な基盤となる能力や態度(注)の育成も重要であり，このような能力や態度は，具体の職業に関する教育を通して育成してくことが極めて有効である。」(同上)

(注：汎用能力等を指す。)

1 「キャリア教育」をめぐる現状

「キャリア教育」と聞くと，耳慣れた二つのことばから，安易に想像されやすく，教育界においても，その本来の定義や理念を確認することがなされないままに，実践の推奨のみが進んできている。その結果，例えば，「キャリア」を「職業」ととらえる場合には，「児童生徒が興味をもつ職業を体験させること」とか，「職業について教えること」と解釈され，小学校では「従来の生活科や道徳の授業で行ってきたこととどのように区別するか，これ以上何をすればよいのか」と困惑する現場も少なくない。他方で，「キャリア」を「将来の職業選択に関係する進路」と解釈する場合には「夢を実現できる進路設計を指導すること」と解釈され，従来の進路指導の新しい呼称ととらえられ，「小学校では関係ない」とか「従来の就職，進学指導と同じこと」と判断する，学校関係者，学校心理士やカウンセラー，保護者も少なくない。

しかし，キャリア教育導入の背景とその目的を考えるとき，実は，その実践には発達心理学を熟知している学校心理士の側面的介入は不可欠である。

2 キャリア教育導入の社会・教育的背景

キャリア教育は，中央教育審議会が1999(平成11)年答申の中で「生きる力の育成」という教育理念と一緒に初めて使われた。

キャリア教育が紹介された背景には，20世紀末に起きた経済・社会構造の急激な変化と，それが将来の人間の生き方や社会環境に及ぼす影響についての予測があった。そして21世

紀の教育のあり方を考えるとき，「児童生徒が将来自立して自分の人生を歩んで生きるようになるために必要な資質・能力とは何か」を改めて問い直し，「そのために教育はどう改革すべきか」を検討する必要があることが強く提言され，その一つの方策としてキャリア教育ということばが用いられたのである。

3　キャリア教育の基盤と基本的方向

キャリア教育は，一段と変化が増す環境の中で自立的に生きるためには，従来に増して「生きる力」の育成が不可欠であるという価値観に立つ。そして，将来社会人として自立的に生きる基盤となる諸能力や態度を発達させるのが現代の学校教育の役割であるという教育観を土台とする運動である。自立に必要な態度や能力はある年齢に達したら自然と身につくものではない，という発達的視点に立って，個々の生徒の状況に即しながら段階的に外部から介入し働きかける，という方向性をもって，各学校で組織的に取り組む運動である。

4　各学校に独自な取り組み

キャリア教育の実践には固定的なカリキュラムや方法はない。その実践内容を決める要因は，各学校に生活する児童生徒の現状，彼らの生活環境である地域の特徴，学校の設置理念，それを実行に移す役割をもつ教師集団と保護者の理解と協力，さらには地域の教育的・社会経済状況等が影響する。言い換えれば，児童生徒に影響を与える教師集団間の協力をはじめ，学校と地域社会の理解が不可欠である。また「社会への移行のための発達支援」を視野に入れる特別支援教育におけるキャリア教育の重要性が強まっている。

（渡辺三枝子）

■**進路指導との関係**

進路指導はキャリア教育の中核的な教育活動の一つであるが，主として生徒一人ひとりが自分の進路を選択し，実際に選択していくことを目的として，個々の生徒の必要に応じた指導や援助に焦点を当てる教育活動である。キャリア教育は，すべての児童生徒を対象として，進路選択のみならず，将来の自立の基礎となる態度や能力を発達させることに焦点を当てる。

■**アメリカの教育改革とキャリア教育**

日本のキャリア教育は，1970年代にアメリカで起こった教育改革運動からヒントを得たものである。1971年に教育長官が当時の学校教育と現実社会との乖離への対策として打ち出した政策である。当初定義はあいまいであったが，1978年に次のような定義を発表した。「各人が，働くことを，有意義で生産的かつ満足を与える生き方としていくのに必要な知識，能力，態度を身につけていけるように援助することをめざしてアメリカ教育と地域社会の諸活動を方向づけし直そうとする努力」であるとした。

■**キャリア発達**

キャリア発達とは社会・心理的発達の一側面で，特に将来の職業生活に関係する行動の発達に焦点を当てる。

「キャリア教育は，単一の結果に導く単一の過程ではない。むしろ，多種多様な成果を期待して，さまざまな教育水準や教育場面，地域社会で実施されるいろいろな教育的介入行為を指す総称である」

Herr, E. L. 1976 Career education: A perspective. Paper presented at the U. S. Commissioner's National conference on career education.

A 学校心理学を支える学校教育学的基盤　4 生徒指導・教育相談・キャリア教育

5 進路指導とキャリアカウンセリング

1 キャリアカウンセリングとは

　キャリアカウンセリングは，子どもたち一人ひとりの生き方や進路，教科・科目等の選択に関する悩みや迷いなどを受け止め，自己の可能性や適性についての自覚を深めさせたり，適切な情報を提供させたりしながら，子どもたちが自らの意志と責任で進路を選択することができるようにするための，個別またはグループ別に行う指導援助（文部科学省，2004）である。学校心理学との関連で考えると，その中心はすべての子どもを対象とした一次的援助サービスであるが，進路選択をめぐる混乱・葛藤といった状況に対して自助資源・援助資源を活用しながら子どもが主体的に問題解決を行っていく過程への二次的援助サービスともいえる。

◆文部科学省　2004　キャリア教育の推進に関する総合的調査研究協力者会議報告書──児童生徒一人一人の勤労観，職業観を育てるために

2 キャリアカウンセリングのプロセス

　キャリアカウンセリングには，カウンセラーと子どもが協働して，調査・検査などからの課題検討といったアセスメントを基に目標設定を行い，その目標を達成するための方法を実行に移し，その効果を検討して目標や方法を改善していくという一連の援助プロセスがある。このプロセスにおいて重要なのがアセスメントである。アセスメントとしては，日常の観察，保護者の意見，学業成績，調査・検査，進路先の情報収集などがあるが，学校心理学の進路面の援助では，進路先の決定だけでなく，この決定の基盤となる生き方・生きる方向の選択過程への援助をめざす。子どものどのような部分に焦点を当て，どのような視点からアセスメントを行うかといっ

■キャリアカウンセリングのプロセス例

調査・検査	子どもの状態に応じて調査・検査などを行い，課題を検討する
方針立案	課題から今後の方針をたてる
計画作成	方針にそって子どもが実行可能な行動計画をたてる
実行	方針と計画に従って子どもが自ら実行してみる
評価	再度話し合い，子どもの自己評価を促す
改善	自己評価に基づいて方針や行動計画を再検討する

■進路面のアセスメント
　本書 pp.110-111参照。

た点が援助の方向性を左右する。

　ただ，どのようなアセスメントを行っても子どもとの関係性が良好でないと効果的な援助につながらない。その点，子どもとの良好な人間関係づくりがプロセス全体を通して最も重要な要素となる。

3　キャリア行動理論

　キャリアカウンセリングの理論的背景にはカウンセリング心理学とキャリア行動の心理学という二つの領域がある。例えば，進路面のアセスメントにおいて，進路成熟・進路発達は発達理論，進路選択に関する自己効力感，進路不決断などは意思決定理論，職業適性検査・職業興味検査はパーソナリティ理論を基にしている。その点，子どもの進路面への効果的な援助を行うためには，キャリア行動理論について一定の理解があることが望ましい。

4　学校におけるキャリアカウンセリング

　キャリアカウンセリングは従来の進路指導・進路相談をキャリア教育の視点からとらえ直したものと考えられ，キャリア教育の中核的な機能をもつ。子どものキャリア発達を促すためには個別の指導・援助を適切に行うことが重要であり，基本的なキャリアカウンセリングはすべての教員が行うことが望ましい（文部科学省，2004）。

　また，特別支援教育では社会的自立に向けた就労支援が重要な課題の一つである。特別支援教育のニーズのある子どもが自分で将来の生活を自分で選択し決定していく力をつけるためには，個別の指導・援助を適切に行うことが大切であり，その点からもキャリアカウンセリングが重要になってくる。

　　　　　　　　　　　　　　（今西一仁）

■主なキャリア行動理論
①特性因子論
　個人の興味，適性，価値観などの特性と職業内容や必要な能力といった因子とをマッチングさせることが重要であるとする理論
②意思決定理論
　個人の特性と職業に関する因子とのマッチングよりも個人の進路選択過程に焦点を当てようとする理論
③状況・社会学的理論
　個人の見方，考え方や判断基準は，その環境によって直接的・間接的に形成されるという点からキャリア行動をとらえる理論
④パーソナリティ理論
　パーソナリティや欲求の類型によって好む職業は異なっており，職業類型と対応させることができるとする理論
⑤発達理論
　キャリア行動を選択時点に限定せず，生涯にわたって繰り返される選択と適応の連鎖の過程と考える理論

◆参考文献
渡辺三枝子・E. L. Herr　2001　キャリアカウンセリング入門　ナカニシヤ出版

トピックス①
教育学の学び方

なぜ教育学を学ぶのか

　学校は，幼児・児童・生徒・学生（以下，児童生徒等）を対象に教育を行うことを目的とする機関である。その学校において児童生徒等，教師，保護者に対して学校心理学的な援助サービスを適切に行うには，教育，学校，教師などについて広く深く知っておく必要がある。そしてその内容について専門的にアプローチしているのが教育学である。

　心理学は主として個人に注目するのに対して，教育学は主として集団や社会に注目する傾向がある。学校教育は主として学級という集団を単位として行われている。そして学校，学級の構成員である児童生徒等，教師は一個人であると同時に，学校，学級，家庭，地域，社会において集団を形成し，その中で生活し，メディアの影響を受ける社会的な存在でもある。児童生徒等や教師を深く理解するには，この社会的な存在という視点を忘れてはならない。

教育学の内容を知る

　教育学の入門書は多数出版されている。書店で手に取って自分に合ったものを選ぶとよい。『新教職教育講座（全8巻）』（協同出版），『やわらかアカデミズム・「わかる」』シリーズ（ミネルヴァ書房）がわかりやすく説明されており，参考になる。さらに教育学小辞典（例『教育学用語辞典 第4版（改訂版）』学文社）を手元に置いておくとよい。

教育学を深く学ぶには

　教育学をより深く学ぶためには，まず教育に関する常識的な議論を疑い，メタ認知を鍛えることが大切である。例えば「我が国の受験競争は激しい」という言説は，本当だろうか？　確かに一部に残っているものの，以前に比べるとはるかに緩和されてきている。また，これまで社会は教育に「ゆとり」を強く求めていたはずである。ところが「ゆとり」教育が本格的に始まる直前に学力低下論から「ゆとり」教育は大きく批判されることになった。なぜこのような展開になったのだろうか。

　メタ認知を鍛えるには，次の図書が参考になる。

- 小笠原喜康『議論のウソ』講談社現代新書，2005年
- 今津孝次郎，樋田大二郎（編著）『続・教育言説をどう読むか──教育を語ることばから教育を問いなおす』新曜社，2010年
- 佐藤博志，岡本智周『「ゆとり」批判はどうつくられたのか：世代論を解きほぐす』太郎次郎社エディタス，2014年

　今日，教育学は専門分化しており，広い範囲を学ぶ必要がある。より深く学ぶためには，まず研究方法については，

- 花井信『論文の手法：日本教育史研究法・序説』川島書店，2000年
- 関口靖広『教育研究のための質的研究法講座』北大路書房，2013年
- 河野義章『授業研究法入門──わかる授業の科学的探究』図書文化，2009年
- 大谷信介，木下栄二，後藤範章，小松洋編著『新・社会調査へのアプローチ』ミネルヴァ書房，2013年

などがある。

　さらに専門分化した教育学の各領域を学ぶには，専門書を読むことをおすすめする。

（徳岡慶一）

トピックス②
特別支援教育の学び方

2003（平成15）年3月，文部科学省は「今後の特別支援教育の在り方について（最終報告）」を示した。その日から，従来特殊教育を専門に行ってきた教師のみならず，通常学級教師も，特別なニーズのある子どもをどう理解し，どう支援するかを学ぶことが重要となった。ここでは，「特別支援教育」を学校心理学的に「アセスメントから指導へ」の流れでとらえていくことにする。

アセスメントの方法を学ぶ

特別な教育的ニーズをもつ子どもに対しては，WISC-Ⅳ，KABC-Ⅱ等の検査により，対象児の発達の遅れや偏りを把握することが必要である。『知っておきたい発達障害のアセスメント』（尾崎康子・三宅篤子編著，ミネルヴァ書房）で，これらの心理教育的アセスメントの方法が概観できる。また，ADHDやASDといった診断名がどのような症状に対して与えられるのかを知るには，『DSM-5 精神疾患の分類と診断の手引』（米国精神医学会，高橋三郎ほか訳，医学書院）がスタンダードである。

アセスメント結果から指導計画を立てる

検査者になるには講習会で研修を積むことが必須であるが，検査結果を解釈し，指導計画に活かしていくことは，検査者でなくてもできることである。例えば，教科学習に困難を示すLDやその周辺の子どもを例にあげて考える。このような子どもには，①課題におけるつまずきを調べ，②検査結果から推察される認知特性との関連を考察し，③本児の得意とする学習様式や受け入れやすい課題提示方法を用いてつまずきを乗り越えていく「長所活用型指導」を行うことが有効である。

このような指導計画の立て方を学ぶには，いわゆる「事例集」が役に立つ。『エッセンシャルズ KABC-Ⅱによる心理アセスメントの要点』（藤田和弘ほか監修，丸善出版）や，『日本版 WISC-Ⅳによる発達障害のアセスメント』（上野一彦ほか編著，日本文化科学社）では，一人ひとりの事例が丁寧に扱われている。

読者が指導法を考えるにあたって，WISC-ⅣやKABC-Ⅱの検査結果が自分の指導する児童と類似した事例を参考にすれば道が開ける可能性が高いのは，これら「標準化されたアセスメント法」の強みであろう。

指導法を学ぶ

従来「障害児」と呼ばれてきた子どもの指導法については，『入門・障害児教育の授業』（阿部芳久，日本文化科学社）など良書は多い。しかし，LDなどの通常学級における学習困難児に対する指導法に関する文献はまだ少ない。前述の事例集のほかには，K-ABCの同時処理—継次処理モデルを軸に教材例を提案している『長所活用型指導で子どもが変わる』のシリーズ（藤田和弘監修／熊谷恵子ほか編著，図書文化）がある。また，雑誌『LD ADHD & ASD』（明治図書）は，最新の研究や行政の動向，現場実践事例などが豊富である。

「特別支援教育」と諸学問分野

「特別支援教育」は，「発達心理学」「教育心理学」「臨床心理学」などの諸分野と密接に関連している。また，日々の授業で「落ち着きのない子ども」などに手をこまねくならば，応用行動分析学の基礎知識が大きな助けになろう。『はじめての応用行動分析』（アルバートほか，佐久間徹ほか訳，二瓶社）はバイブルである。

（東原文子）

B 学校心理学を支える心理学的基盤

1 育つこと ＊発達心理学的基盤

① 乳幼児期

■乳児期の発達(1)
新生児は顔に見える図形を他の模様や色をつけた図よりも注視する。

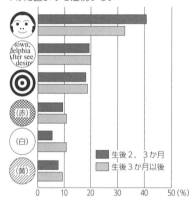

図　注視時間から見た乳児の図形パターンに対する好み　（出典：Fantz, R.L. 1961 *The Origin of Form Perception*. Scientific American, 204, pp.66-72.）

1　人や環境との相互作用を通して学習する乳児期

　新生児は誕生直後から周りをよく見て，特に表情を注視する選好をもっており，4か月の頃には，主たる養育者をそれ以外の人と区別するようになる。足を動かせばモビルが動くことや，声を出せば養育者が応答するなど随伴性を理解し，学習する。

　9か月の頃には養育者と同じものを見て（joint attention）それをどう理解するかを養育者の表情から判断する社会的参照（social referencing）ができるようになる。対象から養育者の顔に目を移し，笑顔でいれば対象に接近し，危ないという表情だと近寄らない。このように乳児は養育者との関係を基に状況を理解し行動する。

　1歳頃には乳児の養育者に対するアタッチメントの個人差を見いだすことができる。養育者が乳児の不快な感情に気づき，欲求が何かを推測し，応答をすることで安定したアタッチメントが形成される。そして，乳児は外界が信頼するに足りる安全な場所であることや，養育者は困った時に助けてくれる安心な対象であり，自分が働きかければ人や環境は応答することを学習し，他者や自己への基本的な信頼感を獲得する。

2　心身の抑制を練習する幼児期前期

　2歳の頃には自分でしたいことがわかり，それを実行することが課題になる。「自分で」試してみたいが，経験不足で最初はうまくい

かないことが多い。養育者が環境を整え，時間をかけて待ち，投げ出したくなる気持ちを支えてやり遂げることができるようにすることで子どもの自律性（autonomy）の獲得が促される。

一方，トイレットトレーニングなど生活習慣を身につける時期でもあり，幼児はしたいことを我慢して，するべきことに取り組み身体や感情の制御を身につけていく。養育者によって一貫して示された年齢相応の課題は，基本的信頼関係を基に受け入れられ，やがて幼児自身の内面化された道徳性の基準となる。

3　見通しをもって協働できる幼児期後期

認知機能の発達により，一度に複数のことを操作できるようになり，時間的・空間的な連続性を獲得し，見通しをもつことができるようになる。例えば幼稚園に母親がいなくても，夕方になれば迎えに来ることや，今は仕事に行っているけれど，家に帰ってくることを理解できるようになる。同様に，自分の気持ちに加えて他者の視点に立って，譲ったり，慰めたり共感を示すことができるようになる。順番を守ったり，借りたら返そうと努める向社会性が認められるようになる。

友人と役割分担をしたごっこ遊びなどの協働遊びや，ルールのあるドッジボールやリレーなどを楽しむことができる。自己主張をしたり，譲ったり，葛藤する場面で解決策を考え工夫して，子どもだけで豊かに遊びを展開することができる。一方，基本的な信頼感の形成が不十分であったり自律性を発揮できない子どもは，分離不安や極端な恥ずかしがりといった内化行動や，攻撃するなどの外化行動，あるいは身体化したチックなどの症状が認められ，カウンセリング等の支援が必要になることもある。

（安藤智子）

■乳児期の発達(2)

新生児は生後まもなくから舌出しなどの表情を模倣する。

　舌出し　　　口を開ける　　唇のつき出し

（出典：Meltzoff, A.N. & Moore, M.K. 1977 *Imitation of Facial and Manual Gestures by Human Neonates*. Science, 198. pp.75-78.）

向かい合った養育者が表情を変えない実験状況(still face method)で，乳児は養育者が応答するはずだと微笑みかけ，声を出し手を動かして働きかけ，それでも動かないと目をそらして距離をとったり泣き出す。乳児が社会的相互作用の期待を形成していることがわかる。

（出典：Murray, L. 2014 *The Psychology of Babies*: How relationships support development from birth to two. Little Brown UK. p.17.）

乳児は足を動かすとモビルが動くことに気づき，さかんに足を動かす。自分の行動に随伴してモノが動くことを学習，記憶する。

（出典：Goswami, U.C. 2008. *Cognitive Development*. Psychology Press, NY. p.8.）

Ⓑ 学校心理学を支える心理学的基盤　① 育つこと　＊発達心理学的基盤

② 児童期

■役割取得理論
　大きく五つの段階に分かれる。
レベル0（3－5歳）：自己中心的役割取得
　自他の視点を区別することが難しい。
レベル1（6－7歳）：主観的役割取得
　自他の視点を区別することはできるが，同時に関連づけることは難しい。意図と行動を区別するようになるが，表面的な行動から感情を予測しがちになる。
レベル2（8－11歳）：二人称相応的役割取得
　他者の視点から自分の思考や行動について予測できるようになり，他者もそれができることを認識する。
レベル3（12-14歳）：三人称的役割取得
　第三者の視点をとることができるようになる。
レベル4（15-18歳）：一般化された他者としての役割取得
　多様な視点が存在する状況で，自分自身の視点を理解することができるようになる。
（詳細は，渡辺　2011）。

1　児童期の特徴

　乳幼児期に続き，青年期の前に位置する発達段階である。精神分析理論で著名なフロイト（Freud, S.）によれば，「潜在期」と呼ばれる段階であり，知的で社会的関心が強まる時期であると考えられていた。その後，エリクソン（Erikson, E.H.）のライフサイクル理論では，勤勉性が強くなる一方で，劣等感が現れる時期として考えられてきている。わが国では，幼児期から児童期になる時期においては，集団行動がとれないなどの「小1プロブレム」，小学校から中学校への移行時期には不登校などの問題が「中1ギャップ」と呼ばれ，児童期の発達との関連が指摘されている。こうした問題を予防するためにも，この時期の発達的変化をとらえることは重要である。

2　児童期の発達的特徴
（1）知的な発達

　大きな変化は，「具体的操作期」から「抽象的操作期」への変化である。生活の中の，具体的な「こと」「もの」への知的好奇心から，次第に言語を通して抽象的な事象への理解や認識へと変化していく。科学的な知識や記号の理解など，これまでの生活の中から導き出した理解だけではなく，論理的な思考の仕方も身につけていく。知識のデータベースは急速に拡がり，記憶量が増え記憶の方略も多様化する。また，自分の認識のあり方を俯瞰するメタ認知能力が次第に身についていく。

（2）社会性の発達

　自己中心的な思考から，次第に脱中心化し，異なる立場や視点からものごとを考えること

ができる役割取得能力が発達する。規範意識は，大人に一方的に従っていたのが，仲間との合意があれば規則自体も修正が可能だと考えられるようになる。重要な他者が，親から次第に友達に変わっていく。

（3）感情のリテラシーの発達

うれしい，悲しいといった感情をラベリングするボキャブラリーが増えていく。同時に，自分や他人の感情の違いに気づき理解や表出の仕方が，次第に社会化されていく。感情についてもメタ認知できるようになり，うれしいけれども不安といった入り交じった気持ちに気づくなど内省が深くなる。その変化に対応して感情を対象化して見られるようになり，コントロールすることもできるようになる。

（4）自己意識の発達

外面的な自己意識から内面的な自己意識に変化し，自己への気づきが強まる。身体的な特徴や持ちもので自己を表そうとしていたのが，対人関係に関わる特徴や能力によって自分を説明しようとするようになる。そのため，自分のできることについてのコンピテンスが強まる一方で，苦手なものにも気づき，自己嫌悪感が芽生え，自尊心がゆらいでくる。

3　児童期における課題

生涯発達から考えると安定した時期として考えられるが，児童期後期は，加速する身体発達や第二次性徴の影響も受け，自己概念が不安定になる。特に児童期初期の社会性や感情のコントロール面は，教師や仲間との関係に影響を与え，結果として児童期後期の学力をも規定すると指摘されており，発達的特徴をとらえた教育や支援のあり方が求められる。

（渡辺弥生）

■感情のリテラシー
　感情のリテラシーは，感情の読み書き能力と言い換えられる。感情の認識，理解，表出に関する能力のことをいう。具体的には，相手の表情から感情を予測したり，感情を表すボキャブラリーを活用したり，感情のコントロールやマネジメントを通して，コミュニケーションが可能になると考えられる。

■9歳（10歳）の壁という問題
　9歳の壁というテーマは，聾教育では1960年頃から話題に上がっており，9歳前後で学力が伸び悩むことに関心が寄せられていた。現在でも，学校現場で小４の壁とか10歳の壁とも言われてきている。児童期の発達的な特徴が背景にあり，これをつまずきととらえる見方もあるが，むしろ飛躍のときと考える見方もある。

◆渡辺弥生　2011　子どもの「10歳の壁」とは何か？　乗りこえるための発達心理学　光文社

◆渡辺弥生　2011　絵本で育てる思いやり　発達理論に基づいた教育実践　野間教育研究所紀要第49集

③ 思春期

■思春期に関する定義

「思春期は,生理学的には視床下部－下垂体－性腺軸内の正のフィードバックが再実行され,性的成熟を促進する中枢神経系の短期的な現象（数週間にわたって生起する）である」と定義され,「思春期には生理的定義を使用し,青年期は思春期と成人期の間の社会－性的な成熟期間として用いる」(Bogin, B. 2011　日野林訳, 2014) とされる。

■ライフサイクルの中での思春期と青年期

図　発達段階と移行の契機
(WHO, 1972；高石, 2001に基づき作図)

◆高石昌弘　2001　思春期保健—学校保健の立場から　現代のエスプリ409, pp.17-25
◆WHO 1972 Human development and public health, WHO technical report series, 485.

■思春期変化の受容

身体の変化に対する受け止めは,男女ともに小4から小6にかけて,"何とも思わない・ふつうのことだと思う"という回答が6割,7割,8割と増加し（都性研, 2014),受容が進んでいく。

■身体発育に関するデータは,「学校保健統計調査」の調査結果が文部科学省のホームページから入手可能である。

1　思春期と青年期

思春期（puberty）の語源はラテン語のpubertasであるが,これは成人になる年齢を意味し,一般に女子では初経の時期,男子では陰毛の生え始めの時期を意味する（Coleman, J.C., & Hendry L.B. 1999　白井利明ほか訳, 2003)。思春期は,10代から20代後半くらいまでを含める青年期のうちの開始期,あるいは開始期から青年期の途中までを指す用語として使われており,「身体の変化によって始まり,情緒面にもその揺れが連動して起こる思春期と,その不安定な思春期を含み込みつつも,大人として安定するまでの『変化と成長の過渡期』を青年期と見る」(伊藤, 2006) のが一般的であろう。日常的には小学校高学年くらいから中学生・高校生くらいまでの年齢層を指して使うことが多い。

思春期と青年期を区別してとらえる場合には,思春期を生涯発達における児童期から青年期への移行の契機として位置づけるとわかりやすい。児童期の子どもたちは,身体的・性的変化に特徴づけられる思春期変化が生じることで次の青年期という発達段階に移行するということである。

2　思春期変化の時期の特徴

思春期変化とは,主に身体発育のスパート,二次性徴,性機能の成熟を指す。身体の発育や性的な成熟は,自分がアタマの中で思っている自分のイメージと,現実の自分のカラダとのずれを生じさせる。また,大人に近づいていく外見の変化が,周囲の期待や対応の変化を引き起こす。大人扱いされて自分が戸惑

うこともある。さらに，早熟・晩熟による個人差の増大は，他者との比較を招き，自己に意識を向けさせる。これらの状況が相まって，思春期には心理的な混乱が生じやすい。思春期には，慣れ親しんできた子どもの体をした自分と決別し，大人としての新たな外見や身体に自分を適合させ，慣れていく必要がある。発育する身体を心の成長が追いかける時期とも言えよう。

3 データから見る思春期変化

身体発育については，出生から続く男性優位の身長の男女差が小4で最小になる。その後，小5小6で男女差が逆転し，女子が男子よりも1cm以上身長の高い時期が2年続く（文部科学省，2015）。

性成熟については，全国初潮調査（大阪大学）の結果から，2008年には12歳2.3か月前後で半数が月経を経験していることと，発達加速現象が停滞期に入っていることが示されている（日野林，2014）。2014年の東京都の結果でも，小6で初経発来は5割を超えている。一方精通は中3でも5割に届かないことが示され，精通経験率の低下傾向が見られる（都性研，2014）。

異性に対する意識も身体発育の進度に呼応して変化し，異性と一緒に遊ぶことを楽しいと思う割合は，男女とも小1では6割以上いるが，男子では小6が最低で2割，女子では小5で4割に下がり，男女間に距離が生じる。しかし中学生では，異性の友だちがいる割合はおおむね8割と高い（都性研，2014）。実際に交際が始まるのはさらに遅く，交際中の相手がいる割合は，中学で1割，高校で2割，大学で3割を越える（日本性教育協会，2012）。

（佐藤有耕）

■精通と初経

精通率累積年次推移（％）

	小4	小5	小6	中1	中2	中3
2002年	2.9	10.8	22.2	44.1	56.5	59.4
2014年	3.9	7.8	18.6	35.0	46.7	49.2

初経発来率累積年次推移（％）

	小4	小5	小6	中1	中2	中3
2002年	6.8	29.5	57.0	80.8	92.1	95.0
2014年	6.0	26.4	57.4	80.0	90.6	95.1

（都性研，2014）

■発達加速現象

世代が新たになるにつれて人間のさまざまな発達速度が促進されている事実（日野林，2014）。

◆Bogin, B. 2011 Puberty and Adolescence: An Evolutionary Perspective. In B. B. Bradford & M. J. Prinstein (Eds.) Encyclopedia of Adolescence: Vol.1 Normative Processes in Development. London: Academic Press, pp.275-286.（B. B. Bradford & M. J. Prinstein編　子安増生・二宮克美監訳　2014　青年期発達百科事典　第1巻　発達の定型プロセス　日野林俊彦訳　思春期と青年期―進化的視点　丸善出版，pp.111-123）
◆Coleman, J. C. & Hendry, L. B. 1999 The nature of adolescence, 3rd ed. London : Routledge.（コールマン，J. C. & ヘンドリー，L. B.　白井利明ほか訳　2003　青年期の本質　ミネルヴァ書房）
◆日野林俊彦　2014　性的発達（日本青年心理学会企画　新・青年心理学ハンドブック　福村出版，pp.149-160）
◆伊藤美奈子編　2006　思春期・青年期臨床心理学　朝倉書店
◆文部科学省　2016　平成27年度学校保健統計（学校保健統計調査報告書）の公表について
◆日本性教育協会　2012　青少年の性行動―わが国の中学生・高校生・大学生に関する第7回調査報告
◆東京都幼・小・中・高・心性教育研究会　2014　2014年度　児童・生徒の性に関する調査報告

B 学校心理学を支える心理学的基盤　1 育つこと　*発達心理学的基盤

4 青年期

◆久世敏雄　2000　青年期とは　久世敏雄・齋藤耕二監修　青年心理学事典　福村出版　pp.4-5

■青年期の説明・定義については，溝上の一連の著作を参照することが有益である。
◆溝上慎一　2010　現代青年期の心理学—適応から自己形成の時代へ　有斐閣選書：現代の青年期を前近代の「若者期」と区別して定義すると以下のようになる。「『青年期』は，学校教育を通して職業を選択し人生を形成するための発達期，言い換えれば，どのような大人になるかを模索し決定するための準備期間であると定義される。」
◆溝上慎一　2013　青年期（日本発達心理学会編　発達心理学事典　丸善出版，pp.418-419）：「『青年期』は19世紀末頃，社会が工業化（産業革命）を経て近代社会へと移行する中で誕生した社会歴史的な発達概念である。」
◆溝上慎一　2015　青年心理学との融合（長谷川寿一監修　思春期学　東京大学出版会　pp.321-329）

■青年期の延長と児童期の短縮について指摘したものに，加藤隆勝の著作がある。
◆加藤隆勝　1987　青年期の意識構造—その変容と多様化　誠信書房

■青年期の三区分
　児童期がおおむね小学校の6年間に対応しているのに比べて，青年期は少なくとも中学校，高校，大学・専門学校などの学校段階が含まれ，学校移行に伴う変化も大きい。そのため，日本では青年期を学校区分と対応づけ，3区分して理解しようとすることが多い。
　前期は，身体的変化に伴う動揺や自我の目覚めによる自己主張が現れ，他者に対する批判や攻撃的態度が見られる。内では揺れ，外には荒れの不安定な時期である。
　中期には批判的な視線が自己に向くようになり，自分とは何なのかをつかもうとして内

1　青年期という発達段階

　発達心理学において青年期は児童期と成人期の間に位置づけられる。「青年期は，大ざっぱにいって10歳代から20歳代半ば頃まで，つまり，思春期的変化の始まりから25, 26歳までの子どもから大人への成長と移行の時期」（久世，2000）とされる。身体発育の早熟化によって，始期が早まり，高学歴化，晩婚化という現代的状況と，長寿化の進行につれて終期は遅くなり，青年期は長期化している。
　青年期の始まりは，身体的変化を指標とすることが多い。身体発育のスパート（急激な身長増加），二次性徴，性機能の成熟などである。生活上では以前に比べての寡黙，不機嫌，気持ちの荒れや発言・行動の荒れが見られるようになる。
　青年期の終わりの指標には，卒業，就職，結婚，出産，育児などの社会的変化が目安としてあげられる。それらの変化を通して社会の中に自分を位置づけることができ，自分は大人であると自覚することができたときに心理的な意味での青年期は終結したことになるであろう。

2　青年期の特質と発達的意義

　青年期は子どもから大人への移行期であり，大人は青年期に入ったばかりの子どもを対等な存在とは見ないが，次第に大人と同等の部分も多々ある存在と見なすようになる。青年自身も，以前のようには子どもでないことを自覚している。もう子どもには戻れないこと，青年のままでいられるわけではないこと，自分もやがて大人にならねばならないことはわ

かっている。したがって青年期は心理的に安住の地とはなり得ないという意味で"危機"であり、通り過ぎることに意義があるという意味で過渡期である。溝上（2015）は「青年期はただ児童期の延長線上にあるわけではない。青年期は、親や教師などの重要な他者の影響を受けて構築してきた児童期までの人格を、自らの価値や理想、将来の生き方などをもとに見直し、再構築していく発達期である」と述べる。このように青年期は主体的な人格形成期であることにその特質があり、その先の人生に向けて「自分の人生の目標を見出す」（落合，2002）、「自分の生き方を決定する」（植田，2014）ことが求められている。

3　青年期における自己の発達的変化

中間（2014）は、「青年期には、自己評価が低下し、自己感情は否定的なものになる」という共通理解があることを指摘している。

都筑（2005）は、小4～中3に対する7回の横断的データと小4～小6に対する4年間の縦断的データから、小学生から中学生にかけて自己評価が低下していくことを示した。小塩ら（2014）も、国内学会誌256研究に対する時間横断的メタ分析により、大学生に比較して成人や高齢者の自尊感情得点が高いこと、中高生の自尊感情得点が低いこと、中高生では最近になるほど得点が低下する傾向にあることを示した。

なお、青年期は否定的な感情が多く感じられる一方で肯定的な感情も感じられるアンビバレントな状態（中間，2014）にあり、多様な感情にゆれる多感な時期である。ただ自己を否定的に見て萎縮しているのではなく、自己肯定と自己否定がせめぎ合いを続けながら自己形成の歩みを進めていると考えられる。

（佐藤有耕）

省的になり、外に対しては閉鎖的になる時期である。自分がどうあればよいかを模索しているので、他者の言動や他者のあり方が気になる。また、他者の目に自分がどう映るかを気にしている。

後期は自己探求もある程度落ち着き、自己に向けられていた意識が再び外の世界へ向けられ、将来の自分や社会に対して目が向き、自己が拡大していく時期と言える。

■青年期の課題は、端的に言うと、大人になることである。以下の著作が参考になる。
◆西平直喜　1990　シリーズ人間の発達4　成人になること―生育史心理学から　東京大学出版会
◆落合良行　2002　自分を生きる（落合良行・伊藤裕子・齊藤誠一著　青年の心理学［改訂版］　有斐閣　pp.247-262）
◆植田千晶　2014　成人性の基準（日本青年心理学会企画　新・青年心理学ハンドブック　福村出版，p.104）
◆大野　久　2013　おとなになること（日本発達心理学会編　発達心理学事典　丸善出版　pp.432-433）

■青年期に関する総合的な著作
◆子安増生・二宮克美監訳　2014　青年期発達百科事典　丸善出版
◆日本青年心理学会企画　2014　新・青年心理学ハンドブック　福村出版
◆白井利明・清水弘司・都筑　学・杉村和美・川浦康至・浦上昌則　2013　青年期（無藤　隆・子安増生編　発達心理学II　東京大学出版会　pp.1-77）

■本文中の引用文献
◆中間玲子　2014　感情の発達（日本青年心理学会企画　新・青年心理学ハンドブック　福村出版，pp.161-172）
◆都筑　学　2005　小学校から中学校にかけての子どもの「自己」の形成　心理科学25(2)，pp.1-10
◆小塩真司・岡田　涼・茂垣まどか・並河　努・脇田貴文　2014　自尊感情平均値に及ぼす年齢と調査年の影響―Rosenbergの自尊感情尺度日本語版のメタ分析　教育心理学研究62(4)，pp.273-282

⑤ 成人期

1 成人期という時期

成人期を,就職や結婚等で自立し,青年期を精神的に脱した時期というようにとらえるとすれば,個人差はあるが,おおむね20代以降を成人期と言うことができよう。

成人期という長い発達段階の中で,人は家庭生活,職業生活のうえで,さまざまな出来事(ライフイベント)を経験していく。家庭生活では,平均的にはパートナーの選択,結婚,新婚生活,子どもの誕生,子育て,子どもの独立,孫の誕生等を経験し,それぞれの段階での課題に対処していくことになる。

一方,職業生活では,①探索,②確立,③維持,④解放という段階の中で,同じようにさまざまな課題に対処していくことになる。

2 成人期の区分とその特徴

上記のように,長い,変化に富む成人期をどのように区分し,特徴づけていけばいいだろうか。

社会学者のラスレット(Laslet, P.)は,表のように人生を四つの年代に区分している。第2年代以降が成人期ということになるが,「成熟・自立(第2年代)」から「完成(第3年代)」へ,そして「依存(第4年代)」へという成人期という長い時期がうまく区分され,特徴づけられている。第4年代が,一般に言うところの老年期にあたる。

3 発達課題を軸とした成人期の特徴

ハヴィガースト(Havighurst, R. 1972)に代表される発達課題を生涯発達的視点から俯瞰的に見ていくと,課題のもつ意味が成人期の

■中年期の危機の構造

岡本は,中年期に焦点を当て,職場,家庭,身体面,心理面の諸相から,中年期における変化とそれによりもたらされる障害を図のように指摘している。

図 中年期危機の構造
出典:岡本祐子 2002 アイデンティティ生涯発達論の射程 ミネルヴァ書房

■第1年代~第4年代の特徴

第1年代 (the first age)	依存・社会化・未熟・教育の時代
第2年代 (the second age)	成熟・自立・生殖・稼ぎと貯蓄・家族と社会への責任の時代
第3年代 (the third age)	完成 (personal fulfilment) の時代
第4年代 (the fourth age)	依存・老衰・死の時代

(Laslet, P. 1996 A fresh Map of Life. 2nd Ed. McMcMillan Press.)

*ラスレット自身は,これらの四つの区分は暦年齢と対応させたものではないと強調しているが,あえてあてはめるとすると,第1年代は,生まれてから,幼児-青年期の20代くらいまで,第2年代は青年期以降から,40-50歳代まで,第3年代は70代半ばくらいまで,第4年代はそれ以降ということになろう。

中期（中年期）以降に大きく転換してくることに気づかされる。

中年期以降は，これまで獲得してきたものを失う機会が増えてくる。「肉親の死」「体力の低下」「退職」「収入の減少」「家族の病気」「親しい人の死」など，社会面，家庭面で身体・精神的健康にマイナスの影響を及ぼす重要なライフ・イベント（life events）を経験するようになる。このことに伴い，それまでの発達課題が，「獲得のための課題」から「喪失への適応のための課題」へと大きく転換していくのである。しかも，「喪失への適応」という課題の達成は，「喪失から回復した」という点において，より深い獲得と言うこともできる。

4　成人期の発達を規定する要因

岡本（1997）は，成人期の発達を規定する要因について，「個としてのアイデンティティ」と「関係性に基づくアイデンティティ」という二つの軸と，家庭生活を中心とする私的領域，職業を中心とする公的領域の二つの領域から整理することの重要性を指摘し，図に示されるような構造図を提唱している。

さらに，中年期職業人についてであるが，「成人期における自己の内省・模索の程度」や「ポジティブなアイデンティティ体験」によって，そのアイデンティティの様態を四つに分類している。この分類は，ひとつ職業にかかわらず，家庭も含めての対処のタイプと言うこともできる。

成人期という発達段階は，青年期までの準備段階を得て，「社会」という場で，「仕事」「家族」を軸として，死に至るまで，人としての人生を自分なりに実現していくステージなのである。

（大川一郎）

■ハヴィガーストの発達課題（青年期以降）

発達段階	発達課題
青年期	・概念および問題解決に必要な技能の発達 ・男・女の仲間とのより成熟したつき合いの達成 ・行動を導く論理体系の発達 ・社会的に責任のある行動への努力 ・変化しつつある身体の承認と効果的な身体の使用 ・経済的に実行しうるキャリアへの準備 ・親からの情緒的独立の達成 ・結婚と家庭生活の準備
成人初期	・配偶者への求愛と選択 ・配偶者との幸福な生活 ・子どもを巣立たせ，親はその役目を果たす ・育児 ・家庭を管理する責任をとる ・就職 ・適切な市民としての責任をとる ・1つの社会的ネットワークの形成
成人中期	・家庭から社会への子どもの移行に助力する ・成人のレジャー活動の開始 ・配偶者と自分をそれぞれ一人の人間として結びつける ・成人としての社会的・市民的責任の達成 ・満足すべき職業的遂行の維持 ・中年期の生理的変化への適応 ・高齢者である両親への適応
老年期	・身体的変化への対応 ・退職と収入の変化への適応 ・満足な生活管理の形成 ・退職後の配偶者との生活の学習 ・配偶者の死への適応 ・高齢者の仲間との親和の形成 ・社会的役割の柔軟な受け入れ

出典：ハヴィガースト, R.J. 児玉憲典訳　1997　ハヴィガーストの発達課題と教育　川嶋書店

■成人期の発達を規定する要因

出典：岡本祐子　1997　中年からのアイデンティティ発達の心理学　ナカニシヤ出版

■中年期職業人のアイデンティティ様態

		自分らしい生き方・働き方への模索 (Exploration)	
		Good	Poor
積極的関与 (Cpmmitment)	Good	活路獲得型	現状維持・保守型
	Poor	模索・探求型	漂流型

出典：岡本祐子　1997　同上書

トピックス③
発達心理学の学び方

発達と教育の関係

　学校という環境で，子どもに望ましい教育や支援をしていくためには，子どもの発達段階ごとの特徴や重視すべき課題を念頭に置いておくことが必要である。同じ物理的な環境に置かれても，発達の違いによって，感じ方やとらえ方が違う。また，子どもの理解力に応じた働きかけをしなければ空回りするだけでなく，子どものやる気をそぐことになりかねない。教師は，子どもの葛藤やトラブルをマイナスの産物として見なしがちであるが，発達的な視点をもつことによって，それが成長の証であることに気づくようになる。例えば，相手の立場を思いやる力が伸びれば伸びるほど，いろいろな人の視点を考えることになり葛藤も増えることになる。したがって，マイナスを成長のときととらえ，どのように支援することが，さらに次のステップに飛躍し，生きる力を身につけていけるかという視点から支援することが求められる。

　こうしたとらえ方を可能にするために，まずは発達段階や発達段階ごとの特徴を大まかに理解するとよいであろう。『手にとるように発達心理学がわかる本』（小野寺敦子，かんき出版），『よくわかる発達心理学』（無藤隆・大坪治彦・岡本祐子，ミネルヴァ書房）など，読みやすいものがよいであろう。あるいは，『子どもの「10歳の壁」とは何か？　乗りこえるための発達心理学』（渡辺弥生，光文社新書）や一般に書店でも販売されている雑誌『児童心理』（金子書房）は，児童期に焦点が当てられているが，手軽に発達の興味深さを知ることができる。

学術的な知見を学ぶ

　発達全体をある程度把握することができれば，さらに発達心理学と名をうった専門書を手に取るとよいであろう。「乳児期」「幼児期」「児童期」「青年期」「成人期」「老年期」といった各時期の特徴から理解していくことも興味深いが，「言語の発達」「自我の発達」「道徳性の発達」「感情の発達」など発達のテーマ別に理解することも発達心理学の深さを感じられる。こうしたテキストの中で紹介されている学術的な研究自体を読み込むことができれば，なおさら詳しい知見や発達心理学の研究の仕方も身につけることができるようになる。発達心理学を学ぶことのできる学術雑誌としては，『発達心理学研究』（日本発達心理学会），『教育心理学研究』『教育心理学年報』（日本教育心理学会），『乳幼児教育研究』（日本乳幼児教育学会），『青年心理学研究』（日本青年心理学会）などがある。

子どもの発達をとらえる方法を学ぶ。

　日常生活において，子どもたちの発達を客観的にとらえるためには，アセスメントの留意点を学ぶことが大切である。自分が気づいた普段のエピソードだけで子どもの特徴をとらえると主観に頼りすぎたことになり色眼鏡を通してみることにつながりやすい。また，外から観察するだけでは，子どもたち自身の気持ちや考え方をとらえることには限界がある。学校で可能なアセスメントの方法として，観察法，質問紙法，面接法が役立つ。さらに，子どもたちの発達に寄り添った支援をするために，発達と臨床心理の視点を統合した発達臨床的な視点があると総合的な支援や解決に役立つであろう。『発達と臨床の心理学』（渡辺弥生，ナカニシヤ出版）が参考になる。

　　　　　　　　　　　　　（渡辺弥生）

トピックス④
臨床心理学の学び方

臨床心理学の専門性

　臨床心理学は、「科学、理論、実践を統合して、人間行動の適応調整や人格的成長を促進するとともに、不適応、障害、苦悩の成り立ちを研究し、問題を予測し、そして問題を軽減、解消することをめざす学問」として定義される。このことからわかるように臨床心理学では、心理学の一分野として、研究に基づく"実証性"が重視されており、介入の効果研究を行い、有効な介入法を採用するための専門性の学習が重視される。また、認知行動療法を中心とする総合的な心理援助技法と、他の専門職と協働してコミュニティにおいて展開する技能の学習が必要となる。

教育と訓練の方法

　欧米では大学院博士課程での教育訓練が前提となっているが、わが国では修士課程において教育と訓練がなされている。学部において心理学の幅広い知識と実証的態度を習得したうえで大学院に進むことが期待される。大学院では、各種実習を通して心理支援の知識と技法を段階的に学ぶ。まず、ロールプレイ等のシミュレーション学習を通して臨床面接およびアセスメント技法の基礎を学ぶ。次に上級者の実践活動に陪席する観察学習、担当した事例の経過を複数のメンバーで検討する事例検討会、上級者の指導を定期的に受けながら事例を担当するスーパービジョン等の訓練方法を通してケース・マネジメントの技能を習得する。臨床現場の実践活動にインターンとして参加する現場研修においてコミュニティ・アプローチの技法を学ぶ。

大学院における学習内容

　実践活動、研究活動、専門活動についてバランスよく学ぶことが期待される。実践活動については心理療法の理論と技法、異常心理学や精神病理学の知識、検査法、観察法、面接法等のアセスメント技法を学ぶ。研究活動については、質的研究法に加えて多変量解析等の量的研究法を学び、実証的な修士論文執筆の方法を学ぶ。また介入の効果研究の方法も学ぶことが期待される。専門活動については、社会性の意識を育てることが重要となる。専門職の基本理念、社会的責任と倫理、関連法規と制度、他職種との連携や協働、組織運営等の知識と方法を学ぶ。

実践技能の習得

　実践技能の習得においては、特定の学派に限定せずに、問題に適した、介入効果のある実践技能を学ぶことが基本となる。その点でエビデンス・ベイスト・アプローチが基本理念となる。実践活動を遂行するために必要となる技能は多岐にわたる。そこで、実践技能の習得においては、基礎から応用への体系的に学習を発展させることが重要となる。事例に関与するために基礎となるのが、コミュニケーション技能である。共感的コミュニケーション技能を基盤として、問題の成り立ちを明らかにする査定的（アセスメント）コミュニケーション技能を習得していく。そのうえで問題解決のための介入的コミュニケーション技能、そして組織運営をするための社会的コミュニケーション技能を習得する。また、事例を適切に運営するためにケース・マネジメントの技能を習得する。さらに、臨床心理学の活動を適切に社会のシステムや制度の中に位置づけていくためのシステム・オーガニゼーションの技能を習得する。

（下山晴彦）

B 学校心理学を支える心理学的基盤

2 学ぶこと・教えること ＊教育心理学的基盤

① 認知心理学

■学界の動向と学会の設立

認知心理学の基礎的研究が発表されるのは，日本心理学会が中心だったが，認知心理学，言語学，人工知能研究，神経科学などが「認知科学」という大きな学際領域を形成するようになり，1983年に「日本認知科学会」が設立された。2002年には，「日本認知心理学会」も設立されている。また現在の教育理論は認知心理学に負うところが大きいので，教育との関わりについては，「日本教育心理学会」，「日本教育工学会」などの発表でうかがい知ることができる。

1 動向

1960年代までは，教育研究，教育実践の心理学的基盤は主として行動主義心理学であった。そこでは，学習というのは，行動の変容であり，動物にも適用される学習の原理として，反復と賞罰が重視されていた。人間を情報処理システムとみなして，その仕組みや働きをモデル化していくという認知心理学が盛んになるのは，1960年代からである。

今日，人間の認知行動，とりわけ，記憶，学習，思考，言語等に関する認知心理学的研究は，教育の基礎理論として中心的な役割を果たしつつある。また，学習意欲（動機づけ）の分野においても，生徒の「やる気」を性格的な個人差とするのではなく，自分の行動と成功・失敗との関係に対する認知の問題としてとらえる立場が影響力をもっている。

2 知識の役割への着目

学習とは，単なる反復練習による反応の強化ではなく，知識体系の構築であるというのが認知心理学の基本的な考え方である。入力としての知覚情報や言語情報は，解釈メカニズムを経て知識体系の中に取り込まれていく。

このときに，部分的な要素の分析を組み合わせていくことによって対象を理解する「ボトムアップ処理」と，文脈や既有知識の枠組み（スキーマ）を用いて予想や期待をしながら理解していく「トップダウン処理」とがあり，人間はこれらを柔軟に使って整合的な知識体系をつくり上げている。

また，覚えた事柄を想起するというのも，部分的な記憶から知識を用いて筋の通った内容を再構成することと見なすことができる。このように，認知心理学では，知覚，理解，記憶といった認知過程を，一種の問題解決として統一的にとらえているのである。

3　知識の構成と素朴概念

認知心理学では，相互に関連づけられた体系的な知識を児童生徒が能動的につくり上げていくことを学習と見なす。そのため，自らの知識を表現させたり，構造化することを促すような教授技法（例えば，概念地図法）が考案された。

同時に，概念的知識や手続き的な知識の誤りに関する研究も多く現れた。物理現象や社会現象について，日常経験からつくり上げた素朴な考えを素朴概念（naïve concepts）とか誤概念（misconception）と呼ぶ。学校で，科学的な概念や法則を習っても，何年か経つと素朴概念の方が残っていることもある。

そうした場合，教師は科学的知識を教科書どおりに教えるだけでは，十分ではない。学習者がどのような素朴概念をもっているのかに配慮し，その学習者自らが素朴概念のどこがなぜ誤りなのかを自覚し，納得できるような教授法や学習活動を開発する必要がある。

（市川伸一）

■自己学習力とメタ認知

教育においてしばしば強調される自己学習力（自己教育力）と認知心理学との関わりは深い。人間が自らの認知過程（知識状態，理解状態，学習方略など）をどのように把握し，制御しているかはメタ認知（metacognition）と呼ばれる。

このメタ認知を育てることがまさに自己学習力をつけることと言える。学習場面でどのような具体的方法（テキストの読解の仕方，問題解決の方法，教材の利用方法など）を使うかを指して，「学習スキル」や「学習方略」という用語が使われ，実践的な研究もなされるようになってきている。

■社会的構成主義と協同学習

認知心理学では，人間が情報を処理するときの特性やそのメカニズムについて研究を重ねてきたが，近年の動向としては，人間の頭の中での知識処理だけではなく，外界の事物や他者とどう関わりながら学習や思考を行っているかという研究も多くなってきている。

特に「社会的構成主義」と呼ばれる立場では，社会的関係の中での知識構築を非常に重視する。こうした考え方は，従来の学習観・教育観の再検討を促すものとなっているが，極端に解釈されると，教師が教材や教具を工夫してわかりやすく教えることに消極的，否定的な教育ともなりうる。

社会的構成主義は，協同学習やアクティブ・ラーニングが強調される今日の教育の理論的支柱にもなっているが，教師の教授活動とのバランスをどうとっていくかは，教育現場にとって議論すべき問題と言えよう。

② 教授・学習心理学

学校における子どもの主たる活動はいうまでもなく学習である。その学習に関するさまざまな問題を解決するための学習支援は、学校心理学における重要な課題である。学習支援を考えるうえでは、学習における学習者のさまざまな特徴を知ること、そして、学習を支援する側の課題を知ることが欠かせない。ここでは、まず学習者の観点から学習について述べた後、学習を支援する側の問題等について述べることにする。

1　学習とは

「学習」の問題は、心理学では古くから扱われてきたテーマの一つである。「学習」とは何か、「学習」はどのようになされるものなのか。この問いに対して、行動主義心理学では、学習を経験による行動の比較的永続的な変容であると見なした。そして学習されるものは「刺激と反応の連合（S-R 連合）」であるという連合理論が展開された。これに対して近年の認知心理学の研究成果に基づく認知理論では、学習とは知識の獲得であると考えられている。

■古典的条件づけの連合理論と認知理論

古典的条件づけにおいてメトロノームの音を聞きながら餌を食べるという経験を繰り返したイヌは、連合理論によれば、メトロノーム―唾液の分泌というS-R連合が形成される。これに対して認知理論では、イヌはメトロノームが鳴れば次に何が起こるのかを予測できるようになった、言い換えるなら、メトロノームが餌の合図になっているという新しい知識を獲得したと考える。

■理解過程

次の文章を読んでみよう。
「9回裏、1点リードされたライオンズの攻撃はワン・アウト、ランナー1塁。ホークスの1塁手と3塁手はラインよりに守備位置を変えている。ライオンズの期待の4番打者の打球は、内野手正面のゴロ、5－4－3のダブルプレーとなった。」（岡, 2011）

野球は9回まで、攻撃はスリー・アウトまでなどの野球のルールを知っていれば、この文章から、これでゲームセット、ホークスの勝利であることを理解することができる。つまり、野球についての知識を参照しながら、ワン・アウトの状態からダブルプレーだから、スリー・アウトになるという、文章中に表された情報を関係づけて読み取ることができる。また、「5－4－3」から、打球がどこへ飛んだかも理解できる。

2　知識の獲得過程

さまざまな情報に接して学習を進める際に、その新しい情報と関連のあることをわれわれは既有知識としてもっている。新しい知識を獲得するということは、新しい情報と既に知識として保有していることを関係づけながら、既有知識の中に組み込んでいくことと言える。そのとき、われわれは与えられたものをそのまま記憶していくのではなく、自ら関係を見

いだす，関連づけるなどの心的活動を通して，知識に組み込んでいく。したがって，新しい情報に関する既有知識をどの程度保有しているか，関係を見いだす，関連づけるなどの心的活動をいかに活性化し，知識の獲得を促進するかが，学習支援に際しては重要な視点となる。

ところで，学習時に適切な既有知識を参照し，入力された情報どうしの関係づけができること，そして入力された情報と既有知識との関係づけができることが，理解できた，つまり「わかる」ということである。この理解過程は，学習の中核となる過程である。

3 学習と動機づけ

動機づけとは，学習へと駆り立てる力のことであり，学習を始め，方向づけ，維持する過程である。理解や知識獲得を促進するうえで，動機づけの問題は避けて通るわけにはいかない。学習に対する動機づけがあって初めて学習が行われる。したがって，学習支援においては，学習性無力感に陥っているなど，動機づけの低い子どもへの支援，さらには自己効力感の育成へ向けての支援が重要な課題となる。

4 学習を支援する

学習支援においては，まず，これまで述べてきたような学習者の特徴や学習状況についてのアセスメントが必要となる。そして，アセスメントに基づき，問題状況についての仮説を立て，支援計画を立案し，支援を実行することになる。学習における認知過程を踏まえたうえで，支援の仕方あるいは教材等を工夫していくことが求められる。

（岡　直樹）

■学習性無力感
　できなかった，わからなかったというような失敗を何度も繰り返すことにより学習される無力感。

■自己効力感
　何かを実行するとき，自分の力で何とかできそうだという見通し，実行可能だと期待できる自信を自己効力感という。行動することにより，望ましい結果が得られそうで，かつそれが自分に実行可能であると判断されるときに，われわれはその行動を実行するよう動機づけられることになる。

◆岡直樹　2011　知識獲得と学習　（森敏昭・岡直樹・中條和光著　学習心理学：理論と実践の統合をめざして　培風館, pp.41-64）

Ⓑ 学校心理学を支える心理学的基盤　[2] 学ぶこと・教えること　＊教育心理学的基盤

③ 教科心理学

■表1　日本の教科心理学書（戦前）

『書及び書方の研究』（松本亦太郎・城戸幡太郎・増田惟茂，1919）
『読書の心理学的研究』（松尾長造，1919）
『算術学習の心理』（平田華蔵，1924）
『絵画鑑賞の心理』（松本亦太郎，1926）
『読方心理学』（西山庸平，1927）
『国語の心理』（丸山良二，1935）
『数学教授の心理学的研究』（中邑幾太，1935）
『算術の心理』（小田信夫，1936）
『算術の指導心理』（波多野完治，1937）
『読書の心理』（武政太郎，1939）

■表2　日本の教科心理学書（戦後）

『算数の学習心理』（波多野完治，1952）
『国語学習の心理』（牛島義友・戸川幸夫・正木正・宮城音彌編『教育心理学講座』第9巻，1953）
『数学学習の心理』（同，第10巻，1953）
『理科学習の心理』（同，第11巻，1953）
『社会科学習の心理』（同，第12巻，1953）
『芸能科学習の心理』（同，第13巻，1953）
『読書の心理』（阪本一郎，1954）
『算数科の学習心理』（四方実一，1955）
『算数・理科の心理』（中野佐三・阪本一郎・鈴木清責任編集『教育心理実験講座』第2巻，1956）
『国語・外国語・社会・家庭の心理』（同，第3巻，1956）
『体育・図画工作・音楽の心理』（同，第4巻，1956）
『国語科の教育心理』（小見山栄一編，1957）
『読書の心理と指導』（阪本一郎，1960）
『国語教育の心理学的研究』（松本順之，1960）
『教科の心理』（東京文理科大学内児童研究会編，1960）
『現代の読書心理学』（阪本一郎編，1971）
『最新読書の心理学』（岡田明，1973）
『教科学習の心理学』（辰野千寿・福沢周亮，1978）

1　教科心理学の意義

　教科心理学は，学校教育における国語科，社会科などの各教科を対象とした心理学である。その目的は，各教科の目的，内容，方法，評価の問題について心理学の概念と方法により検討し，実証的基盤を与え，各教科の学習指導の改善に資することにある。したがって，教科心理学は，教科教育のための基礎学と言ってもよい。

2　教科心理学の展開

　教科を取り上げた心理学研究は，歴史を遡るとかなり古い。心理学の起源とされるヴント（Wunt, W.）が実験心理学の論文を発表した1862年から約50年後にソーンダイク（Thorndike, E. L.）は『教育心理学 Educational Psychology（全3巻）』（1913-1914）を著し，それによって彼はアメリカにおける教育心理学の祖と呼ばれるようになった。彼は心理学の教科学習への応用にも熱心で，1920年には『算術の心理学（Psychology of Arithmetic）』を著した。日本でも1924年に翻訳書が出版され，以降，国語や読書等に関する心理学書が多数出版された（表1）。

　第二次世界大戦後，教職科目「教育心理学」のスタンダード・文部省版テキスト『教育心理―人間の成長と発達』（1947）で「教科の心理」の章が取り上げられるなど，その重要性が唱えられた。それ以降多くの教科心理学書が出版された（表2）。1980年代に入り認知心理学が日本の心理学研究に浸透し始めると，教科を取り上げた認知心理学書も登場するようになった。現在まで，教科や教材に関

する心理学研究や著書はかなりの数にのぼるが，欧米の研究成果の紹介が多かった。今後は日本の学校の教科・教材を取り上げた研究成果が期待される（福沢・小野瀬，1997）。

3　教科心理学の方法

教科学習は，各学年ごとに教科の目標があり，それを達成するための内容や教材を含む。実際には各教科の教材ごとに心理学の方法を用いた検討がなされなければならない（小野瀬，1995）。その意味では「教材の心理学」と言ってもよい（辰野，1992）。

そこで，教科心理学の研究を進めるうえでは，教科内容や教材がどのような教育目的のもとに配置されているのか，それが学習者である児童生徒にどのように理解され，習得されるのかのメカニズムを心理学の方法により解明するとともに，それに基づく指導方法を提案するところまで深めていかなければならない（福沢・小野瀬，2011）。

4　教科心理学と学校心理学

教科心理学の成果は，学校での教科の学習指導に直接貢献することが期待されるので，学校心理学の実践においても有用である。特に学習面のカウンセリングやコンサルテーションにおいて，教科心理学の知見は利用価値が高い。

教科学習に関する研究が学校におけるニーズに基づいて行われるとき，その成果は学校心理学の実践につながる。そこで，学校心理士は児童生徒の教科学習における援助ニーズを理解し，研究成果を利用するだけでなく，先行研究の課題を踏まえて教科心理の研究に関わっていくことも大切である。

（小野瀬雅人）

『教科心理学』（八野正男・稲越孝雄，1985）
『教科理解の認知心理学』（鈴木宏昭・鈴木高士・村山功・杉本卓，1989）
『心理学者　教科教育を語る』（新しい教育心理学者の会，1995）
『教科学習の心理学』（細谷純，1996）
『認知心理学から理科学習への提言―開かれた学びをめざして』（湯澤正通，1998）
『教科心理学ハンドブック―教科教育学と教育心理学による"わかる授業の実証的探究"』（福沢周亮・小野瀬雅人，2010）
『数学的・科学的リテラシーの心理学―子どもの学力はどう高まるか』（藤村宣之，2012）

◆福沢周亮・小野瀬雅人　1997　「教育心理学の重要問題」の答え―教科心理学の50年を振り返って　筑波大学心理学研究19, pp.37-57

◆小野瀬雅人　1995　教材研究の方法論について―教科心理学からのアプローチ　日本教材学会年報6, pp.56-58

◆辰野千寿　1992　教材の心理学　学校図書

◆福沢周亮・小野瀬雅人　2010　教科心理学ハンドブック―教科教育学と教育心理学による"わかる授業の実証的探究"　図書文化

④ 言語心理学

1　わが国における言語心理学

　言語に関する心理学的研究は，近代的な心理学の誕生とともに行われており，わが国でも早くから手がけられている。
　しかし，「言語心理学」として大学で講義が行われるようになったのは1950年代からと言えるようだ。
　ちょうど，その頃アメリカではPsycholinguisticsが誕生し，これが「心理言語学」として，わが国に紹介されるようになり，以後，言語心理学と心理言語学の違いが話題にされるようになった。特にチョムスキー（Chomsky, N.）の学問を心理言語学ということがあるが，これは，最も狭い意味で心理言語学を扱う場合である。現時点では，言語心理学も心理言語学も同じに扱う場合が多い。
　その内容については，例えば福沢（1996）では以下の問題を取り上げている。「話し言葉」「文字」「語彙」「読み（絵本）」「読み（物語文）」「読み（説明文）」「読書」「作文」「文法」「第二言語教育」「言葉の測定と評価」「言葉とカウンセリング」。また，福田（2012）では，「Ⅰ部　言語力とは」「Ⅱ部　文章の読み書きとは」「Ⅲ部　言語力を支援する」である。

◆福沢周亮編　1996　言葉の心理と教育　教育出版

◆福田由紀編著　2012　言語心理学入門　培風館

2　学校心理学と言語教育心理学・国語科教科心理学

　言語心理学は，学校心理学との関係では，教育心理学と結びついて言語教育心理学のかたちになったとき，より直接的になる。また，言語に関する教育心理学が，国語科にせよ外国語科にせよ，教科心理学（psychology of school subject）として位置づけられるとき，学校心理学と直接的な関係が生まれる。

しかし現時点では，教科や領域によっては充実した内容を揃えるのが難しいことも事実で，学校心理学の充実を図るのであれば，こうした教科や領域の研究の必要が認められる。

3　言語教育心理学の実際

学校心理学との関係で，言語心理学と教育心理学を重ねた研究領域の成果のいくつかを取り上げる。

かなを指導するとき，あらかじめ話しことばについて音節の分解（「やま」を「や」と「ま」に分けること）をしっかりとできるようにしておくと，望ましい学習を可能にするとの指摘がある（天野，1970）。また，かなの書字学習を指導するとき，かなの形を点線で示した図形をなぞらせるよりは，手本を見て白紙上で練習する視写の方が，その後の自由書字課題のうえで有効であったとの指摘がある（小野瀬，1995）。漢字の読字学習については福沢（1976）が，かなの読字学習については今井（1991）が，同じ結論を出しているのであるが，同じ文字の学習でも学習者がよく知っていることばを使った方が学習の効率がよいとの指摘がある。

作文を書く際に言語連想の方法を取り入れると作文を書く量の増大が認められるとのことで，これは作文指導に示唆を与えるものである（平山，2002）。

また，ふりがな（小野瀬，1999），読書状況（平山，2008），朗読聴取（藪中，2008），読解指導（平澤，2012），暗唱（福田，2014），絵本（福沢，2015）に関する教育心理学的な研究も，言語教育心理学としての有効性を示している。

（福沢周亮）

◆天野清　1970　語の音韻構造の分析行為の形成とかな文字の読みの学習　教育心理学研究18(2), pp.12-25

◆福沢周亮　1976　漢字の読字学習──その教育心理学的研究　學燈社

◆小野瀬雅人　1995　入門期の書字学習に関する教育心理学的研究　風間書房

◆今井靖親　1997　仮名の読字学習に関する教育心理学的研究　風間書房

◆小野瀬雅人　1999　ふりがなの教育心理学的研究　野間教育研究所紀要第41集

◆平山祐一郎　2002　作文指導における言語連想法の効果──その心理学的分析　風間書房

◆平山祐一郎　2008　大学生の読書状況に関する教育心理学的考察　野間教育研究所紀要第46集

◆藪中征代　2008　朗読聴取に関する教育心理学的研究　風間書房

◆平澤真名子　2012　読解指導における傍線引きの効果に関する教育心理学的研究　風間書房

◆福田由紀　2014　暗唱の言語心理学的検討──行動指標と脳神経学的指標を用いて　野間教育研究所紀要第54集

◆福沢周亮　2015　絵本に関する実証的研究──『新・講談社の絵本』を中心として──　野間教育研究所紀要第55集

■言語連想（word association）
一つの語を刺激語として用い，それから連想される語を言わせて，その反応語の内容や反応時間から心理状態を明らかにする方法。

Ⓑ 学校心理学を支える心理学的基盤　[2] 学ぶこと・教えること　＊教育心理学的基盤

5 教育評価

1　教育評価の意義と目的

　生徒の能力・適性，指導方法，教育環境，教育課程（カリキュラム）などの教育情報を収集し，教育目標を達成するために立案された計画が所期の成果を上げているかどうかを確かめて，その結果を教師へフィードバックするのが教育評価である。橋本（2003）によれば，教育は生徒の能力・適性や教育環境などの入力，教育計画や指導方法などの処遇，教育成果としての出力が相互に関係するシステムである。したがって，教育評価はこうしたシステムにおける入力，処遇，出力に関する情報を集めて価値判断を行い，教育活動全般の改善を図ろうとするところに意義がある。

　教育評価は指導・学習・管理・研究目的のために利用される（橋本, 2003）。指導目的とは指導計画の立案や指導法の改善を図る利用目的である。例えば知能・学力・適性等に関する情報収集，単元指導における事前・事後評価，途中で行う形成的評価，学期・学年末に行う総括的評価がある。学習目的とは生徒自身が評価者となる自己評価である。管理目的には入学者選抜や学級編成を行うための資料の作成がある。研究目的とは教育課程の研究開発，指導法や教材の研究開発に利用される評価である。

2　測定から評価の時代へ

　口頭試験によって能力や適性を測定しようとした試みは古代ギリシャ時代の産婆術まで遡る。一方，筆記試験としては，5世紀末の中国の隋時代に始まり20世紀初頭の清時代まで続いた官吏登用試験の科挙がある。これに

◆橋本重治　2003　2003年改訂版教育評価法概説　図書文化

◆森敏昭・秋田喜代美編集　2000　教育評価重要用語300の基礎知識　明治図書

◆梶田叡一　1983　教育評価　有斐閣

対して欧米では筆記試験の歴史は浅く，1702年にケンブリッジ大学が実施した試験，1845年にボストン市教育委員会が実施した試験が記録されている。しかし，こうした試験はいずれも論述試験であったため，採点の主観性が批判された。

　試験の客観化を進めたのはイギリスのフィッシャー（Fisher, G.）やアメリカのライス（Rice, J. M.）である。フィッシャーは1864年に尺度簿を考案し，質的な水準に基づいて答案や作品を客観的に採点しようと試みた。また，ライスがカリキュラム改善を目的として1894年に作成した綴り字テストは客観テストの先駆けとされる。試験を本格的に客観化しようとしたのは20世紀初頭から始まったソーンダイク（Thorndike, E. L.）の教育測定運動である。この運動を受け，20世紀初頭には多数の学力テストや知能テストが作成された。しかし，1930年代にタイラー（Tyler, R. W.）が中心となって進めた8年研究は，数量的測定に偏りがちであった当時の教育測定を批判して，教育目標に関連づけて達成度を評価すべきであると主張した。

　1960年代には個人尊重の教育評価が生まれた。その中にグレイザー（Glaser, R.）の目標準拠評価，キャロル（Carroll, J. A.）の完全習得学習理論がある。また，スクリバン（Scriven, M.）は診断的評価，形成的評価，総括的評価の重要性を説いた。さらに，1990年代には，現実生活で実際に何ができるかを評価しようとする真性の（オーセンティック；authentic）評価や，学習成果の収録集に基づいて行うポートフォリオ評価が注目されるようになった。

　　　　　　　　　　　　（服部　環）

■目標基準準拠評価（criterion-referenced evaluation）と集団基準準拠評価（norm-referenced evaluation）
　評価を行うためには準拠枠が必要である。目標基準準拠評価は教育目標の到達基準（criterion）のみを準拠枠とする，いわゆる絶対評価である。1980年に改訂された小・中学校の指導要録では「観点別学習状況」が絶対評価で行うことになり，2001年の改訂では「評定」欄も絶対評価で行うようになった。これと対照的な評価が集団基準準拠評価である。この評価は，集団から得た統計的な基準（norm）を準拠枠とする，いわゆる相対評価である。この二つの評価は目標準拠評価と集団準拠評価とも呼ばれる。

■ポートフォリオ評価（portfolio evaluation）
　portfolio とはもともと，紙ばさみや書類かばん，金融資産の一覧表，今までに制作した芸術作品を集めたもの，大臣の職（地位）などを指すが，ポートフォリオ評価といった場合，生徒の作業記録，作品（論文，絵画，写真など），標準検査の結果など，学習成果を綴じた収録集である。生徒はポートフォリオを用いて自分の成長を振り返り，それまでの学習活動を自己評価する。そして，教師は自分の指導を評価する。評価基準は文章や事例集で構成されるルーブリック（rubric）と呼ばれる採点指針に従う。

◆キャロライン・V・ギップス著，鈴木秀幸訳　2001　新しい評価を求めて―テスト教育の終焉　論創社（Gipps, C. V. 1994 *Beyond testing: Towards a theory of educational assessment.* Washington, D. C.: The Falmer Press）

◆西岡加名恵　2003　教科と総合に活かすポートフォリオ評価法―新たな評価基準の創出に向けて　図書文化

Ⓑ 学校心理学を支える心理学的基盤

3 個として生きること *臨床心理学的基盤

① 教育現場に活かす臨床心理学

1 学校と臨床心理学
――もう一つの臨床心理学

　学校や教育現場において臨床心理学は，しばしば拒否的な印象をもたれがちである。「臨床」ということばが不適応や心の障害といった意味を内包し，子どもの成長や可能性といった建設的な側面を無視しがちであると見なされるためかもしれない。國分（1990）によれば，臨床心理学は治療的色彩が濃いのに対して，カウンセリング心理学は成長や自己実現を意図した教育的色彩が強いと指摘されている。そのため，学校では臨床心理学よりもカウンセリング心理学の方が広く受け入れられているのかもしれない。

　確かに「臨床」ということばは床に臨むということであり，ここでの床は病床を意味しているので，青年心理学が青年を対象とした心理学であると同様に，病人を相手の心理学であると言える。しかしながら，プレボスト（Prevost, C-M.）は「臨床」の真の意味はその対象にあるのではなく，そのアプローチにあるのだと指摘している（小川，2006）。かつて医師は病床にある病人のかたわらで，自らの五感を働かせて診断と治療を行っていた。中には，糖尿病の確認のために病人の尿を飲んで糖を確認することさえあったという。すなわち，諸検査データや実験といった人為的な状況下ではなく，普段の生活の中での自らの観察から得られた事実を重視するという姿勢が「臨床」の本来の意味であると言うのである。

◆國分康孝編　1990　カウンセリング辞典　誠信書房

◆小川俊樹　2006　臨床（clinical）という言葉をめぐって（海保博之・楠見孝監修　心理学総合事典　朝倉書店）

このように対象としてではなく，研究アプローチとして「臨床」を行った研究者の一人としてピアジェ（Piaget, J.）がいる。彼は自分の二人の娘の詳細な日常観察から発生的認識論を展開したが，自らの研究方法を臨床法と呼んだ。この意味での臨床心理学は，詳細な臨床心理学的観察に基づく対象理解であり，観察という点では教師の日々の行動と何ら変わることはなく，ただその理解が教育学的観点からか，臨床心理学的観点からかの違いだけである。いわば対象に当てるスポットライトの色や当てる角度の違いと言えよう。そうすることによって，対象を多面的に深く理解できる。ここでの臨床心理学的観点とは，徹底して個人としてわかろうとすることにほかならない。そして，このわかろうとすることが心理的支援にもなっているのである。

2　学校と発達理論──もう一つの精神分析

　学校や教育現場での諸問題を考えるとき，発達段階を無視することはできない。発達段階に関しては多くの学説があるが，ここでは精神分析理論を取り上げる。精神分析も臨床心理学同様，フロイトの古典的な心理－性的発達理論はリビドー（性欲動）の満足という観点から発達段階を想定しているために，拒否的に見なされがちである。しかし，リビドーを愛情と考えてもよいとフロイト自身述べているように，この発達段階は愛情をめぐる人間関係の過程と見なすこともできる。今日の児童・青年期における問題理解には以前にも増して，人間関係の希薄さや不信感など，愛情をめぐる対人関係の理解が必要である。とりわけ児童虐待などは，早期の母子関係をめぐる対象関係論的理解が必須である。

（小川俊樹）

■臨床法とは
「実験室の整然とした環境ではなく，自然な状況（たとえば，家，会社，学校）においてデータを収集するプロセス。」（繁枡算男監訳　2013　APA心理学大辞典　培風館）

■心理－性的発達理論
　心的エネルギーであるリビドーの充足部位や目標などから，フロイトは発達理論を考えている。口唇期（誕生～1歳半頃：母子関係），肛門期（1歳半～3, 4歳頃：母子関係・親子関係），エディプス期（2歳半～5, 6歳頃：親子関係），潜伏期（6歳～12歳頃：同性の友人関係），性器期（思春期以降：異性関係）。

■対象関係論
　クライン（Klein, M.）やウィニコット（Winnicott, D. W.），フェアバーン（Fairbarn, W.R.D.）など，主として英国の精神分析家たちによる乳児期の母子関係を重視した精神分析理論。外界の母親を内在化した対象（object）と自己（self）との関係を構造化した内的対象関係がその個人のパーソナリティに決定的な影響を与えるとする。部分対象（クライン）や移行対象（ウィニコット）といった乳児の心理的発達にとって重要な概念が提唱されている。

◆クライン著，村山正治訳　1983　子どものリビドー発達における学校の役割　メラニー・クライン著作集Ⅰ　誠信書房

◆ウィニコット著，牛島定信訳　1977　情緒発達の精神分析理論　岩崎学術出版

Ⓑ 学校心理学を支える心理学的基盤　③ 個として生きること　＊臨床心理学的基盤

② 子どもの心をめぐる臨床心理学的問題

◆川瀬正裕・松本真理子・松本英夫　2015　心とかかわる臨床心理第3版―基礎・実際・方法―　ナカニシヤ出版

◆松本真理子・金子一史編著　2010　子どもの臨床心理アセスメント―子ども・家族・学校支援のために―　金剛出版

■子どもの臨床心理アセスメントにおいて大切な三つのこと（松本ほか 2010）
①子どもは成長し発達する存在である：心の問題を抱える子どもたちも，困難さを抱える一方で，大きな可能性や能力を秘めた存在であり，その可能性や能力をアセスメントすることも大切である。
②子どもは取り巻く環境の中で生きている：子ども自身のアセスメントだけでなく取り巻く環境をアセスメントすること－環境の中で安心感は得られているのだろうか，家族との関係は，教師とは信頼関係にあるのだろうかなど－は重要である。
③子どもにとって「今ここで」援助が必要なことを考える：アセスメントするということは「今ここで」支援や援助すべき事柄は何であるのか，ということを全体像の中から理解することも大切である。

1　臨床心理学が扱う子どもの心の問題

　一般的には心理的な何らかの原因があって身体的・精神的・行動上の症状を呈するとき，背景にある心の問題の解決が必要である，と考える。つまり心の問題は，気分が落ち込む，食欲がない，不眠，頭痛，妄想・幻覚など，さまざまな症状や程度でSOSを表出するのである。
　ではそれらの症状が臨床心理学における援助の対象となるのは，どのようなときであろうか。日常の中でいつもに比べ元気がない，意欲が湧かないといったことは珍しいことではない。しかし，そうした状態が深刻になって登校できない，居場所がなく不安で落ち着かないなど，日常生活に支障を来す場合，援助の対象となるのである。

2　対象となる症状や問題

　援助の対象となる症状や問題にはどのようなものがあるのだろうか。大きく「発達上の問題」と「情緒的問題」に分類することができる。
　1）発達上の問題：精神遅滞，発達障害，学習障害，注意欠如障害，その他の障害
　2）情緒的問題：
　　①行動上に現れるもの：不登校，登園拒否，非行，落ち着きがない，集団不適応，緘黙，分離不安，吃音，神経性習癖（チック，遺尿，爪嚙み，抜毛など）
　　②身体症状を中心とするもの：心身症
　　③精神症状を中心とするもの：神経症，境界例，統合失調症，うつ，など
　思春期・青年期になると上記の問題に加え，

問題の現れ方も複雑になることが多い。また対人関係上の問題，性格上の悩みや人格上の問題がより明確になってくる。

3 臨床心理学的アセスメントと医学的診断の違い

　対象の援助方針を立てるために行うのが臨床心理アセスメントと呼ばれるものである。臨床心理アセスメントとは「臨床心理学的援助が必要とされる可能性のある対象に対して，必要と考えられる情報を収集し，臨床心理学的側面から見立て，援助の方針を決定すること」である。では医学的診断と何が異なるのであろうか。

　医学モデルでは，病態に対する診断基準が明確にあることが前提である。わが国において精神医学的診断基準の中心になるのが米国精神医学会のDSMやWHOのICDである。DSMについては2013年にDSM-5として大幅に改訂され，それまで診断名であったアスペルガー障害は削除され，自閉スペクトラム症（自閉症スペクトラム障害）の中に含まれることになった。つまりDSM-5による医学的診断ではアスペルガー障害という診断名はつかない。一方，臨床心理アセスメントにおいて重要なことは，診断名が何かということではなく，対象となる子どもはどのような特徴をもち，何に困っているのか，ということを理解することにある。

　臨床心理学の援助とは，よりよく生きるための援助を目標としている。特定の基準による客観的視点からの理解だけでなく，潜在する能力を含め，全人的理解という個別性に拠って立つ援助方針を立てることがきわめて重要である。

　　　　　　　　　　　　　（松本真理子）

■臨床心理アセスメントのための三つの方法
①面接によるアセスメント：子ども自身はもちろんのこと，家族や関係者から生育歴，問題発生の経過などの情報を収集することが重要である。
②行動観察によるアセスメント：言語表出が十分ではない場合，学校での言動や図工・習字の作品や行動観察などから心理的側面に関する多くの情報を収集することが可能である。
③心理検査によるアセスメント：心理検査は発達検査，知能検査，性格検査，適性検査や親子関係検査など多種多様であり，目的に応じた検査を選択することが大切である。

■DSM：Diagnostic and Statistical Manual of Mental Disorders
　ICD：International Statistical Classification of Diseases and Related Health Problems

3 人格理論

■人格に関連する用語の背景

既に紀元前4世紀頃には，アリストテレスの愛弟子テオプラストスによる『人さまざま』（原書名はギリシャ語で『性格』）の中で，おしゃべりやけち，へそまがりなどといった人物描写が残されている。「性格」は "character" の訳語で，ギリシャ語の "kharaktêr"（「彫る」の意）を語源としている。

これに対して「人格」は "personality" の訳語で，ラテン語の "persona"（劇で使われる「仮面」の意）を語源としている。ヨーロッパでの古くからの性格研究に対して，1937年にG.W.Allportが "Personality" と題する著書を出版した頃を境に，国力の推移と相まって，研究の趨勢も北米での人格研究へと移って今日に至っている。

また，「気質」（temperament）はラテン語の "temperâre"（「混ぜる」の意）を語源としている。ここには，2世紀頃のガレノスによる胆汁質，多血質，憂うつ質，粘液質という体液に基づく4気質説のように，古くからの体液学説の名残がうかがわれる。

◆テオプラストス著，森進一訳　1982　人さまざま　岩波文庫
◆オルポート，G.W.著，詫摩武俊・青木孝悦・近藤由紀子・堀正訳　1937／1982　パーソナリティ―心理学的解釈　新曜社

■血液型性格判断

1901年のK. Landsteinerによる血液型の発見を背景として，東京女子高等師範学校教授であった古川竹二により1927年に初めて提唱された，A，O，B，AB の血液型に基づく性格の類型。基のデータが近親者を対象としたものであったり，性格の判定が主観的なものであるなど，研究方法上の問題があり，また実際の性格検査との関連をみると，血液型と性格との間には対応のないことが多くの研究によって示されている。古川の時代にも旧日本陸軍によって部隊編成に応用されたり，現代でも企業の人事・採用に利用されているところもあり，偏見や差別につながる危険性も指摘されている。予断に基づく思い込みなど

1 個性への関心

人の振る舞いはでたらめに生じているわけではなく，そこにはその人らしい一貫性をもった一定のまとまりを認めることができる。このような「その人らしさ」は古来，性格ということばのもとに検討されてきた。

「性格」は個人の核となる部分に彫り刻まれた変化しにくい個性を表している。これに対して，「人格」は状況に応じて変化しうる，表面に現れた個性を指している。厳密には両者は区別されるが，同義として用いられることも多い。日本語では「人格」ということばに価値評価が含まれることから，「パーソナリティ」と表記されることもある。特に感情面の個性を指して，より体質的，遺伝的な側面を含みもつ「気質」ということばも用いられる。

2 人格の諸理論

人格の理論は，形のない心の働きの総体である人格に何らかの形を与えようとする試みであると言うことができる。このような人格の理論は，大別すると次のように分類できる。

類型論：何らかの典型に基づいてタイプ別に個人を分類しようとする考え。E. Kretschmerによる精神病と関連する気質と体格との関連，C.G. Jungによる心理機能に基づく類型などがある。一般に知られる血液型性格判断も類型論の一つと言えるが，その妥当性は否定されている。

特性論：基本的な特性を設定して，それぞれの特性のもちあわせ具合から個人を記述しようとする考え。特性の抽出には，数学的

な手法である因子分析が用いられることが多い。G.W. Allport，J.P. Guilford，R.B. Cattell，H.J. Eysenck などが独自の特性論を展開してきた。現在では，多くの研究に共通して認められる人格特性からなる5因子モデルや，神経伝達物質との関連を重視する C.R. Cloninger の理論が提唱されている。

力動論：心の中の力のせめぎ合いを想定し，それらの諸力の合わさったものとして個人の特徴を理解しようとする立場。無意識的欲動を重視した心理構造に基づく S. Freud による精神分析理論や，個人の内部の分化した領域間の緊張関係から人格を理解する K. Lewin の場の理論に代表される。

多くの場合に，これらの理論のそれぞれを背景とした人格検査も作成されている。

人格は個人の中での一貫した特徴を示すものではあるが，周囲の環境との関係のもとに理解すべきであるとする状況論的，相互作用論的な理解も提起されている。

3　個性を活かす

Kernberg（1984）は人格の機能水準を，自我同一性の統合度，防衛操作（どのように衝動・欲動のコントロールが行われているか），現実吟味（現実を現実のままに歪めることなくとらえることができるか）という三つの観点から理解している。これは，感情や気分，自己意識，対人関係のあり方の点で問題が生じる人格障害の理解に有用である。

個人の人格は，一人ひとりで異なる独自なもち味の個性である。その個性の発揮のされ方は状況によっても異なる。一面的な理解で固定的に人格をとらえてしまうのではなく，個性を活かす働きかけを工夫することが必要となる。

（笠井　仁）

のために，"当たる"という感覚をもちやすい。
◆古川竹二　1927　血液型による気質の研究　心理学研究2，pp.612-634
◆大村政男　1998　新訂血液型と性格　福村出版

■5因子モデル

特性論では，例えば J.P. Guilford が13または10，R.B. Cattell が16，H.J. Eysenck が2または3といった因子を特性として抽出している。このように特性の数と内容は研究者によって異なることから，人格を構成する必要にして十分な基本的特性は何かという検討が行われるようになった。こうして，これまでの研究において繰り返し抽出される人格の特性を検討したところ，「情緒不安定性」（neuroticism），「外向性」（extraversion），「経験への開放性」（openness），「協調性」（agreeableness），「勤勉性」（conscientiousness）という五つの因子が見いだされ（これらはビッグファイブとも呼ばれる），因子分析によってもこれらの5因子が安定して確認されている。これらの特性に基づいた質問紙法人格検査である NEO 人格目録も作成されており，人格研究とともに，職業興味や人格障害の診断・治療などに応用されている。
◆柏木繁男　1997　性格の評価と表現―特性5因子論からのアプローチ　有斐閣

■Cloninger の理論

C.R. Cloninger は，神経伝達物質としてドーパミンと関連のある新規性追求性，セロトニンと関連のある損害回避性，ノルエピネフリンと関連のある報酬依存性に加えて固執性の四つの次元からなる気質と，自己志向性，協調性，自己超越性の三つの次元からなる性格とを合わせて人格をとらえている。このうち気質は，それぞれ遺伝子との関連が指摘されている。これらの人格の次元を測定する TCI（Temperament and Character Inventory）が作成されている。
◆木島伸彦　2000　Cloninger のパーソナリティ理論の基礎　精神科診断学11(4)，pp.387-396
◆カーンバーグ，O.F. 著，西園昌久監訳　1984／1996　重症パーソナリティ障害―精神療法的方略　岩崎学術出版社

Ｂ 学校心理学を支える心理学的基盤　**3** 個として生きること　＊臨床心理学的基盤

4 心理療法

■**心理的障害**
　心理的障害とは，身体的，心理的，社会的な種々の要因によって，健康な心理状態が阻害され，本来の自己の力を発揮できなくなっている状態を言う。医学的には精神疾患と呼ばれ，自閉スペクトラム症，注意欠如・多動症，統合失調症スペクトラム障害，双極性障害，抑うつ障害群，不安症群，強迫症，身体症状症，パーソナリティ障害群などの多様な障害に分類される。

■**心理療法の理論**（本文の番号と対応）
①精神分析的立場：無意識の世界を問題にし，クライエントの内的世界の変容を通して治療を行うもの。夢の分析や，イメージ，箱庭や絵画その他の作品を手がかりにすることもある。
②クライエント中心的立場：クライエントの主観的なものの見方を受容し，共感的に理解することによって，クライエントの自己理解を促すもの。
③認知・行動療法的立場：クライエントが不適切行動を維持している先行条件と後続条件を明らかにし，それらの維持要因を取り除いて，より適切な行動へと導くもの。
④家族システム論的立場：家族相互の心理的距離や力関係などを理解し，歪んだかたちで全体のバランスを維持している要因を探り，そこに変化を生じさせつつより望ましいバランスへと導くもの。

◆ Ivey, A., D'Andrea, M., Ivey, M. B. & Simek-Morgan, L. 2007 *Theories of Counseling and Psychotherapy: A Multicultural Perspective.* (6th ed.). Boston, MA: Allyn & Bacon.

◆ 下山晴彦　2000　臨床心理学の教育・訓練システムをめぐって―英国および米国の状況を参考として　臨床心理士報12(1), pp.19-32

1　意義

　心理療法（精神療法，サイコセラピー）とは，日常生活に支障を来すほどの心理的障害をもつ人に対して行う心理的な治療・支援行為のことである。心理療法の理論には，①クライエント（来談者）の過去体験を重視するもの，②現在の内的な主観の世界を重視するもの，③個人と環境（周りの人）との相互的影響を重視するもの，④クライエントが置かれている人的環境の全体（システム）を重視するものなどがある。また，それらの理論に基づく技法についても多様なものがある。それぞれの立場によって，①生育歴を問題にしたり，②クライエントの主観的世界の歪みを問題にしたり，③症状や行動の維持要因を問題にしたり，④家族システムの構造を問題にしたりすることになる（Ivey et al., 2007）。

　カウンセリングと同義に用いられることもあるが，カウンセリングは基本的にはより健常な人が対象であり，心理療法は日常生活に支障を来している人が対象になると言える。したがって，両者の違いは主に心理的障害の程度である。また，カウンセリングにおける問題は，結婚，就職，転職，人間関係などの意志決定や日常生活上の葛藤に関わる問題である。欧米では，心理療法士（サイコセラピスト）になる人とカウンセラーになる人の養成機関は一般に異なっている（下山，2000）。

　わが国では心理療法を行うのは主に臨床心理士である。学校心理士も心理療法に関する知識はできるかぎり習得していなければならないが，必ずしも自分が治療者になることを想定する必要はない。ただし，クライエント

がどの程度の障害に悩んでいるのか，どこに受診したり，相談したりすることが必要なのかを見きわめられるように，かなりの経験や知識をもつことが期待されている。

2　動向

　心理療法は，①クライエントの症状の除去を目標とするもの，②精神的成長や自己実現を目標とするもの，③洞察を目標とするものなどがある。治療効果についてのエビデンス重視の考え方から，近年では，治療に関する実証的研究の蓄積によって，どのような障害にはどのような治療法が有効であるかを示し，治療の実績を上げようとする傾向がある（丹野, 2001）。これをエビデンス・ベイスト・アプローチという。また，一方では，そのようなエビデンスよりも，クライエントとの対話による物語づくりが重要であるとするナラティブ重視の考え方もある。

3　実践上の留意点：学校心理学との関わり

　学校においては，担任が直接，児童生徒に心理療法を行うことはほとんどない。しかし，スクールカウンセラーによって，心理療法が行われることはありうる。それは，かなり心理的障害の程度が重く，治療的な関わりを必要とする場合である。そのような事例については，守秘義務や雇用契約上の問題もあり，面接内容を学校側にどのように伝えるかは難しい課題である。留意すべきは，守秘義務を理由にして，一切のことを学校側に伝えない場合に，教師集団から不信感を抱かれやすいことである。面接内容そのものについて，逐一報告することはできないまでも，連携のとり方にはさまざまな工夫が必要であると言えよう。

（玉瀬耕治）

■エビデンス
　医学分野においてエビデンス・ベースト・メディスン（EBM）という考え方が広まってきたことに伴って，臨床心理学の分野でも，処遇効果についての実証性が強調されるようになってきている。エビデンスには効果性重視の意味がこめられている。

◆丹野義彦　2001　エビデンス臨床心理学　日本評論社

Ⓑ 学校心理学を支える心理学的基盤

4 他者の中で生きること *社会心理学的基盤

① 集団心理学（規範，同調，リーダーシップ）

◆堀洋道・山本真理子・吉田富二雄編著
　1997　新編・社会心理学　福村出版
　（C 集団 参照）

■規範の三つの層

■社会規範
　現在の日本社会では，高度情報化社会・高度消費社会への移行に伴い，従来の集団規範や社会規範が機能不全に陥りつつあると言われる。特にその皺寄せは家庭や学校に現れやすい。援助交際の女子高校生から「だれにも迷惑をかけてないのになぜいけないのか」と問われたとき，親や教師は困惑してしまうだろう。ここでは「他人に迷惑をかけないかぎり人は自由に自分の欲望を満たしてよい」という近代個人主義の原則が安易に一人歩きしているのである。

◆小浜逸郎　2000　なぜ人を殺してはいけないのか　洋泉社

1　規範
　規範（norm）とは社会の合意された基準である。特定の状況でどのような行動がなされ，どのような行動がなされるべきではないかを規定したものである。内容的には三つの層からなる。第1は，社会内部の特定の集団において認められる集団規範（group norm）であり，成員に期待される態度・信念・行動の集合である。第2は社会規範（social norm）で，法律・規則・道徳・慣習など安定的なものから風俗・流行のように変化しやすいものまで含まれる。第3は，言語や近親相姦禁忌など人間の社会性の基本条件をなす根源的規範である。また規範は，個人の同調を高めるような「裁定（sanction）」の装置を伴う。規範に同調する行動に対しては暗黙の是認から明示的な賞賛までの肯定的裁定が与えられ，規範から逸脱する行動に対しては，罪の意識や感情，他者からの非難や懲罰などの制裁が科される。こうした規範の存在によって，円滑かつ予測可能な相互作用が保証され，社会や集団はまとまりのある安定した実体（社会的現実）として存在するのである。

2　同調
　規範は社会行動の斉一性の原因である。規範は望ましい行為に対しては賞を，望ましくない行為に対しては罰を与えることで，逸脱行動を防ぎ集団内の緊張を解消する。したがって規範の存在は，共通の価値，行動様式への同調（conformity）を促す。そして規範と

は集団内の合意された基準であり,典型的には多数派の行動に現れやすい。そのため同調とは「集団内の逸脱者や少数派が,現実あるいは想像された圧力の結果,多数派の方向に意見や行動を変化させること」とも定義される。

同調には表面的なものから真の態度変化を伴うものまでさまざまある。個人の態度変化の観点から見ると,他者からの好意的反応を期待した屈従(compliance),魅力的な他者との同一視(identification),最終的に自らの価値体系に組み込む内面化(internalization)の三つのレベルがある(Kelman, 1961)。

3 リーダーシップ

リーダー(広く集団内のメンバー)が,集団目標の達成に向けて,個人や集団に影響を及ぼす過程をリーダーシップという。リーダーシップは個人の資質や才能ではなく,合理的な社会的技術(skill)を意味し,大きく二つの機能からなる。①目標達成機能(performance):集団目標の明確化,計画方法の具体化,結果の評価。②集団維持機能(maintenance):メンバー間のコミュニケーションや人間関係の維持。

リーダーシップ研究では「目標達成に有効なリーダーシップ・スタイルは何か」という問が大きな主題になる。リーダーシップ類型論(三隅のPM型リーダーシップ),課題の困難度・リーダーの権限・成員の意欲と能力等,状況要因を考慮したリーダーシップモデル(条件即応モデルやSL理論)が提唱されている。

特にSL理論(Situational Leadership)は,成員の成熟度(意欲と能力)に応じて,指示型から支援型にリーダーの行動を変えていくというものであり,リーダーシップ行動そのものがメンバーの育成(教育)機能をもつという意味で重要である。

(吉田富二雄)

◆ Aronson, E. 著,岡隆・亀田達也訳 1994 ザ・ソーシャル・アニマル―人間行動の社会心理学的研究 第6版 サイエンス社

◆ キースラー, C. A. & キースラー, S. B. 著,早川昌範訳 1978 現代社会心理学の動向〈第3巻〉同調行動の心理学 誠信書房

◆ Kelman, H. C. 1961 Processes of opinion change. *Public Opinion Quarterly* Vol.25, pp.57-78.

■リーダーシップ・スタイル
PM型リーダーシップ(三隅二不二)および条件即応モデル(Fiedler, F.)については「グループ・ダイナミックス」(現代のエスプリ131 至文堂)にコンパクトでわかりやすい論文があるのでそちらを参照されたい。

Ⓑ 学校心理学を支える心理学的基盤　④ 他者の中で生きること　＊社会心理学的基盤

② 援助行動

1　援助行動の定義

心理学において，「援助（helping）」は主に三つのやや異なる意味で使われている。

第1は社会心理学の用法で，援助行動は「外的な報酬や返礼を期待せず，自発的に行われ，行為の結果，他者の利益をもたらす行動」と定義される（松井・浦，1998）。

第2は，臨床心理学で用いられる用法で，「自分の悩みを，専門家を含む他者に相談する行動」を意味する（永井，2010など）。この用法では，カウンセラーなどに相談に行かない傾向がよく取り上げられている（中岡ほか，2011など）。本書の「被援助志向性」や「チーム援助」などのテーマは，この用法に含まれる。

第3は，学校場面で用いられる用法で「学習でわからないことを人に尋ねる行動」を意味する。この用法では，授業でわからないことがあったら，先生や友人に尋ねるという学習場面での援助要請行動（academic help seeking）のテーマがよく取り上げられている（瀬尾，2008）など。

これら三つの用法は厳密に言えば，内容に食い違いが見られる。

2　援助行動の原因

社会心理学では，援助行動の生起にどのような要因が影響するかについて，長く研究が進められてきた（松井，1997）。援助する側の要因を見ると，援助コストが低いと女性の方が援助を多く行い，都市に住んでいる人は積極的な援助はしない。以前援助したことがあると援助しやすく，気分がよいときには援助が多くなるなどが明らかになっている。援助

◆松井豊・浦光博　1998　援助とソーシャル・サポートの研究概略（松井豊・浦光博編著　人を支える心の科学　誠信書房，pp.1-17）
◆永井智　2010　大学生における援助要請意図—主要な要因間の関連から見た援助要請意図の規定因　教育心理学研究58(1)，pp.46-56
◆中岡千幸・兒玉憲一・髙田純・黄正国　2011　大学生の心理カウンセラーへの援助要請意図モデルの検討—援助要請不安，援助要請期待及び援助要請意図の関連　広島大学心理学研究11，pp.215-224
◆瀬尾美紀子　2008　学習上の援助要請における教師の役割—指導スタイルとサポート的態度に注目した検討　教育心理学研究56(2)，pp.243-255

■第1の用法では，役割に基づく行動は援助と見なされない。例えば，消防士が火災現場で人を救助しても援助とは呼ばない。しかし，第2と第3の用法には，カウンセラーや教師への相談が援助に含まれており，明らかに第1の用法と一致していない。

を受ける側から見ると，男性より女性の方が援助されやすく，高齢者の方が援助を受けやすい。援助が必要となった事態（状況）の性質から見ると，あいまいな状況や，援助要請が真実であるかどうか迷う状況では，援助が起こりにくい（松井，1997）。

3 共感と援助

これらの要因の中でも，多く注目されてきたのは，共感性（empathy）である。共感は特性共感と状態共感に分けられる。特性共感とは性格的に人に共感しやすい性質を意味するが，その中でも，「他者の不運の感情体験に対し，自分も同じような気持ちになり，他者の状況に対応した，他者志向の暖かい気持ちをもつ」共感的関心が，援助行動と強く結びつくことが明らかになっている（山本ほか，2015）。状態共感は，共感性が高まった感情状態を意味するが，社会心理学では，援助要請者と援助者との類似性が高いほど，状態共感が高まり援助しやすくなるなどの知見が得られている（松井，1997）。

4 援助の意思決定モデル

援助状況における共感や認知の働きをモデル化する研究も多く発表されている。その一例を右図に示した。このモデルによれば，援助をよく行う親切な子どもに育てるためには，①援助を必要としている人に共感する力を育て，②援助をしなくてはならないという規範意識をもたせ，③援助を求められている状況でどのように振る舞えば適切かという技術（援助スキル）を育成する必要がある。しかし従来の道徳教育では②の規範意識習得を強調しすぎていると指摘されている。

（松井　豊）

◆松井豊　1997　援助（堀洋道・山本真理子・吉田富二雄編　新編 社会心理学　福村出版，pp.125-132）

◆山本陽一・兪善英・松井豊　2015　南関東居住者の東日本大震災への募金に及ぼす共感の影響　心理学研究85(6), pp.590-595

◆松井豊　1998　援助行動の意思決定過程モデル（松井豊・浦光博編著　人を支える心の科学　誠信書房，pp.79-113）

■東日本大震災でも，被災地外で震災による軽微な被害を体験し，被災地に知り合いがいたり，在住経験のある被災地外の人が募金を多くしていた（山本ほか，2015）。

■意思決定モデルの一つ

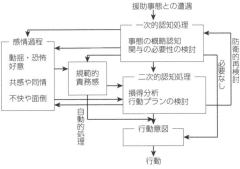

図　援助における状況対応モデル（松井，1998より引用）

Ⓑ 学校心理学を支える心理学的基盤　④ 他者の中で生きること　＊社会心理学的基盤

③ ソーシャルサポート

◆浦光博　2009　排斥と受容の行動科学―社会と心が作り出す孤立―　サイエンス社

◆Caplan, G. 1974 *Support system and community mental health.* 近藤喬一ほか訳　1979　地域ぐるみの精神衛生　星和書店

◆久田満　1987　ソーシャル・サポート研究の動向と今後の課題　看護研究20(2), pp.170-179

■ソーシャルサポートの内容について
　初期の定義としても知られるHouse(1981)は，ソーシャルサポートは次の四つの機能のうち一つないしそれ以上の要素を含む相互作用であるとしている。
(1) 情緒的：共感したり，愛情を注いだり，信じてあげたりする。
(2) 道具的：仕事を手伝ったり，お金や物を貸してあげたりする。
(3) 情報的：問題への対処に必要な情報や知識を提供する。
(4) 評価的：人の行動や業績にもっともふさわしい評価を与える。

◆House, J.S. 1981 *Work stress and social support.* Reading: Addison-Wesley.

1　ソーシャルサポートとは何か

　ソーシャルサポートは，精神的・身体的な健康に役立つ心理社会的資源の一つである（浦，2009）。学際的概念としてのソーシャルサポートは，例えば，福祉領域ではしばしば公的な支援と私的な支援の両方を含むとされるが，心理学的には後者，すなわち日常的な対人関係からの支援に重点が置かれる。これは，この概念の端緒の一つが地域精神衛生における"ふつうの人どうしのつながり"への注目（Caplan, 1974）にあることと整合する。「ある人をとりまく重要な他者から得られるさまざまな形の援助（support）」が重要であるという考え方（久田，1987）は，この概念に関心をもつ多くの人々に受け入れられている。

2　ソーシャルサポートの内容と測定

　ソーシャルサポートの内容は，情緒的サポートと道具的サポートに大別できると考えられている。前者は心理的な不快感をやわらげ自尊心の維持・回復を促すものであり，後者は問題そのものを直接ないし間接に解決することに役立つ性質のものである。
　ソーシャルサポートの測定に関しては，構造的指標（社会的関係の存在や関係の数・種類など）と機能的指標（どのようなサポートをどのように受けるか）が区別されてきた。後者に含まれるものとして，「知覚されたサポート」と「実行されたサポート」がある。前者はサポートの入手可能性ないし期待，後者は実際に受けたサポートを指す。

3　ソーシャルサポートのメカニズム

ソーシャルサポートの効果は，しばしば心理的ストレス・モデル（Lazarus & Folkman, 1984）と結びつけられる。このモデルではストレッサーとストレス反応の間に調整変数（ストレッサーの影響力を左右する要因）を仮定するが，ソーシャルサポートはその一つとして概念化される（Cohen & Wills, 1985）。すなわち，例えば知覚されたサポートは，出来事や状況が個人の対処能力を超えたストレスフルなものであるかどうか，またその状況で何をしうるかの評価を左右すると考えられる。他方，実行されたサポートは，実際に人がストレッサーに対処していく過程で，それをより適応的な方向に向けていく（問題を解決する，不快な情動や気分をやわらげるなど）ための助けになると考えられる。

4　よりよいソーシャルサポートのために

評価や対処を支える資源としてソーシャルサポートが効果を発揮するためには，いくつかの条件がある。

例えば，受け手が望まないサポートが提供されることはかえってストレスフルであり，受け手の無力感や依存性を助長する可能性もある。一方的にサポートが得られるだけではなく，自分もサポートの送り手になれるような互恵的な関係をもつことも必要である。

学校場面においても，子どもの適応と成長に配慮しつつ教師がサポート提供者の役割を果たすとともに，子どもたちどうしが互いにサポートを提供し合うことができるような働きかけが望ましい。

どのような場面であれ，周囲から必要なサポートを受けつつ，その人自身が対処能力を高め，互恵的な関係を築くことのできる機会を提供することが求められる。　　（福岡欣治）

◆Lazarus, R.S., & Folkman, S. 1984 *Stress, appraisal, and coping*. New York: Springer.（本明寛ほか監訳　1991　ストレスの心理学—認知的評価と対処の研究　実務教育出版）

◆Cohen, S. & Wills, T.A. 1985 Social support and the buffering hypothesis. *Psychological Bulletin*, Vol.98(2), pp.310-357.

■ソーシャルサポートの直接効果

心理的ストレス・モデルとは独立に，ソーシャルサポートの積極的な意義を主張する立場もある。これは，支えとなる対人関係の存在が人のアイデンティティ（Thoits, 1985）あるいは基本的欲求としての所属欲求（Baumaister & Leary, 1995）の基盤であると見なす考え方に基づいている。ソーシャルサポートがストレッサーの悪影響をやわらげる効果は「緩衝効果」，ストレッサーとは独立の効果は「直接効果」と呼ばれる。両者は相互補完的なものと考えられている。

◆Thoits, P. A. 1985 Social support and psychological well-being: Theoretical possibilities. In I. G. Sarason & B. R. Sarason (Eds.) *Social support: Theory, research, and applications*. Hague: Martinus Nijoff. pp.51-72.

◆Baumeister, R. F. & Leary, M. R. 1995 The need to belong: Desire for interpersonal attachments as a fundamental human motivation. *Psychological Bulletin*, Vol.117(3), pp.497-529.

■サポートが受け手を傷つける可能性

ソーシャルサポートが受け手の心身の健康にとって結果的に有害な影響を及ぼす可能性も指摘されている。浦（2009）は先行研究を踏まえ，三つの要因をあげている。
(1) 可視性：サポートがまさに「サポート」であると認知される度合い。受け手の情緒的コストの大きさから説明される。
(2) 期待との不一致：期待したようなサポートが得られないこと。
(3) 正当性のなさ：サポートを提供するにふさわしい人であると受け手に見なされないこと。

4 被援助志向性

1 援助を受ける側からの視点

被援助志向性とは,「個人が,情緒的,行動的問題および現実生活における中心な問題で,カウンセリングやメンタルヘルスサービスの専門家,教師などの職業的な援助者および友人・家族などのインフォーマルな援助者に援助を求めるかどうかについての認知的枠組み」(水野・石隈,1999)と定義される。被援助志向性に関する研究は類似の概念である援助要請行動研究とともにここ10年ほどで急速に研究が増加している。

2 子どもの被援助志向性

学校現場の子どもの援助を考える際に,まず押さえておきたいことは,子どもはなかなか援助を求めないという事実である。

適応状態の悪い中学生はスクールカウンセラーの援助に対して否定的にとらえる傾向がある(水野,2014)。小学生を対象にした永井(2009)の研究では,不適応の指標は友人に対する援助要請意図には負の影響,教師に対しては正の影響を与えていた。いじめを訴えている子どもが教師に助けを求めるのは友人や家族より難しいという指摘もある(Dowling & Carey, 2013)。

では,援助が求めやすい子どもはどのような子どもだろうか? まず,「助けが必要である」と認識できることが大事である。自己の否定的な側面に直面でき,そしてそれを受け入れる必要がある(水野,2014)。次に,周囲の援助者に気づき,助けを求めるスキルが大切である(本田,2015)。自分の自尊感情を守りつつ,適切な援助者に,ことばで援助を

◆水野治久・石隈利紀 1999 被援助志向性,被援助行動に関する研究の動向 教育心理学研究47(4), pp.530-539

■被援助志向性と援助要請行動
被援助志向性は,援助を求めるときの意識を測定している。援助要請行動は実際に助けを求める行動に焦点を当てる。被援助志向性が高い人が本当に援助を求めるかは,援助者の対応や,環境に左右される。

■いじめを受けた子どもは相談するか?
相談体制の整備は「いじめ防止対策推進法」にも記載され,学校が最優先で取り組まなければならないが,子どもがいじめ被害を相談しやすい体制を考えるときに被援助志向性の概念は鍵概念となる。

◆永井智 2009 小学生における援助要請意図—学校生活満足度尺度,悩みの経験,抑うつとの関連— 学校心理学研究9, pp.17-24

◆Dowling, M. J. & Carey, T. A. 2013 Victims of Bullying: Whom they seek help form and why: An Australian sample. Psychology in the Schools, Vol.50(8), pp.798-809

◆水野治久 2014 子どもと教師のための「チーム援助」の進め方 金子書房

◆本田真大 2015 援助要請のカウンセリング—「助けて」と言えない子どもと親への援助— 金子書房

求めることは大切なスキルである。「助けを求める力」は現代を生き抜くために必要なスキルである。

しかし現実は、助けが必要な子どもほど援助要請行動以外の行動で助けを求める傾向があるのではないかと筆者は考える。

そのため、援助ニーズの高い子どもを事前に発見し援助につなぐ必要がある。子どもの周囲にたくさんのヘルパーがいた方が子どもは確実に援助される可能性が高まる。学校心理学が子どもを取り巻く人々をヘルパーと呼び概念化する理由はここにある。

3　教師の被援助志向性

教師が他者にどの程度援助を求めるかという視点で研究することは、チーム援助の観点から大事である。教師がお互いに助けを求める環境でないとチームで子どもを援助することができない。職員室で教育実践について語り合う協働的な職場雰囲気（淵上ら、2004）が大事である。しかし、協働的な職場であっても助けを求めない教師はいる。個人の特性として、被援助志向性が低い人たちである。また、援助を求めたが問題解決に結びつかず被援助志向性を低めたり、児童生徒の問題で困っていない場合や、問題を低く見積もり被援助志向性が低い教師もいる（田村・石隈、2006）。

4　被援助志向性を高める

被援助志向性や援助要請行動の研究は、子どもや教師がどのように他者に援助を求めるかを量的調査、質的調査により記述してきた。現在は、どのように個人の被援助志向性を高めるのか、また子どもの被援助志向性に応じた援助サービスをどのように提供するか、に関心が集まっている。　　　　　（水野治久）

■問題行動を「助けを求める行動」としてとらえる

筆者は問題行動を示す子どもが多くいる学校に関わる機会が多い。その際、問題行動を「子どもが助けを求める行動」と置き換えることを教師に提案している。そのことで問題行動を示す子どもを援助するという視点が教師側に生まれる。

■特性被援助志向性と状態被援助志向性

田村・石隈（2006）は教師の被援助志向性を特性被援助志向性、状態被援助志向性に分けて教師の被援助志向性を測定する尺度を開発している。特性被援助志向性は、その人の比較的安定した援助を求める際の認知・態度を示す。状態被援助志向性は現在その人が抱えている問題状況が影響する。被援助志向性も特性、状況の二つの観点から測定することが大事である。

◆淵上克義・小早川祐子・下津雅美・棚上奈緒・西山久子　2004　学校組織における意思決定の構造と機能に関する実証的研究Ⅰ―職場風土、コミュニケーション、管理職の影響力―　岡山大学教育学部研究集録126, pp.43-51

◆田村修一・石隈利紀　2006　中学校教師の被援助志向性に関する研究―状態・特性被援助志向性尺度の作成および信頼性と妥当性の検討―　教育心理学研究54(1), pp.75-89

トピックス⑤
教育心理学の学び方

教育心理学と学校心理学
　教育心理学は，発達，学習，人格・社会，評価といった伝統的な領域のほか，最近では授業の問題に関わる教授過程や学習指導，障害児教育の領域での研究も進められている。このことから，教育心理学は学校心理学と重なる部分が多く，学校心理学の実践を支える重要な学問体系であると言える。

教育心理学の体系と内容を知る
　まず，入門書で「教育心理学」の体系を理解しておくことが大切である。例えば，『教育心理学を学ぶ』（伊藤隆二ほか，有斐閣）や『教育心理学 第2版 より充実した学びのために』（多鹿秀継，サイエンス社）等で大枠をつかんでおく。

　「教育心理学」の内容は，発達心理学，認知心理学，社会心理学，臨床心理学，障害児心理学等と重なる部分も多い。そこで，ここでは，これらと重なりのない学習指導と教育評価の領域を中心に紹介する。例えば，学習指導では『学習と教育の心理学 増補版』（市川伸一，岩波書店），『心理学者 教科教育を語る』（新しい教育心理学者の会，北大路書房），『教科心理学ハンドブック―教科教育学と教育心理学による"わかる授業の実証的探究"』（福沢周亮・小野瀬雅人，図書文化）が参考になる。教育評価では『教育評価〔第二版補訂版〕』（梶田叡一，有斐閣）がスタンダードと言える。

　その他，児童生徒の個に応じた指導や評価に関しては，『思考スタイル』（スターンバーグ，新曜社）等も参考になる。

教育心理学をより深く学ぶには
　最近の研究動向を理解するには，調査・研究の結果やテーマ別の総説（レビュー）を掲載している学術雑誌，例えば，『教育心理学研究』や『教育心理学年報』（いずれも日本教育心理学会より発行）にも目を通しておく。必要に応じて，年1回開催される学会の総会発表論文集も読むとよい。その際，次の点に留意しながら読むとよい。
①教育の問題が教育心理学の体系の中でどのように取り上げられているのかを知る。
②どのようにして教育心理学の知見が形成されているか，調査や実験など研究の手続きや方法を理解する。
③自らの問題意識に関して調査や実験などを実施しながら体験的に学ぶ。

　研究成果を深く理解し，批判的に見る力をつけるためには，①～③が必要であるが，コンサルテーション等に利用するなら，①のみでもよいだろう。②，③に関しては研究法に関する本も読むとよい。例えば，『教育心理学研究の技法』（大村彰道ほか，福村出版）や『授業デザインの最前線』『授業デザインの最前線〈2〉』（いずれも高垣マユミ，北大路書房）が参考になる。

　学校の教師は授業の経験が豊富なので，「教育心理学」という学問が授業をどのような視点からとらえているかを理解することも大切である。例えば，クラスの児童が算数の授業で困難を示すとき，「素朴概念」や「誤概念」が問題となっていることも理解できる。

　他方，学生は授業経験がないので，実際の授業を観察することによって，「よい授業」のために教師がどのような工夫を行っているのかを知ることも必要であろう。

（小野瀬雅人）

トピックス⑥
社会心理学の学び方

社会心理学の対象

社会（society）ということばは，もともと人と人のつながりを示すものであり，社会心理学は人と人のつながりについての心理学と言える。社会心理学は，①親子・友人・恋人といった二者関係，②集団と組織，③社会・大衆・群集を主に扱う，これに④周囲の人や社会との関わりによって影響される「社会的自己」を加えた四つの領域が社会心理学の主要な対象になる。

社会心理学は，社会（他者・集団・社会を含む広い意味での社会）が私たちの日常的な行動・認知・感情に及ぼす影響について研究してきた。したがって，病理的な行動や不適応的な対人関係を取り扱うことは少なかったが，近年では臨床社会心理学という不適応を扱う領域も盛んになっている。

学校と社会心理学

社会心理学のうち，とりわけ次の分野が学校の理解に役立つと思われる。

①集団の心理：リーダーシップや集団の生産性，②対人関係の心理：対人魅力や対人関係の発達過程，対人葛藤など，③不適応の心理：攻撃行動や自尊感情の不適応など。

ただし，学校も一種の「社会」であるから，これ以外の社会心理学の知見も，学校で生じるさまざまな心理学的現象の理解に役立つと言えるだろう。

社会心理学の「入門」

チャルディーニ『影響力の武器 第三版』（誠信書房）は，1991年に社会行動研究会によって訳出されて以来，多くの人に読まれてきた。説得や服従など心理的メカニズムに焦点を当てながら社会心理学の全体像について紹介した本であり，大変に読みやすく，内容的にもしっかりしている。初めて社会心理学を学ぶ人には最適の一冊である。「セレクション社会心理学」（サイエンス社）というシリーズでは，「対人魅力」「チームワーク」「紛争と葛藤」などのテーマごとにその領域の専門家が執筆しており，興味のあるテーマを選んで詳しい知識を得ることができる。

社会心理学の「理解」

社会心理学をさらに深く理解するには方法論の知識が欠かせない。安藤清志ほか編『新版 社会心理学研究入門』（東京大学出版会）などが役立つだろう。また，社会心理学の主要な実験の理解には，岡本浩一『社会心理学ショート・ショート』（新曜社）も読みやすい好著である。

ある程度方法論の知識を身につけたなら，実際の研究論文を読むことを薦める。学会誌では『社会心理学研究』『実験社会心理学研究』『心理学研究』『教育心理学研究』等に社会心理学の論文が掲載される。さらに海外の動向を知るには米国心理学会の『Journal of Personality and Social Psychology（性格・社会心理学雑誌）』に目を通すとよいだろう。

近年急速に発展している臨床社会心理学については，コワルスキほか『臨床社会心理学の進歩―実りあるインターフェイスをめざして』（北大路書房）というよい概説書がある。臨床社会心理学分野の論文は前述の学会誌以外に『パーソナリティ研究』にも多く掲載される。

（今野裕之）

C 学校心理学を支える心理教育的援助サービスの方法と技法

1 心理教育的アセスメント　*子どもと子どもを取り巻く環境の理解

1 心理教育的アセスメントとは

1 心理教育的アセスメントの定義

心理教育的アセスメントとは，援助の対象となる子どもが課題に取り組むうえで出会う問題状況や危機の状況についての情報の収集と分析を通して，心理教育的援助サービスに関わる意志決定（例：援助案の作成）のための資料を提供するプロセスである。心理教育的アセスメントは，一人ひとりの子どもに応じた心理教育的援助サービスの専門性の基盤となる。

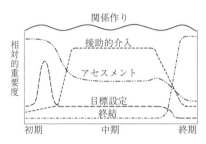

図　援助サービスにおける同時的プロセスモデル

ウォルターとレノックス（Walter & Lenox, 1994）は，カウンセリングにおける関係づくり，アセスメント，目標設定，援助的介入，終結決定という活動を，連続する直線上に段階的に（ステップとして）位置づけるのではなく，それらの活動が援助の時間的な流れのなか同時に起きており，その相対的な重要度が変化するとしている。心理教育的援助サービスにおけるアセスメントの位置づけを理解するのに参考になる（石隈，1999）。

■自分自身の価値観を知るための文章完成法
・私は＿＿＿のような子どもが好きだ。
・私は，子どもに＿＿＿になってほしい。
・子どもが＿＿＿するとき，私はうれしい。
・子どもが＿＿＿するとき，私は許せない。

2 心理教育的アセスメントの対象

学校心理学では，アセスメントの対象は個としての子ども，子どもと環境（例：学級）の関係，そして援助者自身である。援助者自身のアセスメントを行うのは，①教師やスクールカウンセラーなどの援助者の価値観，考え方，そして感情が，アセスメントや援助に影響を与えるからであり，②援助者は子どもの環境の構成要素であるからである。

子どものアセスメントにおいては，子どもの学習面，心理・社会面，進路面，健康面についてのトータルなアセスメントが大切である。子どもと環境の関係のアセスメントでは，学級風土や学級集団，そして家族の状況を理解しながら，子どもと環境の折り合いに焦点を当てる。

3　3段階の心理教育的援助サービスにおける心理教育的アセスメントの目的と意義

すべての子どもに対する一次的援助サービ

スにおけるアセスメントの目的は，学校教育の状況や子どもの発達や学校生活への参加の状況から子どもに共通する援助ニーズ（予防的な観点，スキルなどの開発的観点）を把握して，年間の教育計画や学校行事の計画に関する意志決定の資料を提供することである。配慮を要する子どもに対する二次的援助サービスにおけるアセスメントの目的は，「特別の配慮を要する子どもはだれか」「そしてその子どもの問題状況はどうか，どのタイミングで附加的な援助サービスが必要か」の問いに答えることである。そして援助ニーズの大きい子どもに対する三次的援助サービスにおけるアセスメントの目的は，丁寧で総合的な情報収集により，「個別の指導計画」「個別の教育支援計画」の作成のための資料提供である。

4 自助資源と援助資源のアセスメント

心理教育的アセスメントで注目すべきは，子どもの自助資源と援助資源のアセスメントである。子ども自身の力や強さで問題解決に役立つ自助資源には，学習意欲，問題解決能力などがある。子どもの学習スタイルやストレス対処スタイルは，アセスメントにより，きちんと意識され，活用されることで，重要な自助資源になる。一方援助資源（子どもの問題解決に援助的にはたらく人的資源や物的資源）は，多様である。苦戦する子どもにとって話しやすい人，子どもと趣味を共有する人，子どもをほめてくれる人，子どもが一緒に勉強したい人など，子どもの援助資源を発見し，確認することで上手に活用される。

そしてアセスメントのプロセスと結果を子どもと共有することを通して，子どもの自助資源と援助資源を子ども自身が気づき，活用するようになり，子どものレジリエンス（弾性，回復力）の向上につながる。（石隈利紀）

■賢いアセスメントのための条件

アメリカにおける学校心理学の第一人者であるアラン・カウフマン先生は，Intelligent Testing（賢いアセスメント）を提唱している（石隈，1999）。

①アセスメントは子どもの援助のために行われる。

②アセスメントは，子どもとの信頼関係を基盤に行われる。

③アセスメントでは，「臨床的な情報」（援助者の経験からくる勘など）と「数理統計的な情報（検査結果など）」とが統合される。

④アセスメントは，子どもと子どもの環境の相互作用に焦点を当てる。

⑤アセスメントの結果は，学校心理学などの最新の研究成果（学問的基盤）によって解釈される。

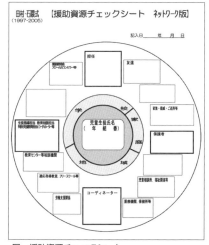

図　援助資源チェックシート

参照：石隈利紀『学校心理学―教師・スクールカウンセラー・保護者のチームによる心理教育的援助サービス―』誠信書房

石隈利紀・田村節子『石隈・田村式援助シートによるチーム援助入門―学校心理学・実践編―』図書文化

©Ishikuma & Tamura 1997-2005

◆石隈利紀・田村節子　2003　石隈・田村式援助シートによるチーム援助入門―学校心理学・実践編　図書文化

C 学校心理学を支える心理教育的援助サービスの方法と技法　1 心理教育的アセスメント
＊子どもと子どもを取り巻く環境の理解

2 心理教育的アセスメントの方法

1　心理教育的アセスメントの方法

アセスメントには，以下の方法がある。

(1) 行動観察

授業，休み時間，給食，そうじ，学校行事（体育祭，文化祭，合唱祭）など，学校では子どもを観察できる場面が多様にある。多様な場面で子どもを観察し，場面による違いの有無に着目したい。観察する際には，SOSチェックリスト（安達，2009）等も有効である。また，行動観察には子どもの作品の観察も含まれる。夏休みの絵日記や行事後の感想文には，子どものもののとらえ方や感じ方，語彙や文法の知識，表現力が見てとれる。

◆安達英明　2009　SOSチェックリストを活用した教師の連携（石隈利紀・水野治久編　学校での効果的な援助をめざして　ナカニシヤ出版）

(2) 子どもや子どもの援助者との面接

面接や遊戯等を通して，子どもと直接関わることで得られる情報も多い。子どもが今どんなふうに感じているのか（子どもの現象学的世界）を聴き，子どもの困っていることを聴くためには面接が有効である。また，子どもの遊戯の中に子どもの無意識の葛藤や現在の心理状態が表れることも少なくない。

■現象学的世界
来談者中心療法の用語で，援助の対象である子どもがとらえる世界のことを指す（石隈，1999）。

田村・石隈（2004）は，保護者は自分の子どもの専門家，教師は学校教育の専門家と述べている。子どものこれまでの発達過程や現在起きている問題状況の経過，子どもの家庭での過ごし方について，保護者は多くの情報をもっている。担任は，子どもの学級での様子，各教科や行事の取り組み状況，友人とのつきあい方，学習面の状況について多くの情報をもっている。

◆石隈利紀・田村節子　2003　石隈・田村式援助シートによるチーム援助入門—学校心理学・実践編　図書文化

(3) 心理検査

子どもの認知特性や性格特性を理解するため，心理検査を実施する。心理検査を実施す

■心理検査の種類
認知特性の理解には，WISC-Ⅳ，KABC-Ⅱ等の知能検査がある。性格特性の把握には，SCT，TEG等の質問紙あるいはバウムテスト，風景構成法等の描画がある。

る際には，検査目的（主訴）を明確にすることが重要であり，検査目的に応じて必要な検査を組み合わせて実施する（テストバッテリー）。検査者には，検査の選択，検査の適切な実施，検査結果のまとめとわかりやすい報告書の作成，検査結果を支援につなげる知識や技術が求められる。

2　生態学的アセスメント

子どもと環境の関係を考えるうえで，ブロンフェンブレンナーの生態学的発達理論が参考になる。子どもが生活する場である家庭や学校・学級からの影響（マイクロシステム），家庭と学校の関係性の影響（メゾシステム），子どもが生活する地域や社会資源の影響（エクソシステム），そしてそれらを内包する法律や文化，社会制度（マクロシステム）がある。子どもの問題状況に目を向けると同時に，子どもの発達に影響を与える多様な要因に目を向けることも大事である（子どもの貧困等）。

3　アセスメントの留意点

①仮説を立て検証する

子どもの問題状況の背景に関する仮説を立てながら，仮説を検証するための情報を集める。これはある種，探偵に似た作業（石隈，1999）である。

②チームで行う

たくさんの情報を集め幅広い視点から子どもを理解するには，複数の専門家からなるチーム（できれば多職種間）で行いたい。

③アセスメントと援助を同時に行う

初期の段階で必要な情報をすべてそろえることは難しい。収集した情報を基に援助を始め，子どもの援助を進めながらさらに情報を集めていく（同時的プロセスモデル：本書 p.100参照）。

（飯田順子）

■WISC-Ⅳ知能検査
子ども用のウェクスラー式知能検査の第Ⅳ版。FSIQとVCI，PRI，WMI，PSIの五つの合成得点が算出可能である。　日本文化科学社

■KABC-Ⅱ
２歳６か月から18歳までの子どもの認知能力と基礎学力を個別式で測定できる検査である。　丸善出版

◆生態学的発達理論に関する参考文献
ユリー・ブロンフェンブレンナー著，磯貝芳郎・福富護訳　1996　人間発達の生態学（エコロジー）―発達心理学への挑戦　川島書店

◆石隈利紀　1999　学校心理学―教師・スクールカウンセラー・保護者のチームによる心理教育的援助サービス　誠信書房

C 学校心理学を支える心理教育的援助サービスの方法と技法　1 心理教育的アセスメント
＊子どもと子どもを取り巻く環境の理解

3 心理検査の活用と限界　—知能検査を中心に—

1　心理検査の活用目的

　心理検査とは，人間の心理面における個人差を明らかにするために作成された心理学的手法を用いた測定手段であり，心理テストとも称される。心理教育的アセスメントを行うための主要な道具の一つである。心理検査の活用目的を大別すると，①分類や措置，②指導方針や指導計画の立案，③自己理解の促進，④発達的変化や指導効果の確認，⑤研究，に分けられる。これらのうち，学校心理学においては，②の活用目的が最も重視されなければならない。現在，わが国では，知能検査や性格検査をはじめとして，約100種類ほどの心理検査が利用に供されている（松原，2000）。

2　心理検査の変遷

　心理検査の起源は，心理測定の父と呼ばれるゴールトン（Galton, F. 1822-1911）が個人差の研究を提唱したことに始まる。その後，多くの研究者が人間の知能や性格の個人差を測定する検査を作成したが，個人差の追求に終始するあまり，検査結果を一人ひとりの指導や相談に活かすという最も肝心なことがなおざりにされる傾向にあった。こうした風潮に対し，米国では1970年代に知能検査批判が盛んになされた。その主なものは，検査結果は個人差を明らかにするだけで教育に役立たず差別につながる，英語を用いない子どもや少数民族の子どもや障害のある子どもに不利，妥当性や信頼性に乏しい，などである。1980年代にはこれらの批判に応えるべく知能検査の再検討がなされた（辰野，1995）。その結果，ビネー式やウェクスラー式とは異なる，能力

◆松原達哉編著　2000　心理テスト法入門　日本文化科学社

■知能検査の発展と知能観の変遷

〈知能検査の発展〉	〈知能観の変遷〉
①1900年代：ビネー式検査の開発(1905)	ア）生得的能力から獲得的能力観へ
②1920年代：集団式知能検査の発展と知能検査批判	
③1930年代：精神測定学の発展と因子分析法の精緻化 ウェクスラー式検査の開発(1939)	イ）一般知能説から因子説へ
④1940年代：多因子の知能検査	ウ）個人間差異と個人内差異
⑤1950年代：個別式知能検査の使用拡大	
⑥1970年代：知能検査批判と認知論的アプローチ	エ）能力特性論から認知過程論へ
⑦1980年代：知能検査の再検討と再認識 K-ABC (1983) DN-CAS (1997)	オ）個人差の追求から指導や相談に活かすための検査へ
⑧1999年以降現在：CHC理論の登場と個別式検査の改訂作業の加速化 WISC-Ⅳ (2003) KABC-Ⅱ (2004) WAIS-Ⅳ (2008)	カ）一般知能，広範的能力(10)，限定的能力(70)の3層からなる知能理論（1999年にCHC理論として確立）

＊（　）内は米国版の発行年

◆辰野千寿　1995　新しい知能観に立った知能検査基本ハンドブック　図書文化

特性ではなく認知過程に着目して作成され，指導につながる新しい検査（例：K-ABC, DN-CAS）が登場した。2000年代には，CHC理論の確立がウェクスラー式などの改訂に影響を与えた。

3　心理検査の限界と活用上の留意点

　心理検査は万能ではなく，心理教育的アセスメントを行うための一手段にすぎない。また，それぞれの検査には長所も短所もある。心理検査はそれが適切に用いられるならば，非常に有効な手段になりうるが，悪意や無知をもって用いられた場合はもちろん，不正確にあるいは不用意に用いられるだけでも有害な手段になりうるものである。したがって，検査者は，1で述べた活用目的を明確にしたうえで，用いようとする心理検査についての知識と技術（理論的背景，実施法，採点法，結果の処理，結果の解釈）を身につけ，検査結果の説明責任やその保存なども含めて十分な準備と配慮をしなければならない（渡部，1993）。活用目的に合致した信頼性と妥当性の高い心理検査を選ぶこと，専門性の高い者が検査を実施しアセスメントを行うことが肝要である。一種類の検査のみでは不十分な場合には，テストバッテリーを適切に組んで実施する必要がある。また，検査結果の解釈にあたっては，検査中の行動観察や子どもの背景情報の中に仮説を支持する証拠を見つけ出すなどして，独り善がりな解釈にならないよう留意しなければならない。障害のある子どもに実施する場合は，テスト適合やテスト修正を考慮し，過小評価や過大評価を避けるよう心がけることが大切である。

　　　　　　　　　　　　　　（藤田和弘）

■ CHC理論
　キャテル，ホーン，キャロルの3人の頭文字を取って命名。

■ DN-CAS
　Das-Naglieri Cognitive Assessment Systemの略で，ダス・ナグリエリ認知評価システム。

■ K-ABC
　Kaufman Assessment Battery for Childrenの略で，カウフマン心理・教育アセスメントバッテリー。

■ KABC-Ⅱ：K-ABCの改訂版

◆ナグリエリ，J.A.著，前川久男・中山健・岡崎慎治訳　2010　エッセンシャルズDN-CASによる心理アセスメント　日本文化科学社

◆フラナガン，D.P.，カウフマン，A.S.著，上野一彦監訳　2014　エッセンシャルズWISC-Ⅳによる心理アセスメント　日本文化科学社

◆カウフマン，A.S.ほか著，藤田和弘ほか監訳　2014　エッセンシャルズKABC-Ⅱによる心理アセスメントの要点　丸善出版

◆渡部洋編著　1993　心理検査法入門―正確な診断と評価のために　福村出版

C 学校心理学を支える心理教育的援助サービスの方法と技法　1 心理教育的アセスメント
＊子どもと子どもを取り巻く環境の理解

4-a ［心理教育的アセスメントの領域］ 学習面のアセスメント

■オーセンティック評価（authentic assessment）
　評価の課題や活動が現実に即したものであるべきとする教育評価の理念で，それを具体化した方法が，パフォーマンス評価やポートフォリオ評価である。

■偏差値
　個人の得点を式①で変換した値を標準得点（z）という。zは平均値が0，標準偏差が1になる。式②でzの平均値を50，標準偏差を10になるように変換した値を偏差値という。なお，偏差IQは式③で平均値を100，標準偏差を15になるように変換した値である。

①標準得点$(z) = \dfrac{得点 - 平均値}{標準偏差}$
②偏差値 $= z \times 10 + 50$
③偏差IQ $= z \times 15 + 100$

■テストワイズネス（test-wiseness）
　「多肢選択問題で選択肢の長い文章を選ぶ」といったテスト特有の手がかりを利用して得点を高める能力のこと。テストの妥当性を低める要因として指摘されている。

◆村山航　2006　テストへの適応―教育実践上の問題点と解決のための視点―　教育心理学研究54(2)，pp.265-279

■成就値
　成就値は，〈学力偏差値－知能偏差値〉で求め，「－」の場合がアンダーアチーバー，「＋」がオーバーアチーバーである。ただし，この式では，知能の高い（低い）者は成就値が低く（高く）なる傾向がある。この点を改善した新成就値は，実際の学力偏差値と，知能偏差値から統計的に予測される学力偏差値との差を求める。

1　学習面のアセスメントの意義

　子どもの学校生活の中心は学習である。そのため，学習面での課題達成は子どもの「強さ」になる反面，課題達成の困難は危機状況になりやすい。また，心理・社会面や進路面の問題とも複合しやすいことからも，子どものアセスメントには学習面は欠かせない。

2　学習面のアセスメントの内容と方法

　学習面のアセスメントでは学力，知能に加え，学習を支える認知，情緒，行動の各側面についての情報を収集する。

（1）学力

　近年，オーセンティック評価という評価観のもと，学力測定には多様な方法が提案されているが，最も定着している方法はテスト法である。テストには教師自作テスト，市販テスト，標準学力検査がある。このうち，教師自作テストは指導内容に即した学習成果を調べることができる。一方，集団準拠の標準学力検査では偏差値が算出されるので，学校の枠を超えて全国規模での学力の水準を知ることができる。なお，テストの結果を解釈する際は，子どものテストワイズネス（村山，2006）についても留意する必要がある。

（2）知能

　知能検査は，背景にある知能理論に基づいて下位尺度が構成されており，全体的知能水準（IQ）とともに，知能の諸側面を測定することができる。さまざまな種類があるが，実施形態から個別式と集団式に大別される。個別式は発達障害のある子どもに対する精密なアセスメントで使用され，下位尺度によって

知能の個人内差（認知の偏り）を知ることができる。一方，集団式の結果は，標準学力検査の結果との比較（成就値）によって，知能から期待される学力を示さない子ども（アンダーアチーバー／学業不振）と期待以上の学力を示す子ども（オーバーアチーバー）を推測することができる。

（3）学習を支える諸側面
①認知面：学習についての考え方やビリーフ，学習方略，進路意識など。
②情緒面：学習動機づけ，達成欲求や承認欲求，有能感や自己効力感，教師・学校・学級への感情，テスト不安など。
③行動面：学習習慣，スタディスキル（ノートの取り方，本の読み方，発言の仕方，テストの準備の仕方など），学習規律など。

　いずれについても，心理尺度やチェックリストが多数開発されており，質問紙法や観察法で把握することができる。

3　よりよいアセスメントのために

　学習面を的確にとらえるためには，まず，学習面の発達的様相を知る必要がある。例えば，「10歳の壁」（渡辺，2011）と呼ばれるように，10歳前後で認知能力が質的に変化することや，学習動機づけの構造が小学生と，中学・高校生では異なる（岡田，2010）ことなどである。また，学習面の諸要因を短絡的に関連づけず，媒介変数に着目することを心がけたい。例えば，学習動機づけと学業成績が関連するのは，学習方略が媒介するからという視点である。以上に加え，最新の脳科学の知見を押さえておく必要もある。

（宮本友弘）

■学習動機づけ
　デシ（Deci, E.L.）とライアン（Ryan, R.M.）の提起した自己決定理論では，外発的動機づけは，自己決定性の程度から，①外的調整（例：叱られるから勉強する），②取り入れ的調整（例：恥をかきたくないから勉強する），③同一化的調整（例：重要だから勉強する），④統合的調整（例：やりたいことだから勉強する）の4段階に分類され，これらの段階を経て内発的動機づけ（例：おもしろいから勉強する）に移行するとされている。

◆渡辺弥生　2011　子どもの「10歳の壁」とは何か？　乗りこえるための発達心理学　光文社新書

◆岡田涼　2010　小学生から大学生における学習動機づけの構造的変化─動機づけ概念間の関連性についてのメタ分析　教育心理学研究58(4), pp.414-425

C 学校心理学を支える心理教育的援助サービスの方法と技法　1 心理教育的アセスメント
＊子どもと子どもを取り巻く環境の理解

4-b ［心理教育的アセスメントの領域］心理・社会面のアセスメント

■類型論と特性論

人々の性格をとらえるやり方は，大別すると類型論と特性論に分けられる。

性格を「ある一定の原理に基づいていくつかのタイプに分類し，理解しようとする方法」を類型論といい，性格の全体像を直感的に把握できることがメリットになっている。

特性とは個人がさまざまな状況の中で一貫して示す性格の傾向のことで，特性論とは，「性格は特性を数値化して組み合わせることで表すことができる」とし，個々の特性を数値化し，その総和を性格として考える。

■主要5因子（ビッグファイブ）
1. 開放性（Openness）
   どれだけ開かれているかを表す特性。
2. 誠実性（Conscientiousness）
   自己統制力やまじめさを表す特性。
3. 外向性（Extraversion）
   社交性や活動性，積極性を示す特性。
4. 協調性（Agreeableness）
   利他性，共感性，やさしさに近い特性。
5. 神経症傾向（Neuroticism）
   敏感さ，不安や緊張の強さを意味する特性。
   （本書 p.87参照）

1 自分とのつき合い方・他者とのつき合い方

心理面のアセスメントでは，子どもの現在および過去の，情緒の状況，考え方の特徴，言語の特徴，行動の特徴など，子ども自身の心のありようについて情報を集め，検討する。子どもが，自分自身とどのようにつき合っているかという側面を検討するのが，心理面のアセスメントであると言える。

社会面のアセスメントでは，子どもと現在および過去の，他者・他者集団との関わり方，置かれた環境との関わり方について，その特徴や適合性，スキルの習得状況などの情報を収集し，検討する。子どもが自分以外の人たちとどのように関わっているかという側面を検討するのが社会面のアセスメントである。

自分と，そして他者と，どうつき合い関わっているのかを検討するにあたっては，聞き取り（面接）・観察・検査などのさまざまな手法によって情報収集を行うことができる。ここでは特に，有用な検査の例をあげてみたい。

2 子ども自身について探る

子どもの心のありようについて知るためには，その子どものさまざまな声に耳を傾けることが大切である。また，いくつかの質問紙は普段気づかなかったさまざまな情報を提供してくれる。

ビッグ5は，性格について万人に共通して表せるのは，①開放性，②誠実性，③外向性，④協調性，⑤神経症傾向の五つの特性であるとし，その量的比較することで性格をとらえようとしている。NEO-PI-Rや5因子性格検査はこのビッグ5を測定する質問紙である。

交流分析の理論に基づいて考案された検査に，東大式エゴグラム（TEG）がある。自我状態をＰ・Ａ・Ｃの三つの部分，五つの軸で表し，性格特徴と行動パターンを見る。パターンは絶対的なものでなく変化すると考える。

NEO-PI-Rや5因子性格検査，東大式エゴグラム（TEG）の各尺度の得点パターンは性格と行動の理解促進に活用できる。

3　子どもと他の関わりを探る

子どもたちにとって，生活の基盤となる家庭や，多くの時間を一緒に過ごすことになる学級や学校での人間関係は重要である。このため，社会面のアセスメントには関係者からの聞き取りや場の観察などを丁寧に行うことが非常に重要になる。また子ども自身の社会的適応機能について情報を得，具体的に必要な支援の検討に役立てることができる。

日本版ヴァインランドⅡ（辻井・村上，2014）は，保護者などの本人の生活状態をよく知る人が，半構造化面接において質問に回答することで，適応機能の四つの主な領域（コミュニケーション領域，日常生活スキル領域，社会性領域，運動スキル領域）と，特定の不適応行動の頻度・強度を測定する。

ASA旭出式社会適応スキル検査（肥田野，2012）は，子どもの様子をよく知っている保護者などが192項目の質問を読んで，できるかできないかを回答することで，四つのスキル（言語，日常生活，社会生活，対人関係）について，同年齢域の子どもたちと比べ，どのくらいのレベルであるかを見ることができる。

楽しい学校生活を送るためのアンケートQ-U（河村，1998）や，アセス（学級全体と児童生徒個人のアセスメントソフト）（栗原・井上，2013）は子どもと学級集団，学級集団内の関係性などの情報を得るのに役立つ。　　（今田里佳）

■交流分析
　アメリカの精神科医エリックバーンは「首尾一貫した行動のパターンと直接関連している，感情と経験の首尾一貫したパターン」である自我状態を仮定し，構造分析，やりとり分析，ゲーム分析，脚本分析を基本理論とした心理療法を提唱した。

■交流分析による自我状態
Ｐ（親の自我状態）：幼少期に養育者の価値観を取り入れた部分で，CP（Critical Parent：批判的な親）とNP（Nurturing Parent：擁護的な親）の２軸で示される。

Ａ（大人の自我状態）：客観的な事実・情報に基づいて合理的な判断を下そうとする。

Ｃ（子の自我状態）：幼年期の自分の感じ方，考え方を反映している部分で，FC（Free Child：自由な子）とAC（Adapted Child：適応的な子）の２軸で示される。

◆辻井正次・村上隆監修　2014　日本版ヴァインランドⅡ　日本文化科学社

◆肥田野直監修　2012　ASA旭出式社会適応スキル検査　日本文化科学社

◆河村茂雄　1998　楽しい学校生活を送るためのアンケートQ-U　図書文化

◆栗原慎二・井上弥　2013　Excel2013対応版　アセス（学級全体と児童生徒個人のアセスメントソフト）の使い方・活かし方　自分のパソコンで結果がすぐわかる　ほんの森出版

C 学校心理学を支える心理教育的援助サービスの方法と技法　1 心理教育的アセスメント
＊子どもと子どもを取り巻く環境の理解

4-c ［心理教育的アセスメントの領域］進路面のアセスメント

■進路発達
　進路選択と適応に関わる過程を発達的なものととらえて発達段階を区切り，それに対応した発達課題を提示する考え方。

◆坂柳恒夫・竹内登規夫　1986　進路成熟態度尺度（CMAS-4）の信頼性および妥当性の検討　愛知教育大学研究報告35（教育科学編），pp.169-182

◆中央教育審議会　2011　今後の学校におけるキャリア教育・職業教育の在り方について（答申）

■基礎的・汎用的能力
　人間関係形成・社会形成能力，自己理解・自己管理能力，課題対応能力，キャリアプランニング能力の四つからなる，社会的・職業的自立，学校から社会・職業への円滑な移行に必要とされる包括的な能力概念。

◆高知県教育センター　2014　キャリア形成アンケート小・中学校版
http://www.pref.kochi.lg.jp/soshiki/310308/2014061600084.html

◆坂本万礼・別役千世・山岡晶　2015　キャリア教育の充実に向けた教育課程や指導方法の工夫改善についての研究　平成26年度高知県教育センター紀要

■進路選択過程に対する自己効力感
　進路選択過程に対する自己効力感とは，ある特定の分野を自分の進路として選択する過程そのものについて，どの程度自信をもっているのかという認知を指す。

◆今西一仁　2001　進路についての自己効力感を育てる心理教育授業の研究　学校・教科教育実践研究 I 研究論集第5集　高知大学大学院教育学研究科，pp.1-4

1　進路面のアセスメントのねらい

　学校心理学における進路面へのアセスメントは，子ども個々が進路課題に取り組む過程で直面する問題やそのときの危機の状況についての情報の収集・分析を通して，援助の方針や計画を立てるために行う。
　3段階の心理教育的援助サービスで整理すると，一次的援助サービスでは，すべての子どもが進路課題に取り組むうえで必要とする進路選択スキルの発達状況を把握する。二次的援助サービスでは，配慮を要する子どもとその問題状況の程度についてのアセスメントを行う。また，三次的援助サービスでは，進路選択過程において情緒的に深刻な混乱状態に陥っている特定の子どもを対象に，個別的な援助計画を立て，状況に応じてチーム援助を行うために，彼らの問題状況や危機の程度についてのアセスメントを行う。

2　アセスメントの視点

　学校心理学では，進学先や就職先の決定そのものではなく，この決定の基盤となる生き方・生きる方向の選択過程への援助をめざすためのアセスメントが必要になる。

（1）進路発達・進路成熟

　進路面への援助サービスの基本がすべての子どもの進路発達を促す点にある以上，子どもの進路発達度へのアセスメントが必要になる。坂柳・竹内（1986）は，中高生の進路発達・進路成熟の実態を把握するために進路成熟態度尺度（CMAS-4）を作成しており，進路成熟が高まると進路選択・決定へのレディネスも高まると考えられている。また，キャ

リア教育における基礎的・汎用的能力（中央教育審議会, 2011）もアセスメントの視点になる。測定尺度では，キャリア形成アンケート（小中学校版：高知県教育センター, 2014　高校版：坂本・別役・山岡, 2015）などがある。

（2）進路選択過程に対する自己効力感

子どもの進路選択過程についての自己効力感が高まると進路選択行動に積極的な態度を示し，明確な進路決定につながると考えられている。測定尺度については，中学生を対象として今西（2001），高校生を対象として浦上（1993），大学生を対象として冨安（1997）らが作成している。

（3）進路不決断

子どもの進路選択を援助するためには，進路が何に決まったかという認知的側面だけでなく，どのように決まっていないのかという情緒的側面にも焦点を当てる必要がある。

測定尺度については中学生を対象としては清水（1990），高校生を対象としては今西（2001），大学生を対象としては下山（1986），浦上（1995）らが作成している。

3　効果的なアセスメントのために

アセスメントの方法としては，観察，検査・調査，面接などがあげられる。それぞれ利点・欠点があり，アセスメントの対象やその問題状況などに応じて複数の方法を組み合わせて行うことが望ましい。ただし，そうしたアセスメントは資料や道具の一つであって，子ども自身がその結果を自分の中にどう位置づけていくのかという視点が不可欠である。さまざまな活動や経験を通して，子どもが主体的で自律的な自己理解を深めていく過程をサポートすることが，進路面の効果的な援助につながると言える。

（今西一仁）

◆浦上昌則　1993　進路選択行動についての心理学的考察―自己効力理論を用いて―　進路指導研究14, pp.52-56

◆冨安浩樹　1997　大学生における進路決定自己効力と進路決定行動との関連　発達心理学研究第8巻第1号, pp.15-25

■進路不決断

自分の進路が決まっていない状態のことである。子どもにおいて，将来の進路に対して決断を行っていない状態自体は問題ではなく，むしろ進路を選択していくためには，不可避で，過渡的な過程と言える。だが，フリーターの増加など若者をめぐる進路不決断の状況も大きく変わってきており，進路の問題を抱えている子どもの情緒的な側面について個別にアセスメントし，それに対応した相談が今こそ求められている。また，浦上（1995）は，進路選択に対する自己効力感に対して，それを高揚させるような介入を行うことにより不決断状態の改善を促すことが可能であると指摘している。今西（2001）は，未成熟，進路不安，進路決断軽視，進路決断延期，安直・他律といった五つの構成要素を設定し，これらの関連を明らかにすることで，子どもの進路選択過程について多面的なアセスメントができると指摘している。

◆今西一仁　2002　高校生の進路不決断傾向についての研究　学校・教科教育実践研究Ⅱ研究論集第5集　高知大学大学院教育学研究科, pp.1-4

◆清水和秋　1990　進路不決断尺度の構成―中学生について―　関西大学社会学部紀要第22巻第1号, pp.63-81

◆下山晴彦　1986　大学生の職業未決定の研究　教育心理学研究34(1), pp.20-30

◆浦上昌則　1995　女子短期大学生の進路選択に対する自己効力と職業不決断―Taylor & Betz（1983）の追試的検討―　進路指導研究16, pp.40-45

C 学校心理学を支える心理教育的援助サービスの方法と技法　1 心理教育的アセスメント
＊子どもと子どもを取り巻く環境の理解

4-d ［心理教育的アセスメントの領域］健康面のアセスメント

◆文部科学省　2002　児童生徒の心の健康と生活習慣に関する調査

◆満留昭久　2011　子どもの心のSOSと身体症状　教育と医学59(2), pp.66-71

◆江花昭一　2007　心身医学の基礎知識（三木とみ子・徳山美智子編　健康相談活動の理論と実際　ぎょうせい, pp.39-45）

■心身症
ストレス反応が個体の身体的な脆弱性や不適切なコーピングと結びつくと心身症が発症する。身体の病気の症状が、心理的ストレス過程で悪化し、ストレスが低下すれば改善するという特徴がある。

■過換気症候群
不安や緊張などの心理的な要因によって、呼吸中枢が過剰に刺激され、呼吸数が多くなり、血中の二酸化炭素濃度が減少する。その結果、動悸、息切れ、息苦しさ、胸痛などの症状を呈する。

■過敏性腸症候群
大腸粘膜の知覚過敏や、腸管運動の機能障害によって、腹痛や下痢、便秘などの便通異常をきたす。排便によって腹痛が改善するのが特徴である。

■起立性調節障害
自律神経（交感神経・副交感神経）機能の失調により、血圧が低下し、脳血流や全身への血行が維持できず、立ちくらみやふらつきなどの多様な症状を呈する。

■緊張型頭痛
頭や首、肩の筋肉の緊張によって起こる頭痛である。悪心や嘔吐などの随伴症状はほとんどないが、頭痛の頻度や程度によってはつらい状態が続くこととなる。

1 心身両面からのアセスメント

子どもは、心身の発達途上にあり、自分の状態を理解し言語化することが難しい。よって、悩みやストレスを身体的な訴えや症状として表出することが多く見られる。

文部科学省の調査（2002）では、児童生徒の「身体的訴え」が、「不安傾向」「自己効力感の低下」「ストレスと関連する問題行動」の三つと関連が高いことについて報告されている。心と身体の密接なつながり（心身相関）を考慮し健康面についてのアセスメントを行うことが求められる。

2 健康面のアセスメントのポイント

（1）幅広い情報収集

健康面のアセスメントでは、心身の健康状況、体格や体質、既往症、生活習慣、健康維持行動など、子どもの健康面に関する情報を幅広く集め、問題状況について検討する。

（2）ストレス反応の把握

心理的なストレスによって、身体・心・行動面にさまざまな反応（ストレス反応）が表れる。満留（2011）は、心のSOSがストレス反応として出現するとし、代表的な反応をあげている。身体の反応としては、頭痛や腹痛、寝つけない、食欲がない、体がだるいなどがある。心の反応としては、緊張、不安、恐怖、イライラ、落ち込み、無気力感、意欲低下などがある。行動の変化としては、落ち着きがない、怒りっぽい、習癖（チック、爪かみ、抜毛、自傷行為）、暴力行動などがある。これらのストレス反応を早期にキャッチし、アセスメントを行うことが重要である。

（3）心身症の理解

長期にわたってストレス反応にさらされた場合などは，大脳辺縁系の機能障害が起こり，多様な身体症状が出現する。これらの総称を心身症と呼ぶ。江花（2007）は，子どもに多い心身症として，過換気症候群，過敏性腸症候群，起立性調節障害，緊張型頭痛，摂食障害などをあげている。心身症を正しく理解し，健康面のアセスメントを適切に行うことが必要である。

3 健康面のアセスメントから援助サービスの実践へ

学校では，毎年すべての子どもを対象に健康調査（保健調査）が実施されている。健康調査を，健康面のアセスメントツールとして活用し，3段階の心理教育的援助サービスの充実を図ることが可能である。

一次的援助サービスとしては，子どもが健康調査を記入することで，子どもの自助資源に対する気づきや発見を促進することができる。調査内容には，一般的な症状のチェックに加えて，自由に記入できるスペースを設けると，子どもの自助資源の開発にもつながる。

二次的援助サービスとしては，健康調査からスクリーニングした子どもを対象に，個別のフォローアップを行うことができる。子どもの訴えや症状に応じて，面接相談の設定，専門機関へのリファーなど，援助の充実を図る必要がある。

三次的援助サービスとしては，健康調査の結果から，特に援助ニーズの高い子どもを対象としたチーム援助の実践がある。精神疾患や発達障害など，医療を必要とするケースが増加しており，校内外の関係者によってチーム援助を継続することが不可欠となっている。

（相樂直子）

■摂食障害

拒食症と過食症がある。特に拒食症は，中高生の女子に多く見られる。食行動の異常，自分の体重や体型に対する認知の障害，体重の増加や太ることへの強い恐怖感があり，治療期間も長くかかる。

■健康調査の裏面の活用例

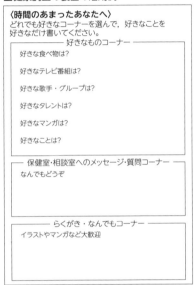

子どもの自助資源の発見を促進するために，調査用紙の裏面などに，子どもが自由に記入できるスペースをつくる。

◆相樂直子 2013 養護教諭によるコーディネーション（石隈利紀・藤生英行・田中輝美編 生涯発達の中のカウンセリングⅡ サイエンス社，pp.234-256）

C 学校心理学を支える心理教育的援助サービスの方法と技法　1 心理教育的アセスメント
＊子どもと子どもを取り巻く環境の理解

5 学級集団のアセスメント

1　学級集団のアセスメント

　従来，教育現場におけるアセスメントは，個別援助が必要な児童生徒に対して，援助的介入をするための方針を作成するためになされることが多かった。そのプロセスで，環境面に関する情報を収集するために学級集団のアセスメントが行われたのである。

　しかし，2000年前後から，授業をはじめとして教育活動が学級を単位として実施できないという，"学級崩壊"の問題が深刻化し，援助対象が担任教師で，学級経営に対する援助が求められる場合が著しく増加してきた。さらに近年，全国学力・学習状況調査が再開され，児童生徒の学力向上をめざして，学級集団の状態に見合った授業の展開など，学級集団の状態自体のアセスメントが積極的に行われるようになってきた。

　つまり，学級集団のアセスメントは，個別の支援が必要な児童生徒の，学級という環境との折り合いを検討するための手段としてなされるだけではなく，教師が学級経営のあり方を検討するために，学級集団の状態のアセスメントを目的として実施するケースが増加しているのである。本稿では後者に焦点を当てる。

2　学級集団をアセスメントする方法

　学級集団の状態をアセスメントするための情報を収集する方法として，観察法，面接法，質問紙法の三つの方法がある。併用することで偏りのないアセスメントができ，より有効な対応方針の資料を作成することができるのである。

◆河村茂雄　2012　学級集団づくりのゼロ段階　図書文化

◆河村茂雄　2014　学級リーダー育成のゼロ段階　図書文化

■Q-Uとは，児童生徒の学校生活の満足度を調べる質問紙で，標準化された心理検査である。標準化とは，検査の妥当性・信頼性を確保するために，実施条件・方法，採点，結果の解釈等について厳密な基準が定められていることを指す。Q-Uは，「学級満足度尺度」と「学校生活意欲尺度」の2つから構成されている。
　児童生徒が所属する学級集団に居心地のよさを感じるのは，(1) トラブルやいじめなどがなくリラックスできている（＝被侵害），(2) 自分がクラスメイトから受け入れられ，考え方や感情が大切にされていると感じられる（＝承認），という2つの側面が満たされたときである。学級満足度尺度は，この2つの視点を基に，児童生徒の学校生活への満足感を測定して得点化する。そして，結果解釈の方法としては，それを座標軸にしてできる4群のどこに児童生徒がプロットされているかを見ていくのである。

学校現場では前二者の活用は多いが、質問紙法の活用は少なく、かつ、学級集団の状態のアセスメントに活用できる質問紙は少ない。代表的なものは次のものである。

（１）ソシオメトリックテスト

特定の場面において測定の対象となる人が、その活動をだれと一緒にしたいか、あるいはしたくないか、を問うことによって、対人的な「好き-嫌い」を明らかにし、その構造を整理することによって、メンバー間の好意的・拒否的な関係、インフォーマル構造とその中での各メンバーの地位、対人関係から見た集団の凝集性、などを把握することができる。

（２）学級風土のアセスメント

次頁「学級風土のアセスメント」を参照のこと。

（３）「たのしい学校生活を送るためのアンケートQ-U：QUESTIONNAIRE-UTILITIES」（小・中・高・専門学校・大学用）

Q-Uは標準化された心理検査であり、2014年度は全国で490万人を超える児童生徒、学生に実施され、県や市・町のすべての学校で一斉に実施されるケースが増えてきた。

Q-Uは児童生徒たちの学級生活の満足度と学級生活の領域別の意欲・充実感を測定し、不登校になる可能性の高い児童生徒、いじめ被害を受けている可能性の高い児童生徒、各領域で意欲が低下している児童生徒、を発見することができる。あわせて、学級内の児童生徒の満足度の分布状態から学級集団の状態が判定（河村, 2012, 2014）でき、学級崩壊の予防・学級経営の指針に活用することができる。

（河村茂雄）

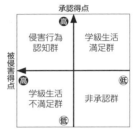

■学級満足度尺度の４つの群（河村ほか, 2016）

①学級生活満足群　「被侵害得点」が低く、「承認得点」が高い状態である。この群の児童生徒は、学級に自分の居場所があると感じており、学級での生活や活動を意欲的に送っていると考えられる。

②非承認群　「被侵害得点」と「承認得点」がともに低い状態である。この群の児童生徒は、学級に関する強い不安を感じている可能性は低いが、クラスメイトに認められることが少ないと感じている。学級での生活や活動への意欲低下が見られることも少なくない。

③侵害行為認知群　「被侵害得点」と「承認得点」がともに高い状態である。この群の児童生徒は、学級での生活や活動に意欲的に取り組んでいるが、自己中心的に進めてしまい、クラスメイトとのトラブルが生じていることがある。また、深刻ないじめを受けていることも考えられる。

④学級生活不満足群　「被侵害得点」が高く、「承認得点」が低い状態である。この群の児童生徒は、学級に自分の居場所があるとは感じられず、学級での生活や活動に不安や緊張をもちやすい状態にある。耐えがたいいじめを受けている可能性がある。

◆河村茂雄ほか　2016　組織で支え合う！学級担任のいじめ対策：ヘルプサインと向き合うチェックポイントとQ-U活用法　図書文化社

C 学校心理学を支える心理教育的援助サービスの方法と技法　1 心理教育的アセスメント
＊子どもと子どもを取り巻く環境の理解

6 学級風土のアセスメント

■学級構造と学級雰囲気

　学級構造は，構造として学級の人間関係等をとらえるものであり，ソシオメトリックテストにより，学級成員の好意関係の布置や密度としてとらえられてきた（田崎・狩野，1985）。学級雰囲気は，比較的短期的に感じられる学級の雰囲気であり，SD法によって測られてきた（吉崎・水越，1979）。

◆田崎敏昭・狩野素朗　1985　学級集団における大局的構造特性と児童のモラール　教育心理学研究33(2)，pp.177-182

◆吉崎静夫・水越敏行　1979　児童による授業評価—教授行動・学習行動・学習集団雰囲気の視点より　日本教育工学雑誌4(2)，pp.41-51

■欧米での学級風土質問紙

　欧米の学級風土質問紙の代表に，CES (Classroom Environment Scale ; Trickett & Moos, 1995) と LEI (Learning Environment Inventory ; Fraser, Anderson & Walberg, 1982) がある。前者は，コミュニティ心理学の視点から人間に多様な影響を及ぼす環境の性質をとらえる一連の風土質問紙の一つであり，後者は，理科教育改革の効果研究を目的に開発された。両者ともにアジアを含む各国で使用されている。

◆Trickett, E. J. & Moos, R. H. 1995 *Classroom Environment Scale manual: Development, applications, research* (3rd ed.) Paloalto, CA,; Consulting Psychologists Press.

◆Fraser, B. J., Anderson, G. J. & Walberg, H. J. 1982 *Assessment of Learning Environments: Manual for Learning Environment Inventory (LEI) and My Class Inventory (MCI).* Perth; Western Australian Institute of Technology.

1 学級環境がもつ個性「学級風土」

　「静かだが優しい雰囲気のただよう学級」「エネルギーにあふれているが，一つの方向に向かうのは苦手な学級」など，各学級には，個々の子どもの個性を超えた，学級全体としての比較的持続する性質がある。こうした個性を総合的にとらえる概念が学級風土 (classroom climate) である。

　欧米の主要な風土の定義を概観すると，学級風土は，個人の性格にあたる「学級の性格」と考えられる（伊藤・松井，1998）。人の性格（学級なら学級風土）は，ある印象（学級雰囲気）をもたらし，その背景に特有の人格構造（学級構造）をもつ。学級風土は諸要素の総合として現れる人の性格にあたる総合的な学級の性格なのである。

2 学級風土アセスメントの方法

　個人への介入に個人アセスメントが欠かせないように，学級への介入や教師への支援に学級アセスメントは欠かせない。

　学級風土アセスメントの一方法として，中学校での面接観察と欧米の質問紙を基に日本版の生徒用学級風土質問紙（伊藤・松井，2001）が作成されている。「関係性」「個人発達と目標志向」「組織の維持と変化」の各領域に次の8尺度57項目が設定されている。下位尺度として，行事への熱心さや学級への関心などを問う〈学級活動への関与〉，男女の仲のよさを含む友人関係の親密さを問う〈生徒間の親しさ〉，グループ化など組織レベルの不仲を問う〈学級内の不和〉，学級全体の楽しさを問う〈学級への満足感〉，対教師を含む自

己開示のしやすさを問う〈自然な自己開示〉，授業への集中などの〈学習への志向性〉，〈規律正しさ〉，〈学級内の公平さ〉である。21校85学級のデータで標準化した各尺度得点で学級風土を図示でき，それを媒体に教師とスクールカウンセラーなどが風土を具体的に検討できる。学級のエゴグラムのイメージである。

このほか，学級介入のための質問紙には，「楽しい学校生活を送るためのアンケートQ-U」(河村, 1999) がある。学級の生徒を〈学級生活満足群〉，〈学級生活不満足群〉，〈侵害行為認知群〉，〈非承認群〉，〈要支援群〉に分類し，学級を学級構造の面からとらえ，学級崩壊等への介入がめざされている。

3 学級アセスメントによるコンサルテーション

子どもたちが長時間触れる学級風土の影響は大きく，また学校では個人への支援にも学級への配慮が欠かせない。学級風土質問紙結果を媒体に，教師間あるいは教師とスクールカウンセラーが学級の実情を見つめられれば，子どもたちの潜在的な援助ニーズを知り，教師の実践知から学級への新たな介入方針を見いだせる (伊藤, 2003, 小野寺・河村, 2003)。アセスメント結果は評価ではなく，なぜ子どもたちがそう感じているかを考え教師間に共通認識をつくる検討資料であり，教育サービスを計画する基盤となる。

学校心理学では，環境の中にいる子どもの援助に焦点を当てる。教師への支援や学校現場を生かす援助に，学級アセスメントと学級支援は有力である。

(伊藤亜矢子)

◆伊藤亜矢子・松井仁 2001 学級風土質問紙の作成 教育心理学研究49(4), pp.449-457

◆伊藤亜矢子・松井仁 1998 学級風土研究の意義 コミュニティ心理学研究 2(1), pp.56-66

◆河村茂雄 1999 楽しい学校生活を送るためのアンケートQ-U（中学生用） 図書文化

■学級風土とメンタルヘルス
学級風土は子どもたちの情意や学業成績とも関連することが多くの先行研究から明らかにされている（伊藤・松井, 1998）。

◆伊藤亜矢子 2003 スクールカウンセリングにおける学級風土アセスメントの利用－学級風土質問紙を用いたコンサルテーションの試み 心理臨床学研究21(2), pp.179-190

◆小野寺正己・河村茂雄 2003 「K-13法」による学級づくりコンサルテーション カウンセリング研究36(1), pp.91-101

C 学校心理学を支える心理教育的援助サービスの方法と技法　1 心理教育的アセスメント
＊子どもと子どもを取り巻く環境の理解

7 子どもと環境の折り合いのアセスメント

◆近藤邦夫　1994　教師と子どもの関係づくり―学校の臨床心理学　東京大学出版会

◆近藤邦夫　2002　学校臨床学への招待―教育現場への臨床的アプローチ　嵯峨野書院

■子どもと環境との折り合い

ある/ない	ない	ある	担任との関係	環境と折り合っている場
			家庭	
			学校外の施設	
			学校以外の学校施設	
			学級	

図　田上　1999　から一部変更
子どもと環境との折り合いがよい場合は○印を，折り合いが悪い場合は▲印をつける。

◆田上不二夫　1999　実践・スクールカウンセリング―学級担任ができる不登校児童・生徒への援助　金子書房

1　子どもと環境の折り合いとは

　子どもの成長や問題は，学校の中で，学級の中で，あるいは教師との関係の中で発生する（近藤，1994，2002）。学校心理学においては，「個人としての子ども」を見ると同時に，「環境（社会）の中にいる子ども」を見る。つまり「人間の行動は，個人の要因と環境の要因の相互作用によって生じる」という生態学的なモデルを重視する。そして子どもと環境が適合した状況になり，子どもの発達課題や教育課題への取り組みが促進されることが望まれる。子どもと環境の適合がうまくいかないとき，子どもは不登校（人から離れる）や暴力（人に攻撃する）などの行動に出ることがある。つまり心理教育的アセスメントにおいて，子どもと環境の適合が重要な焦点となる。

　子どもと環境の適合を理解する際，田上（1999）が行動論の立場から提供する「子どもと環境の折り合い」という概念が有用である。田上は，不登校の子どもを援助するとき，子どもと環境の折り合いに注目する。折り合いのアセスメントには，①子どもが自分にとって意味のある行動ができているか，②楽しい時間を過ごしているか，③人間関係をもっているか，の3つのポイントがある。

　そして不登校の子どもの援助において，子どもの学級での折り合い，学校の学級以外の場所での折り合いをアセスメントを行い，地域で折り合いのよい場所を探す。

2　子どもの行動スタイルと環境の要請行動の折り合い（マッチング）

　近藤（1994）は，子どもの学習スタイルと

教師の教授スタイル，子どもの行動スタイルと学級や学校での要請行動の折り合い（マッチング）に焦点を当てる。マッチングのずれが小さいときは子どもの成長のチャンスであるが，大きいときは子どもの成長を妨げる。

（1）学習スタイル

学習スタイルは多様であるが，代表的なものに①言語型（言葉のやりとりで学習する）－操作型（絵，図を使ったり，物を操作して，学習する），②聴覚型（耳で聞く学習）－視覚型（目で見る学習），③継次処理型（情報を一つずつ順番に処理する）－同時処理型（情報を全体的にまとめて処理する）がある。子どもには得意な学習スタイルがある。また大人は自分の得意な学習スタイルで教えることが多い。子どもが学習で苦戦しているとき，子どもの得意な学習スタイルと教授スタイルのマッチングのアセスメントが必要である。

（2）行動スタイル

子どもには，友達とのつき合い方，休み時間の過ごし方，ストレス対処の方法，自己表現の方法，援助を求める方法など，さまざまな行動において，自分のスタイルがある。学級で求められる行動（要請行動）が，自分の行動スタイルとマッチングのずれが大きいとき，子どもは苦戦する。

3　子どもと環境の折り合いへの援助

心理教育的援助サービスでは，子どもが環境に折り合う力を育てるという側面と環境が子どもに折り合うよう柔軟性を伸ばすという側面がある。子どもの感情やスキルに焦点を当てると同時に子どもの行動スタイルや学習スタイルを生かす環境作りが大切である。

（石隈利紀）

■「子どもの学習スタイル，行動スタイル」と「教授スタイル，学級・学校の要請行動」の組み合わせの例

事例1：小学2年生のダイサクは，国語の時間が苦痛になり，登校しぶりが始まった。

〈折り合いのアセスメント〉
ダイサクの学習スタイル：漢字を部分と全体から理解すること（同時処理）が得意で，書き順（継次処理）が苦手
担任のハナコ先生の教授スタイル：書道が得意で書き順（継次処理）を重視した漢字指導をする

〈学習スタイルに応じた援助案〉
①ダイサクに対して書き順の間違いを許容するとともに，漢字の形に注目する授業をも取り入れる。
②そのほかの教科でも，全体の情報をまとめて処理する同時処理をも指導様式として取り入れる。

事例2：小学5年生ヒトミは，5年生になり新しい担任（タロウ先生）になってから，元気がない。特に昼休みがつらそうである。

〈折り合いのアセスメント〉行動スタイル
ヒトミの行動スタイル：お休みは一人でゆっくりしたい。読書好きで運動が苦手。
タロウ先生の要請行動：学級の子どもに活動的に育って欲しくて，昼休み全員をドッジボールに誘う。

〈行動スタイルに応じた援助案〉
①担任はお昼休みの過ごし方で，ドッジボール，図書館，教室など選択肢を設ける。
②お昼休みは，一人で過ごしてもよいことにする。
③担任はヒトミの読書感想文を発表する機会を設けて，ヒトミの活動性を高める。

学校心理学を支える心理教育的援助サービスの方法と技法　1　心理教育的アセスメント
＊子どもと子どもを取り巻く環境の理解

8 援助サービスシステムのアセスメント

1　学校組織と援助サービスをとらえる

　学校組織で子どもを育む援助サービスは，教師やその他の構成員により，内容（カウンセリング・コンサルテーション・コーディネーション，ガイダンスカリキュラムなど），組織的枠組み，資源などさまざまな要素が相互に作用して行われるきわめて複合的な「プログラム」である。その評価には，教育相談・生徒指導・特別支援教育・キャリア教育等の活動を包括的に把握する必要がある。先駆的取り組みとして，米国スクールカウンセリングにおけるプログラム評価の枠組みを援用する（ASCA, 2012 ; Gysbers & Henderson, 2012）。

2　心理教育的援助サービスの内容

　システム評価では，まず援助サービスの内容を包括的視点でとらえる。学校心理学の観点（心理・社会面，学習面，進路面，健康面）を網羅し，実態把握に基づき，発達段階に即して適切に適用されているかを検討する。次にプログラムのアセスメント手順を示す。
① 心理教育的援助サービスの範囲や理念が，校内外の関係者に共通理解されているか
② 一～三次支援の各段階で心理教育的援助サービス実施の環境・手続きが整っているか
③ 包括的成果の共有・見直しの機会があるか
④ 担当者が定められ，サービス推進者の役割内容と，中心的な人材が配置されているか
⑤ 校内外の援助資源の共有・更新がなされているか（可能なら予算計画も含むとよい）
⑥ 子どもが守るべき規範が示されているか
⑦ 予防・開発的にカリキュラムに基づくガイダンスが行われ，成果が上がっているか

■ガイダンスカリキュラム
　すべての子どもに向けた心理教育的援助サービスのシステムを検討する際には，カリキュラムなどにより系統的に予防開発的視点に基づくアプローチが行われているかについてのアセスメントも行われるのが好ましい。わが国では，特別活動をはじめさまざまな教育活動に，学校適応とともに，将来の社会適応に役立つ教育内容が含まれている。学校課題への対応のみならず，獲得すべき能力の全体像をとらえることで，トータルな成長のために担当者が補うべき教育活動を知る手がかりが得られる。

■プログラムの評価
　以下の項目で児童生徒への支援を検討する。
心理・社会面：心の強さや他との適切な関わり方の理解を促進する取り組み。
学習面：学びの促進のための方法・活動の向上の取り組み。
進路面：自己成長を促進する自他の理解・資質向上や中・長期的計画に向けた取り組み。
健康面：健全な成長への支援と自己管理・自助力向上の取り組み。

■サービスの評価
　以下の方法等でニーズに基づく支援を行う。
カウンセリング：直接的援助。教師による教育相談やスクールカウンセラー（SC）による相談
コンサルテーション：間接的援助。教師─保護者，養護教諭─教師，SC─管理職など，専門性の異なる者による直接的援助者の支援。支援領域を異にする者どうしの相互コンサルテーションも含む
コーディネーション：援助の調整。ニーズに基づき資源を活用してトータルな視点で行う援助の統合と機能化

3 心理教育的援助サービスの枠組み

(1) ニーズに基づく支援
　援助サービスシステムが機能しているとき，心理教育的援助サービスのプログラムは課題の大きさに沿い，支援の手続きが明快に示されている。具体的には，課題のある子どもを把握し，適切な支援を行うために全体をスクリーニングし，誰により，どのような流れで支援が行われるかが，関係者の間で明らかになっているかを検討する。

(2) 心理教育的援助サービス体制の構築
　プログラム自体が健全に動くには，マネジメントの観点が重要である。学校適応援助のためのプログラムは子どもたちの成長を促進させられる内容であるか，プログラムの管理責任を関係者（管理職，生徒指導・教育相談・特別新教育などの担当者）の間で共有できているか，システム支援に校内外の援助資源を組み込めているかという観点から評価し，プログラムの健全な営みを総合的に検討する。

4 心理教育的援助サービスのリソース

　最後に，各スタッフが心理教育的援助サービスにおいて担う役割が，本人たちにも利用者にも明確に示されていることによって，システムが長期にわたり安定して機能することが可能になる。
　その背景には必要な人材が担う役割を果たすための財源の確保と，学校を取り巻く支援機関としての，都道府県および市町村教育委員会と教育事務所がこれらの方向性に適切に示唆を与えることが望ましい（西山，2012）。
　これらが包括的に機能している教育機関において有効な支援が行われやすい状況が整う，と言うことができる。

　　　　　　　　　　　　　　（西山久子）

■自身の学習と将来に向けた計画立案
　義務教育を経て，学齢期を終えるまでに，子どもが自らの人生設計を具体化していけるよう，徐々に計画立案をする力をつけることが好ましい。
　課題を抱えた子どもは，専門家の支えにより，個別の教育支援計画・指導計画を組み立てることになっている。これに対して，本人の強みや希望を反映させることが重視されている。これらを可能にするために，適切な評価・自己理解のための活動・情報提供などを，学校全体として取り組むことが有用である。

■専門性向上のための取り組み例
　米国をはじめ学校心理学やスクールカウンセリングが発達している国・地域の多くでは，特に学校をフィールドとして活動する専門職集団が組織化され，職能団体が自らの活動内容を高めるために機能している。
　例：NASP（米国スクールサイコロジスト協会），ASCA（米国スクールカウンセラー協会）

C 学校心理学を支える心理教育的援助サービスの方法と技法

2 カウンセリング ＊直接的な援助サービス

1 カウンセリングとは

1 カウンセリングの定義

カウンセリングとは，人と人の関わりを通した援助活動である。学校心理学では，カウンセリングを3段階で定義する。

① （狭義）カウンセラー（専門的ヘルパー）等の専門家による，問題解決の援助をめざした面接。

② （やや広義）教師（複合的ヘルパー）やカウンセラーによる，子どもへの直接的な援助的関わり。

③ （広義）子どもが学校生活を通して，さまざまな課題に取り組む過程で出会う問題状況や危機状況の解決を援助し，子どもの成長を促進する援助サービス

①は「面接」，②は「カウンセリング的な子どもとの関わり」，③は「学校カウンセリング」と言われるもので，心理教育的援助サービスとして定義したものである。

2 カウンセリングにおける3種類の関わり

カウンセリングを教師やスクールカウンセラーによる子どもへの直接的な援助的関わりとやや広義にとらえるとき，相談的関わりだけでなく，ソーシャルサポートなどを含む新しいモデルが必要となる。カウンセリングの扱う内容や技法については，カウンセリング心理学（本書 pp.2-3参照）が参考になる。本節では，心理教育的援助サービスにおけるカウンセリングの枠組み（石隈, 1999, 2006）として，クラーク・ムスターカスの Being-In, Being-For, Being-With のモデルを紹介する。

■心理教育的援助サービスにおける直接的援助サービス

心理教育的援助サービス（③）には，直接的援助サービス（②）と間接的援助サービス（例：コンサルテーション）とがある。直接的援助サービスに関する図を示す。

（石隈, 1999。以下，この項目の図版は同じ）

◆石隈利紀 2006 寅さんとハマちゃんに学ぶ：助け方・助けられ方の心理学〜やわらかく生きる6つのレッスン 誠信書房

（1）Being-In・・・理解者として分かる

Being-In とは「Being-In Your World」であり，「援助者が子どもの世界に入る（入れてもらう）」という意味である。援助者が子どもの世界に浸り，子どもの生活と感情について，子どもの内的世界から，共感的に理解しようとすることである。

（2）Being-For・・・味方として支える

「Being-For（You）」は，「援助者が子どものための存在する」という意味である。援助者が，困難な状況に子どもと一緒に立ち向かい，子どもの味方として役に立つように関わることである。

（3）Being-With・・人間として共に生きる

援助者が，自分も一人の人間として子どもに関わることがある。「Being-With（You）」は，「あなたと私は一人の人間として対等にともに生きる」という意味である。具体的には，援助者の子どもに対する自己開示，自己主張，対決などが含まれる。子どもが苦戦しているとき，援助者の弱いところの自己開示は子どもを元気にすることがある。

3 危機における援助

子どもの危機状況における援助的関わりは，子どもとの信頼関係を基盤とした活動であり，他の関わりと共通点が多い。特に，傾聴し共感的理解をめざす関わりは共通する。しかし，同時に危機における援助は独自の特徴をもつ。特に危機における援助では，子どもの心の揺れを小さくして，情緒的均衡を取り戻すことがめざされる（本書pp.222-223参照）。子どもが情緒的混乱を生き抜くために必要であれば，援助者への「一時的な依存」により得られる安心感は有用である。一方，通常の関わりでは，子どもがなるべく自分自身で意志決定を行うよう援助する。

（石隈利紀）

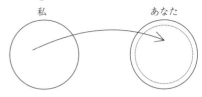

■ Being-In

■ Being-For

Being-For の実践には，4種類のサポートが参考になる。
①情緒的サポート：声をかける，励ます
②情報的サポート：役立つ情報を与える
③評価的サポート：評価（肯定，意見，基準との比較など）をフィードバックする
④道具的サポート：子どもが使える道具（質問できる場所や時間）を提供する

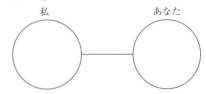

■ Being-With

◆Moustakas, C. 1995 *Being-in, being-for, being-with*. Northvale, NJ: Jason Aronson.

2 カウンセリングと一般意味論

◆井上尚美・福沢周亮 1996 国語教育・カウンセリングと一般意味論 明治図書

◆ハヤカワ,S.I.著,大久保忠利訳 1985 思考と行動における言語 原書第四版 岩波書店

◆福沢周亮 1995 改訂版 言葉と教育 放送大学教育振興会

1 一般意味論の定義

一般意味論（general semantics）は，コージブスキー（Korzybski, A.）により創始され，この語は，その著『科学と正気』（Science and sanity）の副題「非アリストテレス的体系と一般意味論への入門」（An introduction to non-Aristotelian systems and general semantics）で最初に用いられた。

その定義には，ラポポート（Lapoport, A.）による「人々がいかに言葉を用いるか，また，その言葉が，それを使用する人々にいかに影響を及ぼすかについての科学である」や，ハヤカワ（Hayakawa, S.I.）による「人々がその周りのシンボルや記号に反応する種類を比較研究する学問である」がある。

「一般意味論」として，意味論に"一般"がつけられているのは，いわゆる意味論が言語や論理の枠の中で扱われているのに対し，広く人間の言語行動全般を対象としているところからきている（福沢，1995）。

2 一般意味論の原理

コージブスキーは三つの原理をあげている。①非同一（non-identity）の原理（例：地図は現地ではない）——ことばは，それが指示するものそのものではないということ。②非総称（non-allness）の原理（例：地図は現地のすべてを表すものではない）——ことばをどんなにたくさん重ねても，述べようとする事実のすべてを表すことはできないということ。③自己反射（self-reflexiveness）の原理（例：地図は自己反射的である）——地図についての地図をつくることができるという意味

で，ことばでもってことばについて語ることができるということ。

これらの中で中心になるのは「非同一の原理」で，この考え方が一般意味論の考え方を端的に示している。ことばはことばで表そうとしている事実そのものではないため，すなわち「抽象の段階」が異なるため，すべてを表すことはできないというのである。

3　カウンセリングと一般意味論との関係

一般意味論の考え方は，カウンセリングや心理療法（例：論理療法）を行うための基礎的能力として有効に働くと考えられる。クライエントの思考を検討して，それについての抽象の段階を明確にすることが，意味論療法（semantic therapy）の目的の一つだからである。

例えば，「太郎はわがままである」のようにクライエントの認知像が表明されたとき，「それはいくつかの思考の段階を経てきた結果だ」「そこには類推や感想が入ったりする」「"である"で結んであるため，"わがまま"というレッテルを際立たせてしまうという問題をもっている」といった問題を一般意味論では認め，クライエントに対して，以下のような思考活動が行われることをねらった働きかけをする。すなわち，「実際の出来事とその叙述を区別する」「改めて出来事について検討する」「太郎についての認知像を変える」等である。そして，クライエントの，太郎に対する態度の変容を期待するのである。また，「……である」ではなく，「……という一面がある」のような叙述に変えるように働きかけるのも一つの方法とされている。これにより，太郎には"わがまま"な面のみではなく他の面もあることを暗に知らせて，クライエントの思考が実像に近づくとするのである。

（福沢周亮）

■**抽象の段階**（levels of abstraction）
　ある事実とそれに対応することばとは異なる水準にあること，また同一事実に対応するいくつかのことばの中にも抽象の水準に違いがあることを示している。コージブスキーの構造の微分，ハヤカワの抽象のはしごで示された概念である。

■**外在的意味**（extensional meaning）**と内在的意味**（intensional meaning）
　一般意味論では，意味を外在的意味と内在的意味に分け，さらに，内在的意味を通達的内包と感化的内包に分ける。外在的意味は非言語的世界にあるが，内在的意味は頭の中に想起しているものである。

■**通達的内包**（informative connotation）
　社会的に同意された非個人的な意味のことである。

■**感化的内包**（affective connotation）
　「おとうさん」の語と「パパ」の語は，通達的内包は同じであるが感化的内包は異なると一般意味論では考える。あることばを聞いて人々が心の中に浮かべるイメージや感情的雰囲気のことである。

■**ことばの魔術**（word magic）
　ことばを発信した者にとっても受信した者にとっても，ことばの意味の感情的な面が強調されすぎていたり，論理的な判断や推論が歪められてしまっている言語表現の影響のことで，その中心的な働きをするのは感化的内包である。

C 学校心理学を支える心理教育的援助サービスの方法と技法　2 カウンセリング
＊直接的な援助サービス

3 教師によるカウンセリング

■4種類のヘルパー
①専門的ヘルパー：心理教育的援助サービスを主たる仕事として専門的に行う者のこと。学校教育ではスクールカウンセラーが担うことが多い。
②複合的ヘルパー：職業上の複数の役割に関連させながら、その一つあるいは一側面として心理教育的援助サービスを行う者のこと。学校教育では教師にあたる。
③役割的ヘルパー：役割の一つあるいは一側面として心理教育的援助を行う者のこと。学校教育では子どもにとっての保護者がこれにあたる。
④ボランティア的ヘルパー：職業上や家族としての役割とは直接関係なく、子どもや教師、保護者にとって援助的な関わりを自発的にする者のこと。学校では子どもの友人などが、地域まで含めると子どもと地域で関わってくれる大人（例：アルバイト先の店長）などがこれにあたる。

■学校教育相談活動
　学校教育相談活動は学校教育活動の一環として行われるものである。その中核は教師によるカウンセリングであったが、ほかにコンサルテーション、コーディネーションがあり、近年は後者の重要性が増している。そのほかにも、校内研修会や事例研究会の企画、広報活動なども重要である。
　また、学校教育相談活動は、問題を抱えた生徒に対する「治療的教育相談（問題解決的教育相談）」と、問題を早期に発見し未然に防ぐ「予防的教育相談」、能力を積極的に伸ばす「開発的教育相談」に分類されている。これは、学校心理学では、特定の子どもに対する三次的援助サービス、一部の子どもに対する二次的援助サービス、すべての子どもに対する一次的援助サービスに該当する。

1 教師によるカウンセリング活動の展開

　教師によるカウンセリングは、教師全員が行う活動と「相談係」が行う活動とに分けられる。石隈（1999）は、心理教育的援助サービスの担い手を4種類のヘルパーに分類しているが、教師一般は「複合的ヘルパー」として、さまざまな仕事の一側面として援助サービスを行うことが多い。相談係や養護教諭、特別支援教育コーディネーターなどの教師は「専門的ヘルパー」に近い活動をすることも多い。

　教師によるカウンセリングは「学校教育相談」と呼ばれる。外部からのスクールカウンセラー（SC）導入以前は、各都道府県の教育センターなどでかなりの日数を割いて研修会が開催され、その修了者が係として実際の個別教育相談なども行っていた。現在では、関係者がチームを組んでさまざまな援助やサポートを行う方向（チーム援助）に変化してきている。

2 教師によるカウンセリングの特徴

　教師は生徒たちと日常生活の場を共有している。そのことから、次のようなメリットが考えられる。①情報の入手が早い、②早期発見と早期対応が可能、③援助資源が豊富で、連携が取りやすい。

　しかし、教師によるカウンセリングはデメリットもある。①評価する者・される者という関係で本音が言いにくい（多重関係）、②日頃からの教師と生徒の人間関係が反映しやすい（岡田啓司（1993）の「教育的関わりの四類型」参照）、③教師の日頃からの指導力も関係す

ることがある，などのことが影響してくることがある。

SCと比較すると，次のような特徴もある。①個人面談だけでなくグループ面談もやりやすい，②呼び出し相談やチャンス相談，家庭訪問という形態も取りやすい，③どこの学校にも定期面談が設定されている，④手紙や電話，メールなどで連絡が取りやすい。

外部からSCが入って教育相談も変化し，その役割が軽減された感もある。しかし，上記のような内容を考えると，すべてをSCに任せてコーディネーターに徹することはできない。自らの生徒への教育的関わり方を見つめ直しながら，相互コンサルテーションや連携，役割分担などに基づくチーム援助をより一層重視して活動することが大切である。

3　学校心理学から見た教師のカウンセリング

石隈（1999）によれば，学校教育相談と学校心理学は大変近い領域である。相違点は，学校心理学ではSCという専門的ヘルパーを重視する点，援助サービスとして学習面を強調する点，障害のある児童生徒への援助サービスの理論と方法をもつ点などがあげられている。これらの内容はすべて，現在の学校教育において欠かすことのできない状況になってきている。教師は，援助サービスを学校教育の一環として行いながら，すべての児童生徒を対象として，取り巻く環境の援助資源であるさまざまな機関，人々をパートナーとして最大限に活かしながらサポートしていきたいものである。

（伊澤成男）

■ 教育的関わりの四類型

「権力的関わり」は，子どもを強制的に力で服従させる関わり方である。子どもがそれに従うかどうかは罰や見返りの報酬などによって決まる。「権威的関わり」は，子どもが自主的に教師の行為を模倣するものであり，強制して得られるものではない。この二つの関わり方は縦の関係である。

「受容的・呼応的関わり」は，子どもを対等な人間として見て，子どもの立場に立って，考え方や感じ方を共感的に理解していこうとする関わり方である。「認知葛藤的関わり」は，対等な他者として，お互いの異質な考えを主張し合う関わり方である。この二つの考え方は横の関係である。

思春期以降の子どもたちには，その発達の程度に応じてそれぞれの関わり方が必要である。

	縦の関わり		
安定・調和的関わり	権威的	権力的	対立・葛藤的関わり
	受容的・呼応的	認知葛藤的	
	横の関わり		

図　教育的関わりの四類型 （岡田, 1993）

◆岡田敬司　1993　かかわりの教育学　ミネルヴァ書房

◆石隈利紀　1999　学校心理学—教師・保護者・スクールカウンセラーのチームによる心理教育的援助サービス　誠信書房

◆参考図書
文部科学省　2010　生徒指導提要

C 学校心理学を支える心理教育的援助サービスの方法と技法　2 カウンセリング
＊直接的な援助サービス

4 スクールカウンセラーによるカウンセリング

1 直接的な心理教育的援助サービス

　スクールカウンセラー（SC）は，平成7年度から「活用調査研究委託事業」として公立学校への配置が始められ，規模を拡大しつつ配置が継続されている。平成26年度の学校保健統計調査によれば，小学校の58.6％，中学校の91.8％，高等学校の78.7％に配置されている（不定期配置を含む）。

　SCは，学校心理学においては専門的ヘルパーとして位置づけられる。主な役割は，心理教育的アセスメント，カウンセリング，教職員・保護者・学校組織へのコンサルテーションなどである。

　SCによるカウンセリングは，子どもへの直接的な心理教育的援助サービスの一つである。従来のカウンセリングでは，特別な援助ニーズをもつ子どもへの三次的援助サービスが強調されてきた。しかしSCにも，一次的援助サービスや二次的援助サービスを提供することが期待されており，「チーム学校」ではその期待は大きくなる。

2 学校という場とSC

　カウンセリングは，従来，非日常的な場で行われてきた。しかし学校という場は，子どもの日常生活の場である。つまり，SCのカウンセリングは，内・社会体系内での専門家による直接的援助であると位置づけられる（近藤，1994）。学校という場の特徴に合わせたカウンセリングのあり方が求められる。

　また，学校では集団としての子どもに対して，集団としての教職員が関わるというスタイルで指導や援助が行われている。援助ニー

■専門的ヘルパー
　学校心理学の立場では，援助者は専門的ヘルパー，複合的ヘルパー，役割的ヘルパー，ボランティア的ヘルパーの4種類に分類される。専門的ヘルパーは，心理教育的援助サービスを主な仕事とする者である（本書p.12参照）。

■内・社会体系での直接的援助
　近藤（1994）は，心理学的な援助を援助者の位置と援助の方法という二つの視点から，4種類に分類している。内・社会体系とは，被援助者が所属する社会体系であり，ここでは，子どもが日常生活を送っている学校という場である。SCもそこに所属し，子どもと直接に関わることができる。なお，内・社会体系での間接的援助の例は，援助チームの話し合い，外・社会体系での直接的援助の例は，教育相談所での子どもへのカウンセリング，外・社会体系での間接的援助の例は，教育相談所での学校の教職員へのコンサルテーションである。

◆近藤邦夫　1994　教師と子どもの関係づくり―学校の臨床心理学　東京大学出版会

ズが高く，個別の関わりが必要な子どもに対しても，複数の援助者が援助チーム（石隈・田村，2003）を組織して関わっていくことが求められる。

このように，学校では，ある子どもに対して複数の関わりがなされていることが通常である。SCのカウンセリングもその中の選択肢の一つであり，その他の関わりと並行して行われることもごく当然である。

3　実践上の工夫

従来の心理療法のような子ども個人の内的世界に深く関わっていくようなアプローチは，学校という日常の場では，心理的なダメージや混乱につながる危険性がある。深めていくのではなく，学校の日常生活を支えるカウンセリングが原則である。問題そのものをなくそうとするのではなく，問題状況への取り組みを通して子どもが成長していけるように支援することが求められる。

実際，子どもからの相談は，友人関係の悩みなどの日常の問題が大半である。こうした話題に，丁寧に関わっていくプロセスで，子どもの成長を支えていくことが期待される。

また，ニーズの高い子どもの場合，援助チームによって援助が行われる。そのため，一人の子どもには，複数の援助者が関わっていることが多い。この場合には，学級担任や他の教職員などのSC以外の援助者から既にどういった働きかけを受けているのかを子どもから教えてもらうことが実際的である。子どもにとっては，他者との関係を振り返り整理することにもつながり，子ども自身が援助資源を活用することの第一歩となる。子どもが援助を活用しつつ問題状況に取り組むことを支えていくことが重要である。

（半田一郎）

◆石隈利紀・田村節子　2003　石隈・田村式援助シートによるチーム援助入門―学校心理学・実践編　図書文化

■援助資源

子どもが問題状況を解決し，成長していくためには，子ども自身のもつ自助資源と，環境に存在する援助資源を活用していくことが重要である（石隈，1999）。援助資源は，子どもの課題への取り組みや問題解決に援助的な機能をもつ人的・物的資源である。クラスや部活の友人や学級担任などの教職員は学校内の援助資源である。教育相談所のカウンセラーや祖父母は地域の援助資源である。

© 学校心理学を支える心理教育的援助サービスの方法と技法　②カウンセリング
＊直接的な援助サービス

⑤-a ［カウンセリングの方法］ クライエント中心療法

1　クライエント中心療法の原則

　クライエント中心療法は、わが国の学校教育相談に最も大きな影響を与えたアプローチの一つである。その最大のポイントは、カウンセラーとクライエントの共感的で受容的な関係そのものに置かれている。すなわち、①クライエントのこころの全体性のどの部分にも積極的な関心を向けるとともに、②クライエントの微妙なこころの動きを共感的に理解してその理解をフィードバックし、③同時にまた、クライエントの話に耳を傾けることによって生じていく、カウンセラー自身の内面の動きをその瞬間瞬間に意識し、必要とあらばそれを伝えていく、といった作業によってつくられていく「関係そのもの」こそ、治療的な人格変化のための中核条件である、と考えるのである。

2　教師-生徒の共感的関係

　ロジャーズは、心理療法における先の「中核条件」は、教師が生徒の自己成長を促進するための最も重要な条件でもあると考えた。
　先の三つの条件を備えた教師-生徒関係こそ、生徒の自己成長を支える最も重要な条件である、と考えられているのである。すなわち、①この先生は私のこころの全体性をそのまま尊重してくれる、私の努力家で優等生的な側面ばかりでなく、私の怠惰な面や攻撃的な面もそのまま認め尊重してくれる、②この先生は私のこころの動きを私自身の視点に立って内側から理解してくれる、しかもその理解を確かめようとしてくれる、③この先生は、私の話を聞いたときに生じたこころの動きを

■治療的人格変化のための必要十分条件
　ロジャーズ（Rogers, C. R.）(1957) は、クライエントの建設的な人格変化のためには、以下の条件が充たされることが必要であり、かつ、それで十分だと考えた。
①二人の人間が心理的接触をもっている。
②クライエントは不一致の状態にあり、傷つきやすい、もしくは不安の状態にある。
③セラピストは、関係の中で一致しており、統合されている。
④セラピストはクライエントに対して、無条件の積極的関心を経験している。
⑤セラピストはクライエントの内的照合枠を共感的に理解しており、かつその理解をクライエントに伝えようとしている。
⑥セラピストによる共感的理解と無条件の積極的関心が最低限は伝達されている。

◆Rogers, C. R.　1957（伊東博編訳　1966）パースナリティ変化の必要にして十分な条件　ロジャーズ全集第4巻『サイコセラピィの過程』所収　岩崎学術出版社

隠すことなく率直に伝えてくれる，と思える。そうした教師との関係である。

3　こころのスペース（空間）の提供

では，そのような教師との関係は，生徒たち，とりわけ学校や学級に不適応を起こしがちな生徒たちにとってどのような意味をもつのだろうか。それは，一言で言えば，そうした生徒が安心してその場にいることのできるスペース（空間）の提供であると言えるのではないだろうか。不適応傾向のある生徒の多くは「この学校には，私の居場所がない」と感じている。そんな生徒でも，その教師のそばに行くと，なぜかそれだけでホッとできる雰囲気がある。「ここにいてもいいんだな」と思える。そんな「心のスペース（空間）」を提供すること。それが，学校で居心地の悪さを感じている生徒のために教師ができる最大のことである。

4　クライエント中心療法の誤解

クライエント中心療法については，いまだに「指示をしない方法」だとか，「アセスメントをしない方法」だといった誤解がある。これらはこの方法の本質に関わるものでは全くない。重要なのは，「生徒がどこに向かえばいいか，それを最もよく知っているのは生徒自身の内なるこころの声である。したがって教師は，生徒が自分の内側に耳を傾け，それに従っていくよう支援すべきだ」という自己指示的な原則である。生徒が自分の内なる声に耳を傾けるために，教師による積極的な介入が求められることもある。「ただひたすら聴く方法」ではないことに注意されたい。

（諸富祥彦）

■アスピーとローバック（Aspy, D. & Roebuck, F.）が中心となって行ったNCHE（The National Consortium for Humanizing Education）の調査によれば，ロジャーズの言う「無条件の積極的関心」「共感的理解」「一致」といった促進条件を高度に充たした教師が担当する生徒は，以下のような傾向を示したという。①欠席率の低下，②自己概念尺度の得点の向上，③学力検査の得点の上昇，④規律上の問題の減少，⑤破壊行為の減少，⑥知能指数の向上，⑦創造性得点の上昇，⑥より自発的で水準の高い思考。また，いわゆる学業不振の生徒についても，促進的な教師のもとでは，欠席や自己概念や知能指数，学力検査などの点で改善が見られた（Rogers, C. R. 1983〈伊東博監訳　1985〉新・創造への教育2　人間中心の教師　岩崎学術出版社，p.141）。

◆諸富祥彦　1999　学校現場で使えるカウンセリング・テクニック（上）（下）　誠信書房

◆諸富祥彦　1996　「クライエントセンタード」概念の再検討－カウンセリングの実践原理として　カウンセリング研究29(2)，pp.110-119

◆諸富祥彦　2010　はじめてのカウンセリング入門（下）ほんものの傾聴を学ぶ　誠信書房

◆諸富祥彦　2014　図とイラストですぐわかる教師が使えるカウンセリングテクニック80　図書文化

Ⓒ 学校心理学を支える心理教育的援助サービスの方法と技法　② カウンセリング
＊直接的な援助サービス

⑤-b ［カウンセリングの方法］**論理療法**

1　出来事のとらえ方

　同じ出来事がおこっても，それによって悩み落ち込む人と，そのことが特に気にならない人がいる。さてどこが違うのだろうか。自分の性格が考えすぎるタイプなどと理解してあきらめている人もいるだろう。落ち込むのは性格の問題ではなく，「思い込み」であると考える。この「思い込み」は変えることができる。

　このような個人の思考スタイルに焦点を当てて，行動の変容を考えたのが，アルバート・エリス（Ellis, A.）の論理療法である。論理療法は，認知行動療法の源流の一つと言われている。

2　基本は ABCDE 理論

　論理療法は ABCDE 理論で説明ができる。
　A（activating event）とは，その後の反応をおこす原因となる出来事のことである。例えば低い評価を受けたとか，試験に落ちたとか，事実をカメラで見ているように客観的にとらえる出来事である。
　B（belief）とは，信念や考えを言う。この考えには2種類あり，自己妨害的で不合理な考え（イラショナル・ビリーフ）と健康的で合理的な考え（ラショナル・ビリーフ）がある。
　イラショナル・ビリーフは，だれからも愛されたいとか，すべての人は自分にやさしくすべきなど，不合理でその考えが自分を苦しめる場合を言う。
　ラショナル・ビリーフとしては，こうなればいい（願望），不運ではあるが耐えられる，

◆アルバート・エリス　國分康孝・石隈利紀・國分久子訳　1996　どんなことがあっても自分をみじめにしないためには──論理療法のすすめ　川島書店

◆國分康孝編　1999　論理療法の理論と実際　誠信書房

■エリス Ellis, Albert
　ペンシルバニア州ピッツバーグで1913年9月に長男として生まれた。4歳からニューヨークに移り，1942年にコロンビア大学院教育研究科臨床心理学プログラムに入学，博士号を取得する。その後ニュージャージー州の州立診断センターの主任心理学者になる。臨床での豊富な経験により，1955年に行動主義や一般意味論，プラグマティズムの影響を受けて，論理療法を設立した。

◆石隈利紀・伊藤伸二　2005　やわらかに生きる──論理療法と吃音に学ぶ　金子書房

■イラショナル・ビリーフの3タイプ
①自分は完璧にできるべきと考え，自分を責めるタイプ
　（自分はなんでもできるべきである）
②他の人が親切でないのでできないと考え，他人のせいにするタイプ
　（他の人は私を見て，適切な援助をすべきである）
③暑い（寒い）からできなかったと考え，環境のせいにするタイプ
　（勉強に集中するには，部屋は最適であるべき）

自分も間違うことがあるなど，合理的な考えで目標に向かってがんばれる場合を言う。

C (Consequence) とは，出来事からどんな感情が湧いたのか，どのような行動をとったのかということである。

D (Dispute) とは論駁（ろんばく）（不合理な考え方に対して，すじ道をたてて反論）することである。

論駁（ろんばく）には三つのステップがある。①今までとは違う考え方をしてみる。②今までとは違った感じ方をしてみる。③今までとは違った行動をしてみる。

E (Effect) とは効果のことで，論駁（ろんばく）の後でイラショナル・ビリーフがラショナル・ビリーフに変化し，合理的な考えになり，日常の行動に変化が現れることを言う。

3　論理的な考えをするために

論理的に考えるためには，五つのポイントがある。
①気晴らしでごまかさない（悩んでいるので遊びに行く，音楽を聴くなどをしても気分を紛らすだけで，より深い悩みを生む）。②自分の問題には必ず代わりの解決策がある。③深く考えすぎない（必ず次の日はくるもので，たとえ不運に見舞われても，それは決して世の終わりではない）。④自分を完全な人間と思わない。⑤人に期待しすぎない。

4　教師・生徒に論理療法を使うには

気分がすぐれなかったり，もやもやした気持ちになったら，論理療法練習用シートを使ってみよう。今の嫌な気持ちの出来事を明らかにし，ビリーフの修正を行うのである。最初はビリーフが見つからないかも知れないが，書くことで整理されると考えられる。

（鈴木由美）

■論理療法がめざすもの

目標をもつことである。人は幸せになるという目標をもち，それに向かい小さなテーマを決めて，達成していく努力が重要であると考えている。目標が達成されるかされないかは問題ではなく，目標（小さなテーマ）に向かって努力することが大切なのである。

■教師が抱くイラショナル・ビリーフとは
- 学級経営は向上が基本である。
- 児童を規律ある態度にさせる必要がある。
- 教育・生活指導にはある程度の厳しさが必要である。
- 過ちには一貫した毅然たる指導が必要である。
- 児童は担任教師の指導を素直に聞く態度が必要である。
- 教師と児童は親しい中にも毅然たる一線を保つべきである。　　　　　（河村・田上，1998）

◆河村茂雄・田上不二夫　1998　教師の指導行動・態度の変容への試み(2)　カウンセリング研究31(3)，pp.270-285

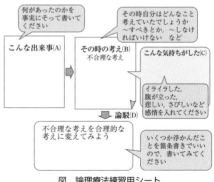

図　論理療法練習用シート

C 学校心理学を支える心理教育的援助サービスの方法と技法　**2** カウンセリング
＊直接的な援助サービス

5-c ［カウンセリングの方法］**行動療法**

■ほめる

「いい子だね」とパーソナリティーをほめると，子どもに「いい子でいなければいけない」と思わせたり，「俺はそんなにいい子ではない」と子どもを不安にさせたりすることがある。「すごいねえ」と優れていることをほめられると子どもの自信にもなるが，「人より優れていなければならない」と思わせることもある。

それに対して，「助かったよ」ということばは，「自分は人の役に立った」と子どもの自信につながりやすいし，人より優れている必要もない。また「一緒にいて楽しかった」と伝えるのは，「人を喜ばせることができた」という自信となる。そして，人の役に立つとか人と楽しむというのは，自分にとっても気持ちよい体験である。

論外なのは，「〜をあげるから，○○しなさい」と報酬で子どもを釣ることである。報酬目当てに無理して行った行動は，報酬を手にすればやめてしまう。

1　行動療法とは

行動療法とは行動心理学の学習理論に基づいた臨床心理学の理論と援助技法の体系である。行動療法では，不適応行動は未学習（適切な行動を学習していない），誤学習（不適切な行動が学習された），過剰学習のいずれかであると考えている。そして行動療法の特徴は，実証的に効果が検証された多数の技法が用意されていることである。

不適応行動を修正する行動変容の原理は三つある。パブロフのイヌを使った唾液条件づけに代表される古典的条件づけ，行動の直後に起こった報酬や罰によって直前の自発的行動が増加したり減少したりするオペラント条件づけ，人の行動を観察することで行動変容が起こるモデリングである。

行動療法は行動変容をめざしているので，精神科や心療内科での医療にとどまらず，スキル訓練やリハビリテーション，支援教育や矯正教育をはじめとして教育分野で広く使われている。

2　主な援助技法

（1）不安の解消

不安を解消するには，不安を起こしている刺激が実際には危険はなく安心してよいことを学習できればよい。そこで不安反応を拮抗制止するリラクセーション，アサーションや身体運動反応によって不安反応がおきないようにして，刺激に安心反応を条件づける。主な技法に系統的脱感作法，アサーション・トレーニング，対人関係ゲームなどがある。

現在では強い恐怖は10分以上続かないこと

が判明しており，系統的脱感作法に代わって，直接恐怖刺激に直面して恐怖感が低減していく体験をするエクスポージャーが多く使われる。"もう大丈夫"という自信が重要なのである。

（2）自発的行動の修正

自発的行動の修正には，応用行動分析と自己コントロールによる方法がある。応用行動分析では，修正する行動が出現する前後の刺激を明確にし，不適切な行動を引きおこす刺激に代えて適切な刺激を選択し，適切な行動が自発したら報酬が手に入るようにして，適切な行動が増えるようにする。

自己コントロールでは，本人が何を望んでいるかを明確にし，その目標を達成するために何をすることが必要かを考え，下位目標を立てて段階的に達成していく。計画どおり行動できたときは記録表に〇をつけ，がんばっている自分を誇りに思うなどの自己強化を行う。

代表的な技法にシェーピング，セルフ・モニタリング，ソーシャルスキル・トレーニング（本書 pp.142-143参照）などがある。

3　行動療法の展開

現在では，行動療法はベック（Beck, A.T.）の認知療法やエリス（Ellis, A.）の論理療法（REBT）（本書 pp.132-133参照）を統合して認知・行動療法として展開している。認知療法は条件づけによらない技法であり，認知・行動療法は条件づけ理論の外に広がったことになる。行動療法は条件づけの枠組みで援助を続けてきたために，認知心理学が主流となってからは心理学と交流できなくなっていたが，認知・行動療法が条件づけ理論の外に広がったことで再び心理学や認知脳科学の成果を取り入れて発展している。　　　（田上不二夫）

■対人関係ゲーム

人間関係を苦手としている子どもは，評価懸念が高かったり，ソーシャルスキルが不足していたり，不安が高かったりすることが多い。それらの問題を解決するために論理療法，ソーシャルスキル・トレーニング，アサーション・トレーニング，エクスポージャーなどの技法が使われる。

対人関係ゲームは，遊びを使い，身体運動反応や発声などによって不安を拮抗制止して人間関係づくりをする技法である。対人関係ゲームによって豊かな人間関係を体験すると，その中で評価懸念が低下し，ソーシャルスキルが身につき，人間関係に対する不安の低減がおこる。

◆田上不二夫　2010　実践グループカウンセリング―子どもが育ちあう学級集団づくり　金子書房

◆認知・行動療法に関する参考文献
ホフマン，S.G. 著，伊藤正哉・堀越勝訳　2012　現代の認知行動療法―CBTモデルの臨床実践　診断と治療社

C 学校心理学を支える心理教育的援助サービスの方法と技法　2 カウンセリング
＊直接的な援助サービス

5-d ［カウンセリングの方法］ブリーフカウンセリング

1　ブリーフカウンセリングの適用

ブリーフカウンセリングの理論の一つである解決焦点化アプローチ（Solution-Focused Approach：SFA）の学校への適用を考える。SFAでは子どもたちのもっている解決している部分や強さを重視する。教師が子どもたちから資源や才能といった原石を見つけ出し，両者が一緒になってそれらを輝く宝石に磨き上げる。SFAは，個別のみならず学級集団単位でも適用できるものである。しかも，才能を開花させる学校教育の目的と合致し，短期・簡潔・効率的に効果が得られるため，学校心理士にとって願ってもないアプローチとなる。

■ SFAの学校への適用

SFAは，学校教育が行われるあらゆる場，あらゆる場面において，すべての子どもたちのあらゆる問題に対し，個別単位でも学級集団単位でも適用することができる心理教育的援助アプローチということができる。

2　不登校や教科学習への適用

市川（2001）は，中学生の不登校の解決にSFAを適用している。まず，①不登校の生徒にどうなりたいかを聞き，教師とともに目標を設定する。次に，②生徒のもつ「既にある解決」をスケーリング質問を使って引き出し，コーピング質問を行い称賛した。その結果，3回の教育相談で終結した。さらに，宮崎ほか（2002）は，英語学習に悩む中学生に，教育相談の場でSFAを適用した。英語学習での「既にある解決」や資源を引き出し，それを称賛した結果，解決への達成度において改善が得られることが明らかになっている。

◆市川千秋　2001　不登校対応における家族への解決焦点化アプローチ　家族心理学年報19，pp.41-53

◆宮崎洋子・市川千秋　2002　解決焦点化アプローチが中学生の英語学習における悩み改善に及ぼす効果　学校カウンセリング研究5，pp.11-16

3　学級集団への適用

SFAの授業や学級活動への適用については，例えば，有門（2004）が，SFAを「男女仲良く」をめざす学級活動に導入し，効果的

◆有門秀記　2004　「男女仲良く」を，学級単位で試みる（市川千秋監修　ブリーフ学校カウンセリング—解決焦点化アプローチ　ナカニシヤ出版，pp.27-39）

な生徒指導を実現している。また，村田（2003）は，小学校の一斉学習方式でSFAを適用した「苦手教科意識克服プログラム」を作成し，クラス単位で実施した結果，児童の教科の苦手意識が改善し，また達成感・有能感・肯定的感情等にも改善が見いだされている。

4 ブリーフカウンセリングを校内共通指導体制で取り組む

市川・大藪は（2001）は，中学校で共通指導体制のもとにSFAの導入を試みている。まず，相談担当が担任，教科担任，養護教諭に対し約1週間にわたるSFAの事前研修を行い，学年全体で共通理解をした。その後，授業中や，掃除時間，放課後の時間帯などで，問題を抱える生徒に試みた。相談担当は養護教諭や担任に対しても個々に抱える問題にSFAの適用を試みた。その結果，①カウンセリング経験のない教師でも実施できる，②どんな場所や時間にも関係なく，あらゆる場で実施できる，③短時間で解決する，④問題に深入りせずに解決できる，⑤教師・生徒ともに，自信・達成感・有能感・自己効力感が高まるなどが明らかになっている。

5 学校への導入をめぐっての課題

SFAの学校への適用が成功するには，全教職員が一致して，子どもの問題に深入りしないで解決に焦点を当てる，いわば「ソリューション（解決）マインド」の態度で臨む必要がある。そして，子どもや教職員の「既にある解決」や資源をいかに活用するかが大切となる。米国では全教職員が子ども・保護者間の連携を図り，解決焦点化学校をめざす試みも見られる（デービスほか，2000）。

（市川千秋）

◆村田由三子　2003　小学校における学級を対象とした解決焦点化アプローチに関する研究―苦手教科意識改善に及ぼす効果　三重大学大学院教育学研究科修士論文

◆市川千秋・大藪美保　2001　中学校における解決焦点化アプローチの活用に関する試み　学校カウンセリング研究4，pp.27-36

◆Davis, T. E. & Osborn, C. J. 2000 *The solution-focused school counselor: Shaping professional practice accelerated development* (市川千秋・宇田光監訳　2001　学校を変えるカウンセリング　金剛出版)

◆川島一晃　2014　ポジティブ心理学に基礎づけられた学校教育現場の「強み」の発見―独特な質問（AI）を用いた実践―　第29回日本学校カウンセリング学会研修会資料

■解決焦点化学校
子どもや学校がもつさまざまな力強さ・資源を引き出し，学校がどうなりうるのか，教職員・家庭・地域のすべての人が力を合わせて資源を活用し，子どものニーズに応える援助サービスを統合的に行う，コンピテンスに基づく未来志向の学校をいう。デービスほか（2000）に詳しく述べられている。

C 学校心理学を支える心理教育的援助サービスの方法と技術　2 カウンセリング
＊直接的な援助サービス

6 個別の学習支援

1　個別の学習支援と学習スタイル

　発達障害のある子どもは，全体的な知的能力水準は平均範囲またはそれ以上にあっても，それを構成する認知能力間に著しいアンバランスがあるために，読み書き，算数等，さまざまな教科学習に困難を示す。このような子どもに対しては，まずは，全体的な知的能力水準と，知的能力を構成するさまざまな認知能力のアンバランス（個人内差）を明らかにするよう，標準化された個別の知能検査により，認知能力のアセスメントを行う。そして，その子どもの認知能力の強弱を考慮した個別の学習支援を行うことが重要である。支援方法には，大きく分けて，短所改善型指導と長所活用型指導がある。短所改善型指導というものは，弱い能力に焦点を当て，その能力の発達を促すことである。そして，個別の学習支援に関しては，特に長所活用型指導を行う。長所を生かすと同時に，認知能力の側面に踏み込み，子どもの認知面の強い能力・弱い能力を把握し，その強い能力（自助資源）を活用するようにする。

2　心理教育的アセスメントと学習支援

　その学習スタイルを把握するために，学校心理士等により，認知能力の特性を測るための知能検査を行う。

　現在，日本で実施できる検査では，WISC-Ⅳなどのウェクスラー式知能検査とルリアのモデルを基本としたDN-CAS，KABC-Ⅱという検査がある。これらの検査の中の各指標や各下位尺度が何を測定し，それらの結果にどのようにアンバランスがあるのかを整理す

表1　WISC-Ⅳの結果と支援方針

指標	指標の意味	指標が高い場合の支援
言語理解	言語概念を形成できる。ことばで聞いたことを長期記憶として保持できる。	聴覚的・言語的な手がかりを使う。
知覚推理	視覚的な情報を適切に判断したり，形として認知したりできる。	視覚的・運動的な手がかりを使う。
ワーキングメモリー	聴覚的な情報を短期に保持し操作することに優れている。	耳から聞かせることが効果的である。
処理速度	単純な作業をこなす集中力が高く，視覚的な情報を短期に保持し操作することに優れている。	目から見せることが効果的である。また，作業課題も有効である。

表2　KABC-Ⅱの認知検査の結果と支援方針

尺度	尺度の意味	尺度の高低による支援
継次処理	一度に一つずつの情報を処理する。	高：継次型指導方略 低：同時型指導方略
同時処理	同時に存在する複数の情報を処理する。	高：同時型指導方略 低：継次型指導方略
計画能力	プランを立てる。問題解決方法を思考する。	高：計画能力を利用 低：考え方や方略を指導
学習能力	対連合学習を行い，学習したことを長期に保持する。	高：さまざまな感覚様式を使用 低：記憶方略を指導

ることによって，基本的な指導方針を立てる。
（1）ウェクスラー検査の情報
WISC-Ⅳにおいては，全検査IQ（FSIQ）および言語理解指標（VCI），知覚推理指標（PRI），ワーキングメモリー指標（WMI），処理速度指標（PSI）という四つの指標が得られる。これらは，表1のような意味がある。
（2）ルリアの考え方による検査からの情報
KABC-Ⅱは，11の認知検査と9の習得検査から構成されている。ルリアの考え方に基づく認知の検査の結果から認知総合尺度，継次尺度，同時尺度，計画尺度，学習尺度の五つの尺度が得られる。また，DN-CASにおいては，全検査および継次処理，同時処理，プランニング，注意の五つの尺度が得られる。これらは，表2，表3のような意味がある。

基本的には，これらの検査の中の継次尺度または継次処理，同時尺度または同時処理，この二つを比較して，強い処理様式に基づいた指導方略を保つことが望ましい（表4参照）。

このようにアセスメントを行い，子どもの学習スタイルを明らかにすることが重要である。それを基に，指導方法の根拠と指導方法を明確にしたうえで支援を行う。その経過は，PDCA（計画（Plan）―実行（Do）―評価（Check）―改善（Act））によってモニターしていく。あくまでも学習する主体となる子どもの学習スタイルが重んじられるべきで，教える側（指導者）の学習スタイルが優先されてはならない。

（熊谷恵子）

表3　DN-CASの結果と支援方針

尺度	尺度の意味	尺度の高低による支援
継次処理	一度に一つずつの情報を処理する。	高：継次型指導方略 低：同時型指導方略
同時処理	同時に存在する複数の情報を処理する。	高：同時型指導方略 低：継次型指導方略
プランニング	プランを立てる。問題解決方法を思考する。	高：計画能力を利用 低：考え方や方略を指導
注意	多くの刺激の中からある刺激に選択的に注目する。	高：集中力や注意の選択力を活かす。 低：刺激の量を調整する。

表4　継次型指導方略と同時型指導方略の内容

	継次型指導方略		同時型指導方略
段階的な教え方	いくつかの指導ステップを経て，指導のねらいを達成するような段階的な指導	全体を踏まえた教え方	指導のねらいの本質的な部分を含んでいるような課題を始めから提示する指導
部分から全体へ	注目させるべき刺激を，始めは部分的に提示し，徐々に全体へ広げて行く指導	全体から部分へ	指導の刺激を一つのかたまりとして始めから一度に提示し，刺激全体をとらえさせてから細部へ移行させていく指導
順序性の重視	番号などを用いながら問題解決への順序を重視した指導	関連性の重視	提示された複数の刺激感の関連性に注目させる指導
聴覚的・言語的手がかり	聴覚的・言語的手がかりを用いて課題解決を図る指導	視覚的・運動的手がかり	視覚的・運動的手がかりを用いて課題解決を図る指導法
時間的・分析的	時間的な手がかりや分析的な手法を用いて課題解決を図る	空間的・統合的	空間的な手がかりを用いたり，統合的な手法で課題解決を図る

◆藤田和弘監修　熊谷恵子・柘植雅義・三浦光哉・星井純子編著
長所活用型指導で子どもが変わる
Part3：認知処理様式を生かす各教科・ソーシャルスキルの指導　図書文化

> C 学校心理学を支える心理教育的援助サービスの方法と技法　2 カウンセリング
> ＊直接的な援助サービス

7 コーチング

1 コーチングの定義

コーチングは,「その人が本来もっている潜在的能力を最大限に引き出すこと」である。「ソクラテスの考えが2000年の時を超えてコーチングという姿で現代に舞い戻ってきた」と英国の心理学者が説明している。その手法は「問答型コミュニケーション」を採り,その考えや手法の理論的基盤は,マクレガーのY理論やマズローの自己実現という人間観と共通している。もちろん,ソクラテスの産婆法も,基本的に「答え」は学習者の中にあるという人間観が基盤にある(山谷, 2013)。

◆山谷敬三郎　2013　学習コーチング学序説　風間書房

2 コーチングのプロセス

コーチングでは,問題解決のプロセスとして,コーチング・フローを用いる。それは,グローモデル(Grow・Model)とも言い,次のようになる。「Grow・Modelは, Goal(目標の明確化), Reality・Resource(現状の把握と資源の発見), Options(選択肢の創造), Will・What(意志の確認・計画の策定)の5段階」であり,それぞれの大文字を用いて表している(Kinlow, D. 1999)。そして,このプロセスに沿って,コーチとクライエントが協働する。

◆Kinlaw, D. 1999 *Coaching for Commitment*. Jossey-Bass/Pfeiffer A Wiley Imprint.

◆Whitworth, L., Kimsey-House, K., Kimsey-House, H. & Sandahl, P. 2007 *Co-Active Coaching*. Davies-Black Publishing.

3 コーチングのコア・スキル

コーチングには中心的なスキルが五つあり,それをコア・スキルと呼んでいる。

(1) 質問のスキル

コーチングでは,「問いかけ」を工夫する。つまり,私たちが日常的に用いている「①拡大質問と特定質問, ②否定質問と肯定質問,

③過去質問と未来質問」の三つの「問いかけ」を対比して有効に用いる。

(2) 傾聴のスキル

コア・スキルの二つ目は「傾聴のスキル」であり，「話の聞き方」を三つのレベルに整理している (Whitworth, L. et, al, 2007)。すなわち，「内的傾聴（耳で聞く）」，「集中的傾聴（口で訊く）」，「全包囲的傾聴（心で聴く）」である。これらは，いずれも人の「話をきく」ことであるが，三つ目のレベル，すなわち「子どもたちの心を理解するように聴く」ことが求められる。

(3) 直観のスキル

コア・スキルの三つ目は「直観のスキル」である。直観とは，「感覚的印象」であり，ある事象や事物に対して，「どうしてかな？」「不思議だな？」などと感じる疑問のような印象のことを言う。また，感動を伴う印象も含まれる。子どもに対して問いを投げかけていくときに，この直観が重要な役割を果たす。

(4) 確認のスキル

「確認する」とは，通常「それが確かであるかどうか，点検する」ことを意味する。コーチングにおける「確認のスキル」とは，子どもの未来や現在，過去に視点を置き，子どもたちの可能性を「確かに認める」ための技術でもある。

(5) 自己管理のスキル

「自己管理のスキル」とは，教師が自分の「何」を管理するかによって，大きく四つのポイントに分かれる。すなわち，「頭の管理」「心の管理」「身体の管理」「時間の管理」である。子どもが自らの中にある答えを自ら見つけることをサポートするために，教師が自らの頭と心と身体を提供し，時間を共有することが大切である。

（山谷敬三郎）

■NLPのプロセス

NLPのエイトフレーム・アウトカムは，次のようにまとめることができる（木村, 2003）。「①今からX年後（場合によっては何ヶ月後），あなたのほしい成果は具体的に何か。②成果が手に入ったら，どのようにあなたは変わるか。③成果は，いつ，どこで，誰と作ることができるか。④それを手に入れるとどうなるか。⑤すでに持っているリソースは何か，さらに必要なリソースは何か。⑥不安，おそれ，制限をかけていることは何か。⑦成果を手に入れることはどのような意味があるか。⑧では，最初にとる行動は何か」というプロセスである。

◆木村佳世子 2010 図解NLPコーチング練習帳 秀和システム

■質問のスキルの具体化

拡大質問は，「開かれた問い」であり，特定質問は，「イエス」や「ノー」で答えられる質問や答えが一つしかない質問のことを言い，いわゆる「閉ざされた問い」である。拡大質問と特定質問を意識して上手に使うことがコミュニケーションの幅を広げる。否定質問は，答えにくい質問である。したがって，否定質問を肯定質問に切り替えることもスキルの一つである。つまり，「何がわかっているのか」「何からならできるのか」という問いかけである。「未来質問」とは，文字どおり「未来形」のことばを含む質問を言う。例えば，「これからどうしたいのか？」とか「それをやるにはどうしたらいいのか？」といった質問であり，子どもたちの目標やめあてを明確にすることができる。そして，「過去質問」は成功体験を想起させる質問であり，子どもたちに自信をもたせることに役立つ。

■確認のスキルの具体化

確認のスキルには，五つの視点がある。すなわち，Specific（具体性），Measurable（測定可能性），Attainable（達成可能性），Realistic（現実性），Time Oriented（時間性・期限性）とJ.ウイットモアは整理している。

◆Whitmore, J. 1992 *Coaching for Performance*. Nicholas Brealey Publishing.

C 学校心理学を支える心理教育的援助サービスの方法と技法　2 カウンセリング
＊直接的な援助サービス

8 ソーシャルスキル・トレーニング

1 ソーシャルスキルとは

　ソーシャルスキル・トレーニングは，病院でのメンタルヘルスの治療としてだけではなく，学校での情緒的問題や対人関係の問題を予防および対応のために用いられている。トレーニング内容である「ソーシャルスキル」とは，円滑な対人関係を築き，維持する技術やコツと考えられる。すなわち，対人関係の問題を個人の性格のせいにするのではなく，基本的には人とうまくかかわるソーシャルスキルが学習されていないととらえる。具体的には，①ソーシャルスキルの未学習（例：「やさしくする」という行動が，具体的にどのような行動なのかを学んでいない），②ソーシャルスキルの誤学習，③知識はあるが実践への動機づけが低い（恥ずかしい，自信がないなど），④環境に応じた実践の不足（状況のモニターができていない），が原因として考えられる。

　したがって，望ましいソーシャルスキルが学べるように，そのスキルを教えることが基本的なアプローチとして考えられる。認知面においては，必要な知識や考え方を学ばせ，行動面においては適切な実践ができるように導いていく。最近では，感情面についても直接トレーニングできるという発想から，感情のリテラシーを育てる方法が活用されている。

　本来，こうしたソーシャルスキルは，乳幼児期から周囲の大人との関係を通して学んでいくと考えられる。ことばによって教えられるだけでなく，親や周囲の人たちの行動を模倣して学び，生活の中で繰り返し学んだことを練習し，失敗や成功経験を通して適切なフ

◆渡辺弥生　2011　子どもの「10歳の壁」とは何か？　光文社

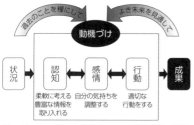

図　ソーシャルスキルトレーニングの流れ（渡辺, 2011 参照）

ィードバックを得て，自分の行動レパートリーに新しいスキルを取り込んでいくプロセスがある。

2 ソーシャルスキル・トレーニングの方法

ソーシャルスキルがどのように獲得されるかというメカニズムから，おおよそ次の四つの方法が考え出されている。①インストラクション（ことばで具体的に説明する），②モデリング（実際にモデルを見せて，模倣学習を実施する），③ロールプレイやリハーサル（実践し，繰り返し練習する），④ホームワーク（学んだことを現実場面に応用する）である。理論的な背景には，認知行動理論，社会的学習（認知）理論，オペラント条件づけ，などの影響がある。個別対応からクラス対応，さらにはスクールワイドの対応で活用可能である。最近は，予防として授業に導入されることが多い。ターゲットスキルには，「あいさつ」「自己紹介」「質問の仕方」「話す」「聞く」「上手に断る」「やさしく頼む」などかなりの数があげられており，具体的な指導案がいろいろ提案されている。

3 具体的な導入にあたっての留意点

導入する際には，子どもたちに必要なターゲットスキルやセッション数などを，適切なアセスメントを行うことが必要である。普段の様子だけではなく，質問紙や観察を通して，必要なソーシャルスキルを明確にすることができる。普段から，子どもたちが集団のワークに緊張しないよう，構成的グループ・エンカウンターを活用していると，子どもどうしや子どもと教師との関係を温かな雰囲気に資することができ，ソーシャルスキル・トレーニングの効果がさらに増すであろう。

（渡辺弥生）

■モデリング

バンデューラ（Bandura, A.）が提唱した代表的な理論として，社会的学習（認知）理論がある。その中で取り上げられているモデリングとは，自分自身が実際にその行動を行って直接強化（外的報酬や罰）を受けなくても，モデルを観察することによって新しい行動を獲得できる学習の仕方である。

■ターゲットスキル

標的となるスキルで，例えば，「上手に断るスキル」は「謝罪のことばを言う（悪いけど）」「理由を言う（今日は，買い物に行かないといけないから）」「きちんと断る（一緒に行けない）」「代案をいう（来週はどう？）」というように，四つの具体的に必要な行動に分けて，学んでいない行動を獲得することを練習することになる。この行動の数や内容は，対象となる子どもたちの発達によって異なる。例えば，さらに望ましいレベルにするには，「相手へ共感を示すことばを言う（一緒に行ってあげたいんだけど）」を加えてもよいであろう。逆に，小学校低学年であれば，謝罪，理由，断りの表明だけで十分かもしれない。目の前の子どもたちのレベルを知ることが大切である。

■構成的グループ・エンカウンター

國分康孝によって，提唱されたサイコエデュケーションである。場面や時間が構成された中で，リーダーが指示したエクササイズを通して，エンカウンターの体験を深めるものである。ここでいうエンカウンターとは，具体的には，自己覚知，感情表現，自己主張，他者受容，信頼感，役割遂行などを通しての自己発見であり，人間関係への気づきである。インストラクション，エクササイズ，シェアリングの構造をとる。

◆國分康孝編著　1992　構成的グループ・エンカウンター　誠信書房

9 ソーシャルエモーショナルラーニング

■ソーシャルエモーショナルラーニング
（Social and Emotional Learning）
略して SEL と呼ばれている。SEL は，より簡潔に「自己の捉え方と他者との関わり方を基礎とした，社会性（対人関係）に関するスキル，態度，価値観を育てる学習」（小泉，2011）と説明されることもある（注："社会性"とは社会的能力を基にした社会との関係性を意味する）。

◆小泉令三　2011　子どもの人間関係能力を育てるSEL-8S 1 ─社会性と情動の学習〈SEL-8S〉の導入と実践─　ミネルヴァ書房

■CASEL
Collaborative for Academic, Social, and Emotional Learning（キャセル）。SELの普及促進を目的としたNPOで，アメリカのシカゴに本部がある。

■学校適応の基礎
社会性が育まれることによって自尊心が高まり，規範意識・行動や学習規律が身につく。それによって，基礎・基本の学習が成立し，さらに応用力を身につけ，学校生活に適応することができるようになると考えられる。

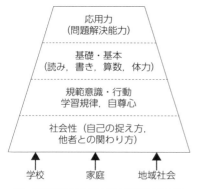

図　学校適応および学力向上の基礎としての社会性（小泉　2015）

1　ソーシャルエモーショナルラーニングとは

社会性と情動の学習とも呼ばれ，アメリカの CASEL という団体によると，「子どもや成人が，情動の理解と管理，好ましい目標の設定と達成，他者への思いやりをもちそれを示すこと，好ましい関係づくりと維持，そして責任ある意思決定について，必要な知識と態度とスキルを獲得し，効果的に実践できるようになる過程」と説明されている。

このための幼児から高校生までを対象にした学習プログラムが，欧米を中心に数多く開発されており，総称として SEL プログラムと呼ばれている。

2　SELのねらいと効果

わが国では，子どもを取り巻く自然環境や社会環境の変化によって，日常生活で同年齢・異年齢の子どもどうしの相互作用や大人との交流を経験する機会が減少している。このため，子どもの人間関係に関する社会的能力が低下し，これが学校不適応の諸問題の根底にあると考えられる。SELは，学校においては学校適応の基礎をなし，社会に出てからは「知識・知性と思いやりと責任感のある健康な市民」を育てることをねらいとしている。

欧米を中心に報告されている，SEL の効果に関する諸研究のメタ分析によって，SELは社会性と情動のスキル，自己および他者への態度，社会的に好ましい行動，そして学力の向上に効果があり，また問題行動や心理的諸問題の改善に資することが確認されている（Durlak, Weissberg, Dymnicki, Taylor, & Schellinger, 2011）

3　わが国のSELプログラム

　SELプログラムの区分に定説はないが，一例としてわが国では，①基盤とする心理学的手法の名称を冠するもの，②特定の問題行動等の予防をめざしたもの，そして③全般的な社会的能力の育成をめざしたもの，といった区分が可能である。

　これらのプログラムの基本は，自己認知と他者認知の促進，セルフ・コントロール力の向上，そして社会的スキルの獲得であり，これらを基に社会的に好ましい価値観にしたがって，発達段階にふさわしい態度・行動を表出できることをめざしている。

4　一次的援助サービスとしてのSEL

　SELは，学校における一次的援助サービスとして，学級単位で全員の子どもを対象に実施されることが多い。生活体験の質と量の変化のゆえに，SELによって学校適応の基礎を形成する必要があるという実態からは，SELを低年齢から開始し，異校種間の連携のもとに少なくとも高校を終えるまで，組織的・体系的に継続することが望まれる。

　学校全体でのSELプログラムの実施と維持には，少なくとも次のような事項に留意する必要がある：管理職のリーダーシップ，コーディネーター的教員（推進役教員）の存在あるいは養成，適切なSELプログラムの選定，学級または学年単位での試行，カリキュラムの構成（教育課程への位置づけ），取り組みの体制（校内の組織づくり），教職員研修，環境づくり（例：掲示物，事前・事後学習との関連づけ），家庭との連携，評価の計画と工夫など。自治体での実践には，さらに教育委員会の取り組みの姿勢が重要である。

（小泉令三）

◆Durlak, J.A., Weissberg, R.P., Dymnicki, A.B., Taylor, R.D. & Schellinger, K.B. 2011 The impact of enhancing students' social and emotional learning: a meta-analysis of school-based universal interventions. *Child Development*. Vol.82(1), pp.405-432

■SELプログラムの区分例（小泉，2015）
①基盤とする心理学的手法を冠するもの
- 構成的グループ・エンカウンター
- 社会的スキル学習
- アサーション・トレーニング
- ストレスマネジメント教育，など

②特定の問題行動等の予防をめざしたもの
- アンガーマネジメント教育
- CAPプログラム（子どもへの暴力防止）
- ピア・メディエーション（対立問題解消），など

③全般的な社会的能力の育成をめざしたもの
- セカンド・ステップ
- ピアサポートプログラム
- ライフスキル教育
- トップセルフ
- サクセスフルセルフ
- SEL-8Sプログラム，など

◆小泉令三　2015　一次的援助サービスとしての社会性と情動の学習（ソーシャル・エモーショナル・ラーニング）　日本学校心理士会年報7，pp.25-35

◆SELの世界的動向に関する参考図書
山崎勝之・戸田有一・渡辺弥生編著　2013　世界の学校予防教育　金子書房

トピックス⑦
学校で使えるアセスメント

　学校現場では，教師やスクールカウンセラーは，子どもへの指導や援助に追われている。どのように働きかけるかに気を取られ，どのように理解するのかという心理教育的アセスメントを忘れがちになる。しかしアセスメントに基づかない援助サービスは効果が期待できないばかりではなく危険性もある。アセスメントを基に，援助サービスを組み立てていくということを，日常的な習慣としたい。

　例えば，登校しぶりの子どもの保護者から，欠席の電話連絡が入ったことを考えてみる。担任が直接その電話に出ることは少なく，「頭痛のため欠席」といったメモが回ってくると考えられる。「頭痛のため欠席」という内容は，アセスメントのためには要約されすぎてしまっている。子どもが頭痛を激しく訴えている場合もあり得るが，頭痛の訴えはなく保護者が様子から判断した場合もあり得る。また，電話では詳しく語られた内容がメモでは「頭痛のため欠席」と要約されたのかもしれない。

　以上のことから，「頭痛のため欠席」ということばを鵜呑みにするのではなく，子どもの様子について具体的な事実やエピソードを理解することから，アセスメントは始まるといえる。

　直接的な援助サービスの中では，こちらからの働きかけに対して子どもがどのように反応するかを知ることによって，ある程度子どもの状況のアセスメントを行うことができる。この場合，働きかけ方を少しずつ変化させてみることも一つの工夫である。

　例えば，家庭訪問をしても会うことができない不登校の子どもの場合，持って行ったプリントを見ているかどうかは，アセスメントの重要なポイントである。また，プリントを封筒に入れて持って行ってみてもよい。封筒からプリントを出してくれるのか否かがポイントである。プリント類には全く興味を示さない場合などは，旅行のおみやげにお菓子などを持って行ってみるのも一つの工夫である。お菓子は食べてくれる可能性が高いが，全く興味を示さない場合には，学校や担任との心理的な距離が非常に大きいと考えられる。

　このような工夫を試みる場合には，保護者によく理解してもらい，子どもの反応を後で教えてもらう必要がある。また，「先生がおみやげを持ってきてくれたよ」などという働きかけをしつこく行わないようにしてもらうことも重要である。学校からの働きかけに対する反応なのか，保護者の働きかけに対する反応なのか識別できなくなるためである。

　働きかけ方を丁寧にコントロールして変化させてみることは，多くの場面で活用できるものである。それぞれの場でいろいろと工夫されてみることをおすすめしたい。

　一方，よりよいアセスメントのためには，心理検査を活用することも重要である。心理検査の中には学校現場で使用しやすいものや，学校現場に合わせて開発されたものがある。これらを，子どもの自己理解を促すための活動などの一次的な援助サービスの一環として活用していくことも方法の一つである。いくつかの心理検査に，習熟しておくことが望ましい。

　よりよいアセスメントのためには，援助プロセスの中での観察と心理検査の両者が，相互に補い合うべきものだと考えられる。

（半田一郎）

トピックス⑧
学校で使えるカウンセリング

　学校で使える（使いものになる）カウンセリングというためには，最低限次のような三つの条件を満たさなければならない。

　まず第一に，学校や学級，教師（教諭・養護教諭）というあり方（その構造や論理）に適合的なものでなければ，使いものにならない。学校での教育活動から離れた，面接室での一対一の長時間・複数回面談が中心となる心理臨床の技法は，教師が主体的になってさまざまな取捨選択や創意工夫をつけ加えないと，使い勝手が悪すぎるように思われる。

　第二に，学校の中での三つの人間関係（児童生徒─教師，子ども─大人，生活者どうし）に適合的でなければならない。

　カウンセリングがこれらの人間関係にコミットするためには，安定した援助者としてのカウンセラーと不安定な被援助者であるクライエント（カウンセリー）との専門的な関わりという旧来からのカウンセリング・イメージを脱却し，マイクロ・カウンセリング等に見られるヘルパー・ヘルピー・ヘルピングといった相互互換的な援助を，学校という日常生活の中で具体的に模索すべきである。

　第三に，その時・その場で，ある程度は実効性・即効性・即興性があるものでなければなるまい。せっぱつまったギリギリのところでは，「うまい時間稼ぎやその場しのぎ」ができなければ，何のためのカウンセリングなのかわからない。

　ここで注意してほしいのは，「うまい」かつ「時間稼ぎ・その場しのぎ」という二重規定である。

　「うまい」とは，スキル・レベルだけではなく，これから継続していく長期的・全体的・日常的な援助システムを見通し，その端緒になっていることである。こうして初めて危機介入等の「時間稼ぎ・その場しのぎ」が生きてくるのである。

　教師が目の前にいる子ども（児童生徒）と向かい合うとき，まず第一に暫定的仮説的であれ短時間にアセスメントを行い，それに基づきながら子どもと「かかわり」（関わる），あるいは子どもと「しのぐ」（凌ぐ）ことになる。第二にこの子どもをさまざまな援助資源に「つなぎ」（繋ぐ），さらに第三にこの子どものために学校での学習環境等を組織的かつ計画的に「たがやす」（耕す）ことになる。学校で使えるカウンセリングというためには，短時間で人間（信頼）関係を創出する「かかわり」と危機に対処しうる「しのぐ」力を可能にするばかりでなく，コーディネーターとして「つなげ」，さらに学校教育を子どもたちにとってより豊かにしていく「たがやす」力を展望するものでなければならない。

　学校で使えるカウンセリングは，実際に個々の教師によって実現されていなければならない。そして「知っている・わかっていること」と「できる（実現する）こと」とのギャップを埋めるのがトレーニングである。この意味で，学校で使えるカウンセリングとはトレーニング可能なものでなければならない。

　前述した条件等をすべて満たすカウンセリング（理論・技法）はないと言っていいと思われるが，学校現場での実践家は全国的に協働しながら，少しずつでも新しい「カウンセリング」を創造すべきである。

（大野精一）

C 学校心理学を支える心理教育的援助サービスの方法と技法

3 コンサルテーション *間接的な援助サービス

1 コンサルテーションとは

1 コンサルテーションの定義と意義

　コンサルテーションとは，異なる専門性をもつ複数の者が，援助の対象（例：子ども）の問題状況について検討し，よりよい援助のあり方について話し合うプロセス（作戦会議）である。自らの専門性に基づいて他の専門家の援助の対象への関わりを援助する者を「コンサルタント」，そして援助を受ける者を「コンサルティ」と呼ぶ。

　コンサルテーションが求められるのは，コンサルティに職業上あるいは役割上の課題（例：子どもへの関わり）の遂行において問題状況や危機状況が生じたときである。コンサルテーションを通して，コンサルティの不安の減少，知識・技能の獲得，状況の客観的な理解の促進などが図られる。つまりコンサルテーションは，コンサルティの子どもへの関わりにおける問題解決とコンサルティの援助能力の向上という二つの目的をもつ。

```
直接的援助
教師・保護者  →   SC    →   子ども
          (援助依頼) (カウンセリング)

間接的援助
SC       →    教師・保護者  →  子ども
(コンサルテーション)      (指導・援助)
```

図　スクールカウンセラーによる直接的援助と間接的援助
（スペース上，スクールカウンセラーをSCと略記）
（石隈，1999を一部改変）

■3種類のコンサルテーション
　コンサルテーションは，以下のような3種類で整理できる。
①問題解決型
②研修型
③システム介入型

2 コンサルテーションと（狭義の）カウンセリング，スーパービジョンとの違い

　コンサルテーションは援助的働きかけという点で，カウンセリングやスーパービジョンと共通点も多いが，違いも大きい。まず狭義のカウンセリング（カウンセラーによる問題解決をめざした援助活動，本書pp.122-123参照）は，クライエントの個人的・情緒的な問題に焦点を当てるのに対して，コンサルテーションはコンサルティ（教師や保護者など）の職業上，役割上の問題に焦点を当てる。したがってコ

◆藤崎春代・木原久美子　2013　統合保育を支援する研修型コンサルテーション──保育者と心理の専門家の協働による互恵的研修　教育心理学研究 53, 133-145

ンサルテーションでは，コンサルティの社会的防衛の「ヨロイ」や，職業や役割に基づく経験や誇りを大切にする（山本，1986）。またスーパービジョンは，共通の専門性や役割をもつ者同士の関係で，上級者が初心者，部下，研修生に対して行う「指導・監督」である。一方，コンサルテーションは，異なる専門性や役割をもつ者同士の対等の関係を基盤とする。

3　コンサルタントとコンサルティの関係

コンサルタントとコンサルティの人間関係について主なものをあげる。

（1）対等のパートナー

コンサルティ（例：教師，保護者）は，コンサルタントの指導を受ける者ではない。両者は対等の立場で協働する者である。

（2）コンサルティの積極的な関与

基本的には，コンサルテーションはコンサルティの自発的な申し込みで開始する者である。そしてコンサルテーションの成功の鍵は，コンサルティが問題解決に自発的に積極的に関与することである。

（3）守秘義務と報告義務

コンサルテーションにおいて得られた情報については，守秘義務と報告義務が関係する。どの情報をコンサルタントとコンサルティだけにとどめ，どの情報をどの相手（例：管理職や同僚教師）に，必要に応じて伝えるかについてよく話し合い，確認することが大切である。基本的には，他の援助者に伝えるのは，子どもの学校生活に関する情報，コンサルテーションの結果として行うことを決定した教育活動（例：担任教師の家庭訪問）であり，コンサルティの個人的感情（例：学級経営に関する自信喪失）は守秘の対象になる。

（石隈利紀）

◆山本和郎　1986　コミュニティ心理学―地域臨床の理論と実践　東京大学出版

■コンサルタントとコンサルティ

学校教育・学級経営の専門家である学級担任教師や家庭教育を担う保護者のコンサルタントになるのは，専門的ヘルパーとして機能するスクールカウンセラー，教育相談担当教諭，養護教諭，特別支援教育担当教師などである。また学級担任と保護者の関係も，コンサルタントとコンサルティとしてとらえることができる。

■斜めの関係

コンサルタントとコンサルティは，対等な「横の関係」であることが望ましい。しかしながら，日本の学校社会では横の関係が作りにくい傾向がある。ただしコンサルテーションにおいて大切なことは，コンサルタントとコンサルティが自由に活発に話し合える関係である。「斜めの関係」でもコンサルテーションはうまくいく。上下関係，縦の関係でなければよい。例えば，筆者が年下の先生にコンサルテーションを行うとき，その先生が私を年長者として，また学校心理学の専門家として立ててくれることがある。その場合私は，その先生の私への敬意をありがたく受け止め，「教えて欲しい」という依存もある程度受け入れながら，同時にその先生を学校教育の専門家として尊重する。つまり，コンサルタントである私は，コンサルティである先生の斜め上にいる。一方，私が管理職の先生に対するときは，斜め下に位置し，コンサルタントとして活用してもらえるよう工夫する。

C 学校心理学を支える心理教育的援助サービスの方法と技法　3 コンサルテーション
＊間接的な援助サービス

② 教師へのコンサルテーション

1　教師へのコンサルテーションの目的

コンサルテーションでは教師の専門家としての独立性を尊重しながら，教師を支援し，解決に至るよう支援することである。それに加えてコンサルテーションは教師の援助能力を高め，子どもの問題状況に対して予防的にも機能する活動となる必要がある。

2　コンサルテーションの種類

コンサルテーションを始めるにあたり，スクールカウンセラー（以下，SCとする）は教師が抱えている問題状況がコンサルテーションの四つのレベルのどれに当てはまるか判断する（Meyers, et al, 1979）。高いレベルから始めることによって，より多くの子どもたちに支援が行きやすくなるからである。

〈レベル4　組織への直接的な支援〉
SCは，学校システムの組織的な機能を改善することに焦点を当てる。

〈レベル3　教師への直接的な支援〉
SCは教師自身に直接的に関わり，教師と生徒との相互作用に関わる教師の行動，教師の感情や態度を変化させることに焦点を当てる。教師の知識を増やし自信をもたせたり，感情的にならず客観的な視点を保つことなどに焦点が当てられる。

〈レベル2　子どもへの間接的な支援〉
SCは，SC以外の人（例えば，教師）によって集められた情報（例えば，教師による行動観察，補助教員による教師－子どもの相互作用の観察）を通して，クライエントに間接的に関わる。例えば，SCは教師に対して，行動修正や観察の仕方，グループプロセス

◆Meyers, J., Parsons, R.D. & Martin, R. 1979 *Mental health consultation in the schools*. San Francisco: Jossey-Bass.

◆Sheridan, S.M., Kratochwill, T.R. & Bergan, J.R. 1996 *Conjoint Behavioral Consultation —A Procedural Manual—*, Plenum Press, NY.

◆小林朋子　2005　スクールカウンセラーによる行動コンサルテーションが教師の援助行動および児童の行動に与える影響について　教育心理学研究53(2), pp.272-273

◆小林朋子　2009　学校での教師へのコンサルテーションに関する研究の動向と課題—コンサルテーションの"方法"を中心に—　心理臨床学研究27(4), pp.491-500

キルなどを伝えることなどが含まれる。
〈レベル1　子どもへの直接的な支援〉
　SCによってクライエントに関する情報が直接集められる。教室での教師－生徒の相互作用の観察，カウンセリング，検査などが含まれる。

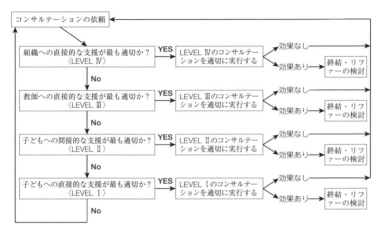

図　コンサルテーションの段階（Meyers, Parsons and Martin, 1979より引用）

3　進めるうえでのポイント

　教師とのコンサルテーションを上手に進めるポイントは，①教師の話を傾聴する，②児童生徒の問題についての教師のとらえ方を「肯定的な意味づけ」の方向に再構築する，③問題を見立て，わかりやすく具体的な問題設定をする，④（できれば観察データなど）客観的なデータに基づいて教師と子どもへの対応について話し合う，などがあげられる。
　こうしたやりとりの際には，SCはできるだけ専門用語を用いずに日常会話で用いることばを使って，伝えたいことがきちんと教師に伝わり，それがイメージできているかを丁寧に確認しながら進めることが重要である。

〔小林朋子〕

C 学校心理学を支える心理教育的援助サービスの方法と技法　3 コンサルテーション
*間接的な援助サービス

3 保護者・家族へのコンサルテーション

1　保護者を支援するコンサルテーション

コンサルテーションとは「役割」への援助を意味している。学校において、保護者へのコンサルテーションが必要とされるのは、保護者の子どもへの関わりが適切ではないと学校関係者が感じている場合である。教員が保護者との面談の中で行う場合もあれば、スクールカウンセラーがその役割を担う場合もあるだろう。保護者の「役割」を支援するコンサルテーションの方法論には下位分類として三つのかたちがある。

2　アドバイスモデルのコンサルテーション

アドバイスによる保護者支援は、ごく一般的に行われているがうまくいかないことも多い。図1にうまくいく場合と失敗する場合の差異を示した。援助者が保護者のニーズや思いを汲み取ったうえで、保護者にとって真に役立つ情報が選択されて提供されるなら、アドバイスモデルも効果的なコンサルテーションとなる。この場合、保護者のニーズや思いを汲み取る力量が前提として求められる。

相談の形態	アドバイスモデルのコンサルテーション	
	うまくいく場合	失敗する場合
何を援助するのか？	保護者役割への援助	(援助者の自己満足)
何が語られるのか？	援助者が保護者のニーズに合わせた「情報」を語る	援助者が自分のニーズに合わせた「情報」を語る
だれの感情を大事にする対話か？	子どもと保護者の感情	援助者の感情
選択基準	保護者役割が機能しているとき	

図1　コンサルテーションの下位モデルの構造(1)

3　コンサルテーションモデルのコンサルテーション

コンサルテーションモデル（図2）とは、保護者も子どもに対する援助者であるという点から、「よりよい保護者役割」を実現できるように対話する構造（図3）により行われる支援である。「もしお母さんが休みの日には、もう少し一緒に遊んでくれる時間をとれると、お子さんもきっと安心すると思うんですよ」というような対話である。子どもの

相談の形態	コンサルテーションモデルのコンサルテーション	カウンセリングモデルのコンサルテーション
何を援助するのか？	保護者役割への援助	保護者の内面への援助
何が語られるのか？	保護者が「わが子」について語るように促す	保護者が「自分」について語るように促す
だれの感情を大事にする対話か？	子どもの感情	保護者の感情
選択基準	保護者役割が機能しているとき	保護者役割が機能していないとき

図2　コンサルテーションの下位モデルの構造(2)

「問題」を一緒に心配し，解決のために相談する対話であり，そこでは子どもの感情・思いが主役となる。この支援の構造は，教師と保護者との通常の面談において，無意識に採用されている。しかし，この構造は「保護者役割が機能している」場合にのみ有効なものなのである。「よりよい親であるために」という暗黙の前提に基づく相談構造であるため，「保護者役割が機能していない」状態に陥っているケースの場合には，保護者の拒絶にあうことになる。

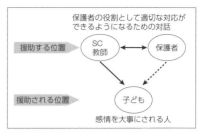

図3　適切なアドバイスモデルとコンサルテーションモデルによるコンサルテーションの構造

4　カウンセリングモデルによるコンサルテーション

「保護者役割が機能していない」場合とは，保護者が食事を作れない，朝起きられない，子どものことを心配することができない，虐待的な関係に陥っている場合などである。保護者自身がつらい状況にあって親役割を果たすゆとりがないときに生じてしまう。カウンセリングモデル（図2）では，保護者の感情を一番に大切にする対話を行い，「よい親」になることを求めず，保護者のつらさを受容する。自分が他者から受容されるという経験が対人関係のモデルになり，子どもを受け入れることができるようになるという間接的なコンサルテーションのかたちである（図4）。

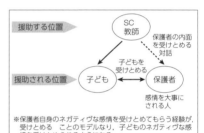

図4　カウンセリングモデルによるコンサルテーションの構造

5　子どもを支えるリソースとしての家族

学校心理学では，家族を援助チームの一員として位置づける。家族との協力関係を築くために一番重要なことは「家族の思いを感じる」ことである。家族の思いの強さが問題を増幅しているように見えることは多いが，その思いの強さを学校から肯定されることこそが，協働・連携のための第一歩となる。

（大河原美以）

◆柏木惠子編著　2010　よくわかる家族心理学　ミネルヴァ書房

◆大河原美以　2006　ちゃんと泣ける子に育てよう　親には子どもの感情を育てる義務がある　河出書房新社

C 学校心理学を支える心理教育的援助サービスの方法と技法　3 コンサルテーション
＊間接的な援助サービス

4 管理職へのコンサルテーション

1　管理職へのコンサルテーション

　管理職（校長および副校長・教頭）は，学校組織において，心理教育的援助サービスに関する意思決定の責任者である。では，どのようなときに，この管理職へのコンサルテーションが考えられるか。

　カプラン（1964）は，コンサルテーションを以下の四つに分類する。

　①クライエント中心のケースコンサルテーション，②コンサルティ中心のケースコンサルテーション，③プログラム中心の管理的コンサルテーション，④コンサルティ中心の管理的コンサルテーション。

　管理職へのコンサルテーションとは，③④の場合と考えられる。

　③のプログラム中心の管理的コンサルテーションでは，具体的には生徒指導委員会や不登校対策委員会で心理教育的援助サービスの専門家という専門性に基づいて意見を述べる，生徒指導・教育相談組織の見直しや保健室の運営などの学校組織の改善に関して管理職等に提言する，などが考えられる。

　また，④のコンサルティ中心の管理的コンサルテーションでは，コンサルティが，教職員の指導・管理や保護者への対応などというコンサルティの職業上あるいは役割上の課題遂行における問題状況や危機状況が生じたとき，理論的バックアップ，客観的な判断を行えるための援助，不安の軽減などの援助が考えられる。

　特に，教職員のメンタルヘルスや校内暴力等で学校が危機状況にあるときの危機管理へのコンサルテーションなどはニーズが高い。

◆Caplan, G. 1964 *Principle of preventive psycology.* New York : Basic Books.（新福尚武訳　1970　予防精神医学　朝倉書店）

■管理職へのコンサルテーション
　石隈（1999）は，教師・保護者へのコンサルテーションのプロセスモデルを提唱している。管理職へのコンサルテーションの場合も同様である。下の「問題解決型コンサルテーションのプロセス」の図を参照。

■問題解決型コンサルテーションのプロセス
（石隈，1999）

ステップ1：パートナーとしての協力関係作り
↓
ステップ2：問題状況の具体的な定義と目標の仮の設定
↓
ステップ3：問題状況の生態学的アセスメント
↓
ステップ4：目標の設定および問題解決の方針と方略の選択
↓
ステップ5：問題解決の方略の実践，評価，フォローアップ

◆石隈利紀　1999　学校心理学——教師・スクールカウンセラー・保護者のチームによる心理教育的援助サービス　誠信書房

2　三種類のチーム援助と管理職へのコンサルテーション

　学校心理学では，援助サービスにおける三種類のチーム援助を提唱する（石隈，2002）。一つは，特定の子どもに対する援助チームであり，例えば，不登校で悩んでいる生徒の援助チームである。次に，心理教育的援助サービスを充実させるコーディネーション委員会であり，例えば，生徒指導委員会や不登校対策委員会などがこれにあたる（家近・石隈，2003，2007）。最後に，学校全体の援助サービスのシステムに関するマネジメント委員会である（山口，2012）。マネジメント委員会は管理職と主任等からなり，運営委員会がこれに当たる。マネジメント委員会は管理職へのコンサルテーションの重要な場になり，運動会等の学校行事，保健室の運営，スクールカウンセラーの活用方針等の課題を扱う。

3　管理職へのコンサルテーションの機能と留意点

　コンサルタントが，管理職へのコンサルテーションを行うとき，次の機能をもつことが必要である。
①学校の援助サービスの問題状況についてアセスメントの計画が提案でき，専門的なアセスメントができる。
②学校の援助サービスのシステムに関する知識と技能をもち，問題状況の予防と解決のための援助サービスのシステム改善について提案できる。
③管理職を心理的にサポートする。
　管理職へのコンサルテーションの留意点として，実施するタイミングとコンサルティの学校経営に関する専門性，立場，経験，誇りを尊重するなどの心理的配慮があげられる。

（山口豊一）

◆石隈利紀　2002　学校における心理教育的援助サービスの現状と展望（沢崎俊之ほか編　学校臨床そして生きる場への援助　日本評論社）

◆家近早苗・石隈利紀　2003　中学校における援助サービスのコーディネーション委員会に関する研究　教育心理学研究51(2)，pp.230-238

◆家近早苗・石隈利紀　2007　中学校のコーディネーション委員会のコンサルテーションおよび相互コンサルテーション機能の研究──参加教師の体験から　教育心理学研究55(1)，pp.82-92

◆山口豊一　2012　中学校のマネジメント委員会に関する学校心理学的研究　風間書房

■マネジメント委員会の機能
　山口・石隈（2009）は，マネジメント委員会の機能として「情報共有・問題解決」「教育活動の評価と見直し」「校長の意思の共有」があるとしている。本書p.164の「マネジメント委員会」を参照。

© 学校心理学を支える心理教育的援助サービスの方法と技法　③ コンサルテーション
＊間接的な援助サービス

⑤ 研修型コンサルテーション

1　研修型コンサルテーションの意義

研修型コンサルテーションとは，スクールカウンセラーなどが教師や保護者を対象に，子どもへの援助能力の向上を目的とした研修会を企画したり，学校や PTA 主催の研修会の講師を務めたりすることなどを指す。研修型コンサルテーションでは他の型のコンサルテーションに比べて一度に多数の人を対象にすることができ，援助者の能力が向上することで一次的援助サービスの機能を果たす。

また，カウンセラーなどにとって研修会の講師を務めることは，心理教育的援助サービスについての自分の考えや経験を話す機会を得ることであり，その内容で評価されれば問題解決型コンサルテーションの依頼を受けるチャンスにもなる。一方，研修の参加者は，講師のコンサルタントとしての態度や能力を話す内容，話し方，質問への答え方などから判断することができるのである。

2　研修型コンサルテーションの実際

研修型のコンサルテーションもコンサルテーションである以上，心理教育的援助として有益でなければならない。そのためにはコンサルタントは研修会参加者に関して前もってアセスメントを行って，コンサルティのニーズがどこにあるかを把握しておく必要がある。これは対象が多数であるため問題解決型コンサルテーションよりも明確化は難しい。さらに事前にコンサルテーションを受け入れやすい環境づくりも必要である。内容については，教員に対するコンサルテーションを研究した鵜養・鵜養（1997）や山内（1999）によれば，

■研修型コンサルテーションの具体的内容
　研修会のテーマの例として石隈（1999）は「保護者面談の進め方」「不登校問題の理解と援助」「フーテンの寅さんと釣りバカのハマちゃんに学ぶカウンセリングのこころ」「子どもとの三種類のかかわり方―理解者として，味方として，人間として」などをあげている。

◆保護者対象の研修会のテーマ選定については，大河原美以　2006　ちゃんと泣ける子に育てよう　河出書房新社，
田村節子　2007　親と子が幸せになる「XとYの法則」　ほんの森出版　などが参考になる。

◆鵜養美昭・鵜養啓子　1997　学校と臨床心理士―心育ての教育をささえる　ミネルヴァ書房

◆山内久美　1999　教師の教職における自己有能感と教師ストレスの関係―より実践的な学校コンサルテーションを行うために　日本教育心理学会総会発表論文集41, p.126

教員向けコンサルテーションの場合は理論的な内容よりも具体的・個別的な問題を取り上げる方が歓迎され，教員の自己理解や他者理解のスキル向上のプログラムが評価されている。また，いわゆる講演会だけでなく事例検討会を中心にした研修型コンサルテーションの実践報告もある（藤崎・木原ほか，2000）。

保護者向けの研修型コンサルテーションを実施している学校の実践では，入学式後のガイダンスで学校のカリキュラム説明と同時に相談室の活動紹介を行い，スクールカウンセラーを保護者に紹介する。また，保護者向けの「相談室だより」で自己紹介を含めたスクールカウンセラーの記事を載せ，コンサルテーションの環境整備を行っている。PTAなどの依頼で研修型コンサルテーションが実施された後には，その内容を「相談室だより」などの通信にして保護者に配布している。

◆藤崎春代・木原久美子・浜谷直人・西本絹子・常田秀子・芦澤清音 2000 統合保育における研修的コンサルテーション(1)―実践報告を学ぶ意義と発達相談員の役割 日本教育心理学会総会発表論文集42, p.90

3　研修型コンサルテーションの留意点

学校での研修というと上意下達的なものととらえられることもある。あくまでコンサルティが主体で，コンサルティの能力をよりよく発揮してもらうことが目的であることに留意したい。また，個別の問題解決ではなく，参加者全体の援助能力向上が目的であるから，個別の問題に深入りしすぎないバランス感覚は大切である。さらに，質問をうける際，カウンセリング的対応を期待して個人的な問題を質問する場合もあるので注意が必要である。研修を通してコンサルタントも含めて研修会の参加者が，お互いに学び合うことができれば，研修型コンサルテーションとしては成功と言えよう。

（三野輪　敦）

◆藤崎春代・木原久美子 2013 統合保育を支援する研修型コンサルテーション―保育者と心理の専門家の協働による互恵的研修　教育心理学研究 53, 133-145

C 学校心理学を支える心理教育的援助サービスの方法と技法　3 コンサルテーション
*間接的な援助サービス

6 カリキュラム開発と評価のコンサルテーション

◆教育課程審議会　1998　幼稚園，小学校，中学校，高等学校，盲学校，聾学校及び養護学校の教育課程の基準の改善について（答申）

◆教育課程審議会　2000　児童生徒の学習と教育課程の実施状況の評価の在り方について（答申）

■カリキュラム・マネジメント
「各学校が，学校の教育目標をよりよく達成するために，組織としてカリキュラムを創り，動かし，変えていく，継続的かつ発展的な，課題解決の営みである」（田村，2011）。

◆田村知子編著　2011　実践・カリキュラムマネジメント　ぎょうせい

◆村川雅弘　2012　「ワークショップ型校内研修」充実化・活性化のための戦略＆プラン43　教育開発研究所

◆西岡加名恵・石井英真・田中耕治編著　2015　新しい教育評価入門　有斐閣

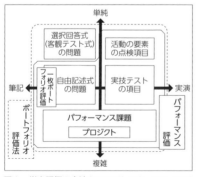

図1　学力評価の方法（西岡・石井・田中，2015　参照）

1　カリキュラム・マネジメントの重要性

1998年の教育課程審議会答申により，「各学校には，地域や学校，幼児児童生徒の実態等に応じて，創意工夫を生かした特色ある教育を展開し，特色ある学校づくりを進めること」が強く求められるようになった。さらに，2000年の答申では「目標に準拠した評価」が導入され，評価規準の開発が各学校に求められている。

こうしてカリキュラム・マネジメントは，今や，すべての学校の課題となっている。そこでカリキュラム開発や評価のコンサルタントが果たす役割としては，関連する専門的知識を提供するとともに，教育目標の設定・共有化，カリキュラムのPDCAサイクルの実施方法，組織構造や学校文化の改善などカリキュラム・マネジメントの具体的な進め方について助言することになる（田村，2011）。カリキュラムと評価の改善を図るためには，ワークショップを取り入れるなど，校内研修を工夫することが特に重要となる（村川，2012）。

さて，近年，カリキュラムと評価に関わって主な課題となっているのは，「目標に準拠した評価」の充実，「資質・能力」の重視である。そこで以下，その2点に関し，コンサルタントに求められる知見を整理しておこう。

2　「目標に準拠した評価」の充実

教科のカリキュラムを改善するための一つの方法として注目されるのが，教育目標と評価方法（図1）を対応させることにより，「目標に準拠した評価」を充実させることである。個々の知識やスキルを習得しているかを確か

めるためには、筆記テストや実技テストが適している。しかし、知識やスキルを状況において使いこなし、思考・判断・表現できるかを確かめるには、パフォーマンス課題を用いることが重要である。パフォーマンス課題とは、複数の知識やスキルを総合して使いこなすことを求めるような複雑な課題である。パフォーマンス課題については、教科の中核に位置するような重点目標（「本質的な問い」「原理や一般化」）に対応させて用いることが有効である（図2）。

さらに、パフォーマンス課題に取り組んだ子どもたちが生み出した作品を基にルーブリックを作ることも、カリキュラムと評価を改善するうえで有意義である。

3 「資質・能力」重視の方針

次の学習指導要領改訂に向けては、「資質・能力」を重視する方針が打ち出されている（中央教育審議会, 2014）。問題解決力や論理的思考力、コミュニケーション力、メタ認知といった「資質・能力」を育成するうえでは、各教科でパフォーマンス課題を取り入れるとともに、「総合的な学習の時間」や特別活動を充実させることも重要である（石井, 2015）。

また、具体的な授業の進め方として、アクティブ・ラーニングを重視する方向性も示されている。アクティブ・ラーニングとは、「書く・話す・発表するなどの活動への関与と、そこで生じる認知プロセスの外化を伴う」ような能動的な学習を指す（溝上, 2015）。ただし、アクティブ・ラーニングについては、知識（内容）と活動が乖離しかねないといった問題も指摘されている。アクティブ・ラーニングについても、目標や評価方法との対応を明確にしつつ取り入れることが重要と言えるだろう。

（西岡加名恵）

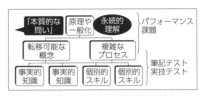

図2 「知の構造」と評価方法の対応
（西岡・石井・田中, 2015 参照）

■ルーブリック
　成功の程度を示す数レベル程度の尺度と、それぞれのレベルが示すパフォーマンスの特徴を説明する記述語から構成される評価基準表のこと。①子どもの作品を多数集める、②お互いの採点がわからぬようにして複数の評価者が作品を採点する、③同じ点数がついた作品群に見られる特徴を記述する、という手順で作られる。西岡 2003 を参照。

◆西岡加名恵　2003　教科と総合に活かすポートフォリオ評価法　図書文化

◆中央教育審議会　2014　初等中等教育における教育課程の基準等の在り方について（諮問）

◆石井英真　2015　今求められる学力と学びとは　日本標準

◆溝上慎一　2015　アクティブラーニング論から見たディープ・アクティブラーニング（松下佳代編著　ディープ・アクティブラーニング　勁草書房）

トピックス⑨
学校におけるコンサルテーション

　学校におけるカウンセリング活動（学校教育相談あるいはスクールカウンセリング）が，アメリカの実践と同様に，主として狭義のカウンセリングとコーディネーション，そしてコンサルテーションで構成されることに異論は少ない。ただし，今日までその内実を見定めるのが難しいものが，学校におけるコンサルテーションである。ここでは，まずスーパービジョンとの区分けを明確にし，次いで教師（教諭・養護教諭）を専門的かつ組織的な中核とする教育現場でのコンサルテーションの実際のあり方について問題にする。

　文部省（当時）のスクールカウンセラー派遣事業が始まった頃，スクールカウンセラーは教師のスーパービジョンも行うことができる，と誤って公言する向きがあった。残念ながら今でも一部に残っている。

　学校においてスーパービジョンあるいはスーパーバイザーという用語や概念が出てくるのは，教育実習生にたいする指導教諭が典型的なケースである。ここで教育実習生は教育職員免許法に基づき「教諭（という専門職）」に養成されるべく実習上の指導監督を指導教諭から受けるのであり，その法的責任は指導教諭が負うものである。

　これに対してコンサルテーションは，「異なった専門性や役割をもつもの同士が子どもの問題状況について検討し今後の援助のあり方について（対等の立場で――大野による挿入）話し合うプロセス（作戦会議）」（石隈利紀）なのである。

　私は今，教職課程で教育相談を担当しているが，時間的には子どもたちとのカウンセリングのスキルやその背景にある考え方よりも，問題や課題を抱える先生方とのコンサルテーション（作戦会議）を強調することの方が多い。ここでの私のスタンスは，「今，この状況下でその先生が一歩でも（半歩でも）先にご自分で進んで行かれるように応援する」というものである。その含意は三つある。

　まず第1に，長期的あるいは根本的にはいろいろと考えうるにしても，約20分程度の時間で（学校現場は忙しい！　しかし責任を自覚した優秀な先生方である），今この状況下で次の対応策を絞り出さなければならない。となれば，現状にあるすべての積極的・肯定的・推進的な援助資源（これを無駄にするという方向ではなく，このよい伏線を伸ばしていく）を総動員するかたちで対応するしかない。

　第2に，私だったらこうするという発想ではなく，「その先生だったら」どうするかが中心になる。だから，子どもの課題状況について知るばかりではなく，この課題解決におけるその先生のさまざまな状況も可能なかぎり把握することになる。

　そして第3に，方向性さえ間違わなければ，残念ではあっても例えば一歩でも半歩でもよしとする気構えや寛容さが必要である。私にはこれがコンサルテーションの本質でもあり，限界でもあるように思われる。

　鉄道の線路には随所に転轍機（ポイントあるいは転路機）が置かれている。線路の分岐点から離れれば離れるほど分岐した二本の線路の距離は拡大していく。コンサルテーションも分岐点における転轍機として重要な役割を果たすものである。

（大野精一）

トピックス⑩
トータルなコーディネーション

　学校心理学におけるコーディネーションとは，苦戦している子どもについて，学校生活に関する情報をつなぎ，さまざまな援助者をつなぎ，援助方針を共有化して，多様な援助サービスをまとめていく過程である。

　コーディネーションということばは，ファッションの世界でも使われる。みなさんも朝出かけるときに，今日どのネクタイあるいはスカーフをつけようかと考えるのではないだろうか。ファッションのコーディネーションが上手ではない私は，ネクタイの選択では，せいぜいワイシャツの色とどう合うかを考えるくらいである。つまり私は，「つなぎ目のコーディネーション」のレベルである。でもファッションの達人になると，スーツの柄や色，ネクタイピンを含めて，さらに今日活動する場所，一緒に活動する相手を考えて，コーディネーションするそうである。さらに，ファッションのコーディネーションは，一人ひとりの生き方や暮らし方の表現とも言える。つまり，ファッションのコーディネーションでめざされるのは，生き方を反映したトータルなコーディネーションであろうか。

　カウンセリングあるいは学校教育におけるコーディネーションも，ややもすれば「つなぎ目」だけで考えられる傾向がある。例えば不登校の子どもへの援助をめぐって，担任教師から教育相談担当教師へ，学校から教育相談センターへ，あるいは学校から病院への依頼など，援助者と援助者，学校と援助機関のつなぎ目で議論される。しかし援助サービスのコーディネーションでは，子どもの援助ニーズを満たすために，さまざまな援助者の援助サービスがどう組み合わされ，トータルとしてどう機能しているかが重要なのである。したがって，援助サービスのコーディネーションには，一人ひとりの状況を理解することと，一人ひとりに対する援助をトータルとして機能させることが必要である。

　つなぎ目とトータルなコーディネーションの違いは，「リファー（紹介）」と「チーム援助」の違いに関連する。「リファー」の考えの背景には，①カウンセラーは，クライエントの問題が自分が訓練を受けていない領域（例：夫婦の葛藤）の場合は，原則的に引き受けてはいけない，②クライエントの内的な葛藤を援助するという仕事は一人のカウンセラーが担当した方がいい，という考え方がある。したがって「リファー」は「自分が援助できないケースを他の専門家に紹介する」という意味である。したがって「つなぎ目」が重要になり，次のカウンセラーにつないだあとは，任せることが好ましい場合も多い。

　一方，援助チームの場合は，援助者が加わっていく（援助の輪が広がる）ことを重視する。不登校の子どもの担任が，親子に教育相談センターで相談を受けるよう勧める場合，学校でできる援助に教育センターでの援助を加えることが，子どもの苦戦の援助にとってプラスになるという考え方である。この場合，子どもや保護者に，学校での援助サービスがこれからも続くこと，教育相談センターの援助も加えて活用することを確認しないと，親子が学校から見捨てられたという思いになる。

　子どもが学校教育サービスの対象であるかぎり，子どもを完全に「リファー」することはできない。子どもへの援助サービスにおいてトータルなコーディネーションが重要である。

（石隈利紀）

C 学校心理学を支える心理教育的援助サービスの方法と技法

4 コーディネーションとチーム援助の方法

1 援助サービスにおけるコーディネーションとは

1 コーディネーションの定義と意義

　学校心理学では，一人ひとりの子どもの学校生活に関する問題状況や危機状況の解決や子どもの成長をめざす心理教育的援助サービスを，チーム学校レベルで行うことを強調している（石隈，1999）。学校レベル，そして家庭・学校・地域レベルでのチーム援助が，子どもの援助ニーズに応じて効果を上げるためには，コーディネーションの質が問われる。

　コーディネーションとは「学校内外の援助資源を調整しながらチームを形成し，個別の援助チームおよびシステムレベルで，援助活動を調整するプロセス」（瀬戸・石隈，2002）と定義される。コーディネーションには，個別の援助チームレベルのコーディネーションとシステム（コーディネーション委員会やマネジメント委員会）レベルのコーディネーションがある（瀬戸，2004；瀬戸・石隈，2003a，2003b）。コーディネーションは，複数のコーディネーター（生徒指導主事・教育相談担当，特別支援教育コーディネーター，養護教諭，スクールカウンセラーら）によって行われている。「コーディネーターチーム」の機能とコーディネーションに対する教職員の参加意識が，コーディネーションの質を決めると言える。

2 心理教育的援助サービスの3層のシステム

　学校心理学では，心理教育的援助サービスのシステムとして，個別の援助チーム，コーディネーション委員会，マネジメント委員会の三層のモデルが提唱されている（石隈，1999）。

■心理教育的援助サービスの3層のシステム

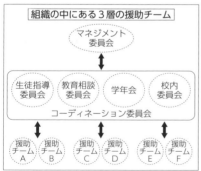

図1　校内の3段階の援助チーム（家近，2016）

個別の援助チームは，特定の子どもの学校生活における苦戦を援助するためのもので，学級担任，保護者，コーディネーターなどから構成される（田村・石隈，2003）。次にコーディネーション委員会は，学年レベル・学校レベル・地域レベルで，援助サービスのコーディネーションを行うもので，生徒指導委員会・教育相談部会，特別支援教育の校内支援委員会，学年会などがある（家近・石隈，2003）。そしてマネジメント委員会（運営委員会など）は，心理教育的援助サービスを含む学校全体の教育活動のマネジメントを行うもので，危機管理も含まれる（山口・石隈，2010）。

3 「チーム」としての学校における心理教育的援助サービスのコーディネーション

「チーム学校」の促進のためには，専門性に基づくチーム体制を構築する横のコーディネーションと学校におけるマネジメントを充実させる縦のコーディネーションが鍵を握る。教師・保護者・スクールカウンセラーらの個別の援助チームは横のコーディネーションの場となり，管理職や学年主任等からなるマネジメント委員会は縦のコーディネーションの場である。そしてコーディネーション委員会は，教育相談担当，養護教諭，管理職，スクールカウンセラー，必要に応じて地域の援助者が参加することにより，横のコーディネーションと縦のコーディネーションをつなぐ働きがある。管理職も参加するコーディネーション委員会の重要な機能のひとつがマネジメントの促進であり，そしてコーディネーション委員会に参加する教師は「支えられ感」や「つながり感」が高まり，学校全体の心理教育的援助サービスに対する当事者意識が強くなると報告されている。（石隈・家近・飯田，2014）

（石隈利紀）

◆田村節子・石隈利紀 2003 教師・保護者・スクールカウンセラーによるコア援助チームの形成と展開―援助者としての保護者に焦点をあてて 教育心理学研究，51，328-338

◆家近早苗・石隈利紀 2003 中学校における援助サービスのコーディネーション委員会に関する研究―A中学校の実践を通して 教育心理学研究，51，230-238

◆山口豊一・石隈利紀 2010 中学校におけるマネジメント委員会に関する研究―マネジメント委員会機能尺度（中学校版）の作成― 日本学校心理士会年報，2，73-83

■ 「チーム学校」

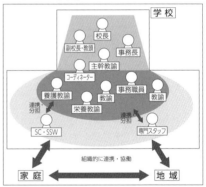

出典：中央教育審議会「チームとしての学校の在り方と今後の改善方策について（答申）」2015年12月21日をもとに石隈（2016）が修正

2015年12月，文部科学省中央教育審議会から「チームとしての学校の在り方と今後の改善方策について」（答申）が出され，スクールカウンセラー（SC）やスクールソーシャルワーカー（SSW）などを学校の専門スタッフとして教職員定数に入れる方向性が提案された。そして答申では，①専門性に基づくチーム体制の構築，②学校におけるマネジメントの充実，③教職員一人ひとりが力を発揮できる環境の整備の3点が提案された。

◆石隈利紀・家近早苗・飯田順子 2014 学校教育と心理教育的援助サービスの創造 学文社

② マネジメント委員会

◆石隈利紀・山口豊一・田村節子　2005　チーム援助で子どもとのかかわりが変わる──学校心理学にもとづく実践事例集　ほんの森出版

■**マネジメント委員会の機能尺度**（山口・石隈，2009）
　<u>情報共有・問題解決</u>：「マネジメント委員会では，子どもの援助に関する各組織（例：学年会，委員会）相互の情報の共有ができている」など15項目からなる。
　<u>教育活動の評価と見直し</u>：「マネジメント委員会では，教職員の保護者へのかかわり方について評価している」など9項目からなる。
　<u>校長の意思の共有</u>：「マネジメント委員会では，校長は自分の学校教育に対する考えを述べている」など5項目からなる。

■**チーム援助体制**
　チーム援助の援助者や援助組織が連携して，一つの目的に沿った活動をする際の進め方や仕組み，ルールである。

■**チーム援助行動**
　学校生活で苦戦している子どもに対して援助者がチームの一員として行う行動である。

◆山口豊一・石隈利紀　2009　中学校におけるマネジメント委員会に関する研究──マネジメント委員会機能尺度（中学校版）の作成　日本学校心理士会年報2，pp.73-83

1　マネジメント委員会とは

　学校における心理的教育援助サービスのシステムの一つに，マネジメント委員会がある。ここでいうマネジメントとは，「学校教育全体の援助サービスのシステムを支え，予算，人的配置，教育目標，学校経営に関する意思決定を行う」ことである。企画・運営委員会がこれに当たり，管理職，主任などによって構成されている。マネジメント委員会では，学校の子どもたちの学校生活の状況や援助ニーズを把握し，学校自体がもつ資源（例：教職員の力，学校・地域の力）について明確にしながら，教育目標（例：不登校への対応，特別支援教育の充実），人事（例：スクールカウンセラーの雇用，特別支援教育コーディネーターの指名），保健室の運営などについて話し合う（石隈・山口・田村，2005）。

2　マネジメント委員会の機能

　マネジメント委員会には，「情報共有・問題解決」「教育活動の評価と見直し」「校長の意思の共有」の三つの機能がある（山口・石隈，2009）。マネジメント委員会はコーディネーション委員会の上位に位置づけられる組織であり，その促進によってチーム援助体制が整い，チーム援助行動が推進される（図1）。また，チーム援助の効果的な運営においては，コーディネーターの役割を担う主任層が鍵を握っていると言える。学校組織における管理職の意思が，主任層を通して一般教員に伝わっていくことが大切なのである（山口，2012）。

| マネジメント委員会 | → | チーム援助体制 | → | チーム援助行動 |

図1　マネジメント委員会，チーム援助体制，チーム援助行動の関係（山口・樽木・家近・石隈，2011を参考に作成）

3 マネジメント委員会の意思決定プロセス

児童生徒に効果的な援助サービスを行うためには，マネジメント委員会における意思決定プロセスが重要になる。山口・石隈（2008）は，意思決定プロセスについて，生徒指導や教育課程などに関する「問題・情報の共有化」をし，「学校の課題に関する協議」がされた後，「決定」され，「終了」のプロセスを経ること，またその際，協議は必要に応じて行われ，協議されることなく決定される内容もあることを明らかにしている。また「指示・伝達」が，問題・情報の共有化，学校の課題に関する協議，決定の各段階においてなされており，指示・伝達はマネジメント委員会での意思決定プロセスを方向づける重要な段階であると言える（図2）。

4 マネジメント委員会の課題

学校において，マネジメント委員会などの委員会や組織・体制を機能させるためには，そこで働く人の意識が重要である。また，学校の雰囲気や職員間のコミュニケーションが，学年会や委員会の運営に大きく影響すると指摘されている（淵上，2005：西山・淵上・迫田，2009など）。よって，マネジメント委員会を機能させるには，組織・体制を整えることだけでなく，そこで働く教職員の意識を高める必要があり，普段からのコミュニケーションが，より重要になってくると言える。

（山口豊一）

◆山口豊一・樽木靖夫・家近早苗・石隈利紀 2011 中学校におけるマネジメント委員会の機能がチーム援助体制及びチーム援助行動に与える影響—主任層に焦点を当てて 日本学校心理士会年報4, pp.103-112

■意思決定プロセス
マネジメント委員会において学校の課題等について話し合い，解決策や決定等を生み出す行動の時間的経過のことである。

◆山口豊一・石隈利紀 2008 中学校における学校マネジメント委員会の意思決定プロセスと機能に関する研究 日本学校心理士会年報1, pp.69-78

図2 マネジメント委員会の意思決定プロセス
（山口・石隈，2008を参考に作成）

◆山口豊一 2012 中学校のマネジメント委員会に関する学校心理学的研究 風間書房

◆淵上克義 2005 学校組織の心理学 日本文化科学社

◆西山久子・淵上克義・迫田裕子 2009 学校における教育相談活動の定着に影響を及ぼす諸要因の相互関連性に関する実証的研究 教育心理学研究57(1), pp.99-110

③ コーディネーション委員会

1 校内の資源をつなぐシステムづくり

学校は教師やスクールカウンセラー（以下SC）などの人的資源や，校務分掌上に位置づけられた委員会などの組織的資源をもっている。これらの援助資源を効果的に生かした援助システムを整備することによって，個別の子どもへの援助活動や学校全体の援助活動がより効果的に行えると考えられる。

校内の援助サービスのシステムとして期待されるのが，コーディネーション委員会である。コーディネーション委員会は，学校心理学における3段階のチーム援助に位置づけられ（図1），「学年レベルおよび学校レベルで生徒の問題状況に関する情報をまとめ，学校内外の援助資源の調整と連携を行いながら援助サービスの充実を図る委員会」と定義される。

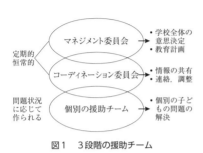

図1　3段階の援助チーム

◆山本和郎　1986　コミュニティ心理学―地域臨床の理論と実践―　東京大学出版会

2 コーディネーション委員会の機能

家近・石隈（2003）は，中学校における3年間の実践からコーディネーション委員会の四つの機能を見いだしている（図2）。

（1）コンサルテーションおよび相互コンサルテーション機能

話し合いのプロセスでは，参加者の専門性を活かしたコンサルテーション（相互コンサルテーション）が行われる。参加者は，①知識，②安心，③新しい視点，④ネットワーキングの促進（石隈，1999；山本，1986）などを得ることができる。

（2）学年，学校レベルの連絡・調整機能

情報交換を行いながら，把握した問題状況に対する方針を立てる。必要に応じて校内の

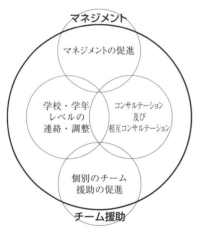

図2　コーディネーション委員会の四つの機能
（家近・石隈，2003 より）

◆家近早苗・石隈利紀　2003　中学校における援助サービスのコーディネーション委員会に関する研究―A中学校の実践をとおして―　教育心理学研究51(2)，pp.230-238

各委員会，運営委員会，援助チームに対して情報提供を行い，それぞれのチームの役割を明確化するとともに連絡や調整を行う。

（3）個別のチーム援助の促進機能

参加教師は，個別の援助チーム形成の判断や援助内容について検討する中で，自分の役割を明確にでき，参加者からフィードバックを受けることができる。

（4）マネジメントの促進機能

管理職（校長・教頭）が加わることによって，教職員と管理職の相互の直接的な働きかけが可能になる。このような管理職の意思伝達の流れは，管理職のマネジメントを促進することができる。

これらの機能を基に家近・石隈（2011）はコーディネーション委員会の機能尺度を開発している（表1）。この尺度は各学校のコーディネーション委員会のチェックリストとして利用することができる。

3　コーディネーション委員会の進め方

〈ステップ1〉では，学校や子どもの問題状況について情報を収集し，情報に対する質疑応答を行う。〈ステップ2〉では，担任教師から特に困難さを感じる事例の報告がされ，問題状況の共有と援助の必要性について判断する。〈ステップ3〉では，ステップ2で選んだ事例について質疑応答をしながら，メンバーが統合的なアセスメントを行う。〈ステップ4〉では，よりよい対応や解決の方策を検討し，援助方針と具体的な役割を決定する。

このようなステップを効果的に進めるためには，司会者が参加者の専門性（例：管理職・養護教諭・生徒指導主事・SCなど）を意識しながら意見が出やすい雰囲気づくりをすることが重要である。

（家近早苗）

表1　コーディネーション委員会の機能尺度

Ⅰ　個別のチーム援助の促進機能
個別の援助チームのメンバーを決定している
個別の援助チームのメンバーの役割分担を決定している
個別の援助チームに新しい考えを提供している
個別の生徒の援助チームの具体策を話し合っている
個別の援助チームの立ち上げについて決定している
個別の援助チームが困った時，その解決のヒントを出している
個別の援助チームのメンバーの意欲を高めている
個別の援助チームの援助の状況について報告している
個別の援助チームの援助の引き継ぎについて確認している
個別の生徒の支援計画を作成している
Ⅱ　コンサルテーション及び相互コンサルテーション機能
生徒の問題状況を共有している
生徒に関する情報を収集している
多方面からの生徒の問題について検討している
学校の問題について把握している
援助の方針を共有している
援助の目標を共有している
援助の具体策を作成している
生徒の問題のとらえ方が一方的になることを防いでいる
問題の緊急性について判断している
生徒への接し方のヒントを提供している
異なる専門性の視点から意見を出している
Ⅲ　マネジメントの促進機能
校長のアドバイスを入れている
校長の教育に関する意思が伝えられている
校長の学校経営の方針を伝えている
校長が情報を得ている
校長の取組の状況が教師に伝えられている
校長が方針を決定する際に相談内容が参考になっている
校長が一緒に考えてくれることがメンバーに伝わる
話し合いの内容を学校経営に反映している
Ⅳ　学校・学年レベルの連絡・調整機能
参加者の役割分担をしている
職員会議に情報を提供している
援助の方針や情報を学校全体へと伝えている
資料の作成に関する連絡をしている
学年会や各委員会に情報を提供している
学校外の機関や専門家との連絡や調整を行っている

◆家近早苗・石隈利紀　2011　心理教育的援助サービスを支えるコーディネーション委員会の機能尺度（中学校版）の開発―学校全体の援助サービスの向上をめざして―　学校心理学研究11, pp.57-68

4 個別の援助チーム

■相互コンサルテーション
　異なった専門性や役割をもつ者どうしが，それぞれ専門性や役割に基づき，子どもの状況について検討し，今後の援助方針を決定する話し合い。

■コンサルテーション
　異なった専門性や役割をもつ者どうしが，一方の専門性に基づいた援助を受ける話し合い。

図1　コア援助チーム

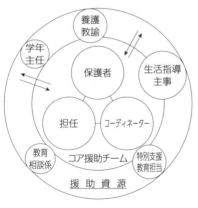

図2　拡大援助チーム

1　子ども一人ずつの支援隊

　個別の援助チームは，問題状況や危機状況にある子どもの問題解決や発達支援のために，事例ごとに構成する。個別の援助チームとは，"苦戦している子ども一人ずつの支援隊"であり，小回りのきく実働部隊でもある。個別のチーム援助には，トップダウン型とボトムアップ型がある。トップダウン型とは，校内委員会で決まった方向性に沿いながら，個別のチーム援助を行う場合である。ボトムアップ型とは，担任，保護者，コーディネーター等のいずれかの要請で問題状況に合わせてタイミングよく柔軟に立ち上げるチームのことである。後者はチーム援助の校内体制がない場合でも，柔軟にタイミングよく組めることが最大のメリットである。援助の経過は校内委員会へ報告する。近年子ども自身を直接的・間接的に話し合いに加える「子ども参加型援助チーム」も実践され始めている。

2　個別の援助チームの3タイプ

　援助チームには，次の3タイプがある。
① コア援助チーム…主に保護者・教師・コーディネーターが援助チームの核となり，直接的・間接的に子どもの援助を主導する形態。定期的に相互コンサルテーションやコンサルテーションを行う。
② 拡大援助チーム…コア援助チームをベースに子どもにとって必要な学校内外での援助資源（学年主任・適応指導教室相談員等）に参加を依頼し，作戦会議（石隈，1999）を位置づけながら援助していく形態。人数は4〜8人までが適当である。

③ネットワーク型援助チーム…拡大援助チームのメンバーが保有するネットワークを通じて広く援助を要請する形態。上記の①②のすべての要素を含み，さらに外部機関やボランティア等さまざまな援助資源が関わる。このタイプの場合は援助者が一堂に会することは稀であるが，コーディネーターが他の援助者との連絡・調整役を行い連携を図る。コーディネーター役は一人から複数存在する。

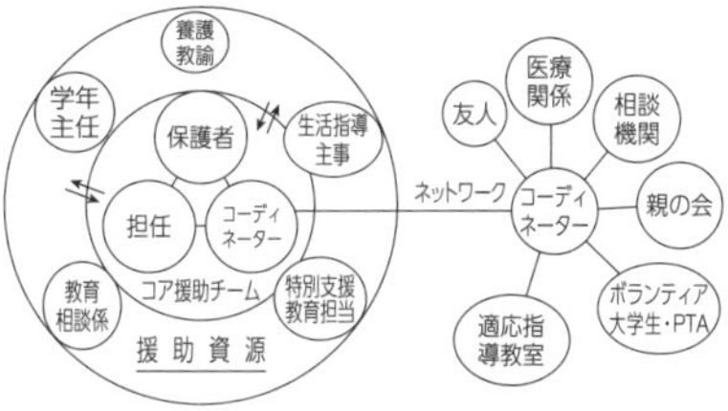

図3　ネットワーク型援助チーム

3　効果的に機能させるポイント

（1）メンバー間の信頼関係
チームを構成する前に，十分な話し合いをもち信頼関係を構築する。

（2）チームの大きさ
活動のしやすさ，チームとしての成熟，情報守秘等の観点から少人数が望ましい。

（3）多面的な援助資源の把握
子どもの自助資源（趣味，特技など）と環境における援助資源（友だち等）を活用する。

（4）コーディネーター
子どもの欲求や援助ニーズを検討し援助案へ反映する。援助者のもち味を，援助に生かすことを心がける。

（5）保護者の位置づけ
保護者は，「援助を受ける側」と同時に「援助者側」にも位置づけることが望ましい。保護者がチームに入ることで援助ニーズが明確になる。さらに援助案が説明され合意されることで，援助が円滑に進みやすい（図4参照）。

（6）援助者側の成長
援助者はチームでの援助を通して，相互に学び合い，ともに成長していく過程を経験する。チーム援助の経験は他の子どもたちの援助へも還元される。

（田村節子）

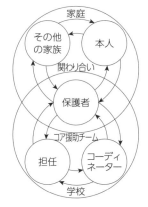

図4　コア援助チームでの保護者の位置づけ

◆参考図書―より深い理解のために
石隈利紀・田村節子　2003　石隈・田村式援助シートによるチーム援助入門―学校心理学・実践編　図書文化

田村節子・石隈利紀　2013　石隈・田村式援助シートによる実践チーム援助：特別支援教育編　図書文化

5 コーディネーション行動

1 コーディネーション行動とは

　チーム援助が効果を上げるためにコーディネーターが行う調整行動をコーディネーション行動という。コーディネーション行動に関する研究には，高校，中学校を対象とした研究（瀬戸・石隈，2002；2003；2010，瀬戸，2008），養護教諭を対象とした研究（秋光・白木，2010）がある。

　コーディネーション行動は特定の個人に対する個別の援助チームレベルと，コーディネーション委員会やマネジメント委員会におけるシステムレベルの二つに分けて考えることができる。現状としては異なった専門性をもつ複数の人間が協力しながらコーディネーションを行っている。高校においては生徒指導主任が，中学校においては生徒指導と学年主任がコーディネーションの中心であり，SCはいずれの学校種においても保護者と連携する際のコーディネーションを主に担っている。

2 個別の援助チームレベルでのコーディネーション行動

　個別の援助チームレベルでのコーディネーション行動は以下の四つの観点からとらえることができる。
① 「アセスメント・判断」：児童生徒の状況や援助資源を把握したり，問題行動の意味や今後の見通し，対応について判断する。
② 「保護者・担任連携」：対応についての保護者や担任の方針や考え，援助ニーズや抵抗感を理解し，保護者と担任の仲介を行う。
③ 「説明・調整」：中心になって役割分担や意見調整を行い，問題行動の意味や対応，

◆瀬戸美奈子・石隈利紀　2002　高校におけるチーム援助に関するコーディネーション行動とその基盤となる能力および権限の研究—スクールカウンセラー配置校を対象として　教育心理学研究50(2)，pp.204-214

◆瀬戸美奈子・石隈利紀　2003　中学校におけるチーム援助に関するコーディネーション行動とその基盤となる能力および権限の研究—スクールカウンセラー配置校を対象として　教育心理学研究51(4)，pp.378-389

◆瀬戸美奈子・石隈利紀　2010　システムレベルのコーディネーション行動が援助システムの活性化に与える影響—A中学校における実践事例を通して　カウンセリング研究43(4)，pp.278-286

◆瀬戸美奈子　2008　コーディネーション行動がチーム援助の有用性に与える影響—高等学校における別室登校の事例を通して—日本学校心理士会年報第1号，pp.51-60

◆秋光恵子・白木豊美　2010　チーム援助に関するコーディネーション行動とその基盤となる能力・権限が養護教諭の職務満足感に及ぼす影響　教育心理学研究58(1)，pp.34-45

取り組みについて職員や管理職に説明する。
④「専門家連携」：担任と専門機関・カウンセラーとの仲介や情報交換を行う。

　これら四つは互いに関係しながら援助チームの有用性を高めるために機能している。

3　システムレベルでのコーディネーション行動

　援助チームでの活動を広く支えるシステムレベルのコーディネーション行動は以下の四つの観点からとらえることができる。
①学校運営に関する「マネジメント促進」：心理教育的援助サービスに関する組織改善について検討委員会を開くように呼びかけ，管理職と話し合い，会議で発言する。
②「広報活動」：校内の相談ルートを保護者，児童生徒，職員全体に広報する。
③「情報収集」：児童生徒の問題が起きたとき，他の教師から連絡を受けたり，生徒の状況について日常的に情報交換する。
④「ネットワーク」：外部専門機関の特色やカウンセラーを理解し，つながりをつくる。

4　コーディネーション行動を支える能力・権限

　コーディネーション行動には，①集められた情報から適切に判断する状況判断能力，②判断の妥当性を検討するための専門的知識，③他のメンバーや組織に働きかける援助チーム形成能力，④円滑な話し合いを行いながら問題解決を進める話し合い能力，⑤立場上，自分が判断できる役割権限が関係しており，コーディネーターにはコンサルタントとしての能力と役割権限（牧，1998）がともに必要だと言える。

（瀬戸美奈子）

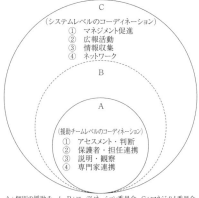

A：個別の援助チーム，B：コーディネーション委員会，C：マネジメント委員会

図　心理教育的援助サービスの3層のシステムとコーディネーション行動の構造（瀬戸，2003より，一部変更）

■役割権限
　学校経営の観点から牧（1998）は，組織が組織として機能するための職務の三角形を提示し，職務に伴う責任と権限を明確にすることが重要だと指摘している。

◆牧昌見　1998　学校経営の基礎・基本　教育開発研究所

C 学校心理学を支える心理教育的援助サービスの方法と技法　4 コーディネーションとチーム援助の方

6 危機対応チームにおけるコーディネーション

1 学校危機対応

　学校危機発生後は，危機時の混乱への対応，早期の回復や復旧，学校の再開に向け，役割を分担してチームで対応する必要がある。

　危機時の校内では，児童生徒と教職員を対象にした情報の収集，状況判断と意思決定，情報の伝達等の緊急会議を行う必要があり，児童生徒を対象にした集会，集団管理，心のケアなども想定される。学校外では，保護者，教育委員会，消防や警察，マスコミ，医療機関，保健所，児童相談所，周辺の学校，地域の自治会，市町村などへの対応，連絡，説明，協力や支援の要請などが想定される。

　学校危機状況の中で，対応の中心は管理職になるが，対応内容や教職員の役割分担についての知識や理解がないと，数人の管理職ですべての対応を抱え込んでしまい，混乱をきたす。適切で包括的な対応を進めるためには，危機の内容と学校の体制にもよるが，表1のように7種類ほどの役割設定が必要となる。平常時より校務分掌に対応して役割分担を決めておいてもいいし，当日に出勤している教職員の中で短時間に役割分担する方法もある。

2 コーディネーターの役割

　コーディネーターの校内での役職にもよるが，おおむね次のような役割が期待される。①校内の事情や状況について詳しく，ある程度の内容について判断ができ，保護者に納得してもらえるような説明ができる一定の管理責任のある教職員で，②児童生徒，教職員，保護者とコミュニケーションをとり，ニーズやニーズの変化を見きわめ，③外部の専門家

表1　危機対応チームの役割と校務分掌例

①代表（校長）	チームのミーティングを進行し，チームの活動を統括
②副代表（副校長・教頭）	代表を補佐し，チームの活動状況を記録
③メディア（教務）	マスコミからの問い合わせの対応窓口　教職員，児童生徒，保護者への連絡・報告，報道発表の担当
④コミュニケーション（総務）	校内のすべての連絡を担当，保護者への連絡担当，外線電話の記録
⑤スタッフ間連絡（事務）	教職員の電話連絡網作成，連絡方法の整備
⑥カウンセリング（保健）	カウンセリングが必要な児童生徒の特定，カウンセラーとの打ち合わせとスーパービジョン，相談室利用の優先順位の検討
⑦集団管理（生徒指導）	児童生徒や教職員の移動，来校者の管理

（Schonfeldら，2002より作成）

との連携を進め，④チームの取り組みを他の教職員と情報共有する。生徒の情報共有のためのコーディネーターを中心とした中学校における組織の例を図1に示した。

学校危機後の学校では，まず，学校生活の安全の確保と安心感の回復をめざす。そのためには，事件・事故，災害についての受け止め方，安全を確保するために避難の仕方や危険の回避の仕方を教える。さらに，児童生徒が経験した事件・事故，災害が心身に及ぼす影響について説明し，そのような影響を緩和するためのセルフケアやストレスマネジメントの方法を教える機会を設定する。教職員も同様に影響を受けているので，こういった指導の前には，心理教育の研修を行い，児童生徒の指導のための指導案を提供し，安全で安心な学校生活をスタートさせる。

学校の日常が回復する中，コーディネーターは，学級担任に加え教科担任と連携し，教材や指導内容について配慮が必要な児童生徒への対応，学力保障のための教材や補習について，打ち合わせが必要になる場合もある。

中長期にわたる支援では，児童生徒間で回復状況に差違が見られることがあり，個別の対応が求められる。学年進行に伴う担任交替やクラス替えが円滑に進むように全教職員からの配慮や支援をつなぐ役割が期待される。

以上のように，コーディネーターは，事件・事故，災害直後の危機対応にとどまらず，日常生活の復旧や回復に向け，安全と安心感をもたらし，再発防止の取り組みを含めた危機対応の推進役となる。あわせて，学校危機のシミュレーション訓練により，危機対応マニュアルや教職員間の申し合わせが危機時に有効に機能するかを確認するなど，平常時よりチームでの危機対応をリードしてもらいたい。

（瀧野揚三）

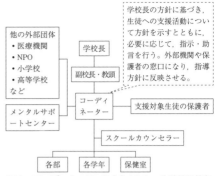

図1　コーディネーターを中心とした，生徒情報共有のための組織図　（瀧野，2011より作成）

■中長期支援のコーディネート

学年進行による担任間の引き継ぎに際し，支援対象の児童生徒，保護者，教科担当，カウンセラー，主治医，管理職等と連絡調整のコーディネートをする必要がある。また，定期的に全教職員対象のサポート会議を開き，学校での生活環境の整備と配慮を要する児童生徒への対応に共通認識がもてるよう，トラウマケアを意識した運営を進める。

■引用文献

◆Schonfeld, D.J., Lichtenstein, R., Pruett, M.K. & Speese-Linehan, D. 2002 *How to Prepare for and Respond to a Crisis (2nd edition)* Alexandria, VA: Association for Supervision and Curriculum Development（元村直靖監訳　2004　学校危機への準備と対応　誠信書房）

◆瀧野揚三　2011　学校危機対応におけるチーム援助　児童心理65(3)，pp.86-92

7 コーディネーションの強みと課題

◆佐藤一也 1998 学校教育相談の定着を図るためのモデル―作戦会議を柱として 日本学校教育相談学会岩手県支部研究紀要 3・4合併号

◆瀬戸美奈子・石隈利紀 2002 高校におけるチーム援助に関するコーディネーション行動とその基盤となる能力および権限の研究―スクールカウンセラー配置校を対象として― 教育心理学研究50(2), pp.204-214

◆瀬戸美奈子・石隈利紀 2003 中学校におけるチーム援助に関するコーディネーション行動とその基盤となる能力および権限の研究―スクールカウンセラー配置校を対象として― 教育心理学研究51(4), pp.378-389

◆西山久子・淵上克義・迫田裕子 2009 学校における教育相談活動の定着に影響を及ぼす諸要因の相互関連性に関する実証的研究 教育心理学研究57(1), pp.99-110

◆今西一仁 2013 機能する校内支援体制をどうつくるか 月刊学校教育相談2013年3月号, pp.32-37

図1 コーディネーションに焦点を当てた支援体制づくり（今西, 2013 より）

1 コーディネーションの強み

コーディネーションを実施することの強みとしては、①多面的なアセスメントと多様な資源の発見・活用、②すべての児童・生徒に対する指導・援助の公平性と全体的整合性の確保、③責任ある教育的判断と指導・援助の役割の明確化、④教師の学び合いと支え合い（佐藤, 1998）、⑤個々の教師の負担軽減と安定的・継続的援助などが考えられる。

2 学校においてコーディネーションを効果的に機能させるための今後の課題

コーディネーション行動は、一時的に編成される特定の個人に対する援助チームと、恒常的に行われる複数あるいはすべての児童生徒に対する援助システムという二つの異なる構造を有している（瀬戸・石隈, 2002）。また、教育相談の定着に直接的影響を及ぼす要因としては教育相談システムと協働的風土、間接効果を示す要因として校長のリーダーシップがある（西山・淵上・迫田, 2009）。今西（2013）は、これらの先行研究を基にコーディネーションに焦点を当てた支援体制づくりの課題を図1のように整理している。

（1）システムづくり

コーディネーションに関する援助システムとしては、①特定の児童生徒に対して編成される援助チーム、②学校において恒常的に開催されるコーディネーション委員会、③学校全体の教育システムの運営に関する運営委員会がある。

（2）サイクルづくり

コーディネーション委員会は、定期的に開

催されることによって教師どうしが子どもへの援助についてともに考える場と機会を構造化し，教師の当事者意識を高める（家近・石隈，2007）。システムを恒常的に機能させていくためには，コーディネーション委員会を定例化し年間行事計画の中に位置づけるなど，年間を通してアセスメントから援助につながる援助サイクルをつくることが必要である。

（3）コーディネーターの養成
①コーディネーターの役職と権限

学校におけるコーディネーターを担当する役職としては，特別支援教育コーディネーター，教育相談担当者（中原ら，2012），養護教諭（秋光・白木，2010）が考えられる。瀬戸・石隈（2002, 2003）は，コーディネーションを円滑に機能させるためには一定の職務上の権限が必要であり，現状では生徒指導主事，学年主任などがその役割を担うと指摘している。校種や学校の実態に応じてその役職は異なるが，コーディネーター担当者に対して一定の職務上の権限を与える人事的配慮が必要であろう。その点，管理職のリーダーシップとバックアップが欠かせない。

②コーディネーターの役割

今西（2013）は，大野（1997）を基に，コーディネーターの役割を図2のように整理している。主な役割は具体的な事例に対する連携と援助であるが，それを円滑に行うためには推進役としての役割が必要になる。

③コーディネーターの養成

コーディネーター養成においては，在籍校におけるコーディネーターの役職と権限についての人事的配慮が欠かせない。その点，教師個々の校外研修や校内研修だけでなく，教育委員会など行政によるコーディネーター養成研修も必要である。

（今西一仁）

◆家近早苗・石隈利紀 2007 中学校のコーディネーション委員会のコンサルテーションおよび相互コンサルテーション機能の研究—参加教師の体験から— 教育心理学研究55, pp.82-92

◆中原美恵ら 2012 「教育相談コーディネーター」の役割について考える 日本教育心理学会第54回総会発表論文集, pp.686-687

◆秋光恵子・白木豊美 2010 チーム援助に関するコーディネーション行動とその基盤となる能力・権限が養護教諭の職務満足感に及ぼす影響 教育心理学研究58(1), pp.34-45

◆大野精一 1997 学校教育相談 理論化の試み ほんの森出版

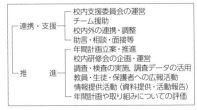

図2 コーディネーター担当者の役割
（今西, 2013 より）

■行政によるコーディネーター養成の例
①校外の研修講座による養成（神奈川県立総合教育センター 2004〜など）
②長期研修生としての派遣による養成（岩手県立総合教育センター 2011〜2014）
③指導主事などの学校訪問による養成（高知県心の教育センター 2011〜2015）

Part Ⅲ

学校心理学の実践：心理教育的援助サービス

PartⅢでは，子どもたちを取り巻くさまざまな課題に対応する基本的視点を整理した。学校心理学に基づく実践の手引きとして活用してほしい。

[内　容]
1 子どもをめぐる課題への援助
2 家族・地域をめぐる課題への援助
3 教師をめぐる課題への援助
4 学校をめぐる課題への援助

1 子どもをめぐる課題への援助

① 学ぶ意欲の問題

■ PISA（Prugurame for International Student Assessment）
OECD が2000年以降実施している国際学習到達度評価プログラムで，学力の国際比較を行ってきた。読解力，数学的リテラシー，科学的リテラシーを中心に15歳児を対象に3年ごとに実施されている。

■ 外発的動機づけ（賞と罰）の問題点
賞・賞を与える者に対する服従，従順を助長する。
・子ども自身の創意工夫の意欲を低める。
・賞を与えられないとき，意欲が低下する。

罰・罰を与える人に反発，抵抗心をもたせる。
・罰を与える人との人間関係が悪化する。
・何をしたらよいのか，罰だけではわからない。
・新たな大きな罰を避けるため，現在の行動を変えようとしないこともある。

■ 内発的動機づけのモデル
(自己評価的動機づけ：櫻井，1995)

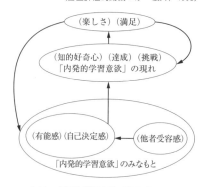

図1　内発的学習意欲の発現プロセス

1　問題の背景

近年，日本の子どもの学力低下が大きな社会問題となっている。平成20（2008）年の学習指導要領から，教育内容や指導時間の見直しを行った結果，一時順位を下げた国際学力検査（PISA）の結果も上位に復活した。しかし，学力検査の結果が復活しても，学ぶ意欲は低いままとどまっている。学ぶ意欲が低い背景には，子どもたちが学ぶ意義や学ぶ楽しさを感じられない学校の学習活動が浮かび上がってくる。学ぶ意欲の程度に応じた援助が必要である。

2　学ぶ意欲の種類

「学ぶ意欲」については，心理学における「動機づけ」という研究領域で研究が積み重ねられてきた。それによると，「動機づけ」は2種類に分けられる。一つは外発的動機づけと呼ばれるもので，行動を引き起こす原因が自分の周り（環境）にあるものである。もう一つは内発的動機づけと呼ばれるもので，行動を引き起こす原因が自分自身にあるものである。

外発的動機づけは「賞と罰による動機づけ」と言ってもよい。例えば，テストでよい点を取ってほめられたり，褒美をもらったりすることでテスト勉強をがんばる場合では賞による動機づけである。逆に，テストで悪い点を取ると叱られたり，小遣いを少なくされる場合は罰による動機づけとなる。賞や罰には一長一短があることを踏まえて活用するこ

とが望ましい。教育的には慎重でありたい。

　他方，内発的動機づけは，教科書の内容に興味があるから（知的好奇心），やってみたいから（知的好奇心，達成，挑戦）という理由で自ら進んで勉強を始める場合である。この動機づけは子どもが自ら関心をもち，自ら進んで学ぶ姿勢につながるため，教育的には望ましいとされる。これを促進するには，子ども自身が「自分はできる」（有能感），「自分でやると決めた」（自己決定感）と周りの友達や大人に見守り（他者受容感）が必要である（櫻井，1997）。

3　内発的意欲を育てる条件

　内発的意欲を育てるためには，子どもの「興味・関心をもつ心」が育つような援助が必要がある。例えば，幼児期から多様な体験を通して，どんな対象や活動に関わっているとき子ども自身が興味・関心をもち「のめりこむ」ことができたかを知ることを援助する。この体験が「興味・関心をもつ心」を育てる援助の中核となる。

　また，子どもがどのような種類の動機づけに影響を受け行動するかに関して，新井(1995)が発達的モデルを提出している。これを見ると年齢が上がるにしたがって，「自己目標実現」に基づく学ぶ意欲が優勢になることがわかる。したがって，子ども一人ひとりが「将来何になりたいか」を自覚する機会や「職場体験学習」等を通して「自己目標実現」に向かって学習することを促進する一次的援助サービスが大切である。

　近年，「職場体験学習」を実施する学校が増えている。こうした試みは，児童生徒の学ぶ意欲を持続させるうえで大切であるばかりでなく，学校で「学ぶ意義」の理解にもつながる。

（小野瀬雅人）

■**学習意欲の発達的変化**（新井，1995）

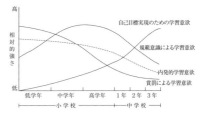

図2　学習意欲の相対的強さの変化

◆新井邦二郎　1991　図でよむ心理学 学習　福村出版

◆櫻井茂男　1997　学習意欲の心理学─自ら学ぶ子どもを育てる─　誠信書房

◆新井邦二郎　1995　「やる気」はどこから生まれるか　児童心理2月号臨時増刊　金子書房

◆**参考文献**
櫻井茂男　2009　自ら学ぶ意欲の心理学　有斐閣
鹿毛雅治　2013　学習意欲の理論　金子書房

[1] 子どもをめぐる課題への援助

② 不登校

■理由別長期欠席者数（学校基本調査，平成27年度より学校基本統計に名称変更）
「病気」：本人の心身の故障等（怪我を含む）により，入院，通院，自宅療養のため，長期欠席した者。
「経済的理由」：家計が苦しくて教育費が出せないとか，生徒が働いて家計を助けなければならない等の理由で長期欠席した者。
「不登校」：何らかの心理的，情緒的，身体的，あるいは社会的要因・背景により生徒が登校しないあるいはしたくともできない状況にある者（ただし，「病気」や「経済的理由」による者を除く）。
「その他」：上記「病気」，「経済的理由」，「不登校」のいずれにも該当しない理由により長期欠席した者。「その他」の具体例：①保護者の教育に関する考え方，無理解・無関心，家族の介護，家事手伝いなどの家庭の事情から長期欠席している者。②外国での長期滞在，国内・外への旅行のため長期欠席している者。③連絡先が不明なまま長期欠席している者（1年間にわたり居所不明であった者を除く）。④欠席理由が二つ以上あり（例えば「病気」と「不登校」），主たる理由を特定できない者。

■問題行動調査等
毎年，文部科学省初等中等教育局児童生徒課から「児童生徒の問題行動等生徒指導上の諸問題に関する調査」が発表されており，その中に「小中学校の不登校」がある。
URL：http://www.mext.go.jp/b_menu/toukei/chousa01/shidou/1267646.htm

◆保坂亨　2000　学校を欠席する子どもたち　東京大学出版会

◆保坂亨　2009　"学校を休む"児童生徒の欠席と教員の休職　学事出版

1　長期欠席と不登校

文部省は1951年度から小中学校の長期欠席児童生徒の調査を開始し，その後学校基本調査に取り入れられて今日に至っているが，図に示すように50日以上の調査は1997年までとなっている。なお，この図には「学校ぎらい（現在の不登校）」が登場した1966年からのデータを加えてある。1991年度から8年間は30日以上と50日以上の2本立てで調査されることとなり，1999年度から30日以上に統一されて現在に至っている。つまり，長期欠席といっても，時代によってその定義が変遷している。

この学校基本調査では，長期欠席の理由を「不登校」「病気」「経済的理由」「その他」に4分類している（理由別長期欠席者数）。筆者は，各学校が報告するこの理由（4分類）のあいまいさを明らかにし，「不登校」だけでなく長期欠席全体を注目すべきだと指摘してきた（保坂，2000，2009）。国立教育政策研究所（2012）においても，長期欠席に占める「不登校」の割合が都道府県によって大きく異なることや，小学校の「病気」が占める割合が大きいことへの疑問から「長期欠席すべてを問題にする」としている。

2　長期欠席（不登校）のタイプ「危険な欠席」

筆者は，長期欠席（不登校）を大きく二つのタイプ（「神経症型不登校」と「脱落型不登校」）に分類した。このうち「神経症型不登校」は，従来からの狭義の「登校拒否」であり，登校しようとしても心理的な理由から登校できないという葛藤状況にあるのが特徴

である。一方,「脱落型不登校」は,怠学(学力不振)も含んで広く学校文化からの脱落(ドロップアウト)という側面を特徴とするが,学校に行くための前提ともいうべき家庭環境が整っていない場合もある。この「脱落型不登校」は,文部科学省の「問題行動調査等」における「非行遊び型」と家庭的要因が大きい「その他」と重なるところである。

調査データや事例分析からは,この脱落型不登校が,経済的に厳しい状況にある家庭から生まれる可能性が高いことがわかっている。こうした家庭は,養育能力欠如という点で虐待(ネグレクト)と水面下でつながっている危険性があり,「危険な欠席」という視点が必要になっている。例えば,1961年度以降学校基本調査の「不就学」という項目の最後に「1年以上居所不明児童生徒数」が掲載されている。マスコミ報道の指摘を受けて文部科学省が調査方法について点検を行った結果,2009年度326人から2010年度1183人へと突然急増したことなどにより,いわゆる「行方不明の子どもたち」として注目を集めた(保坂,2013,2014,2015a,b)。

3 「カウンセリング」型支援から「アウトリーチ」型支援への転換

「不登校＝心の問題」というとらえ方と平行して,スクールカウンセラーの配置が進んでいった。そのカウンセラーたちには,問題を抱えた児童生徒の話を聞いて寄り添うというカウンセリング型支援が求められた。しかし,今後は積極的に支援していくアウトリーチ型支援(例えば訪問相談)が必要とされており,スクールソーシャルワーカーの配置が進むことになろう。

(保坂　亨)

◆国立教育政策研究所生徒指導進路指導研究センター　2012　不登校,長期欠席を減らそうとしている教育委員会に役立つ施策に関するQ&A
URL：http://www.nier.go.jp/shido/fqa/

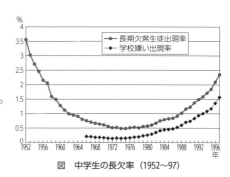

図　中学生の長欠率（1952〜97）

◆保坂亨　2013　「行方不明」の子どもたち　子どもの虹情報研修センター紀要11, pp.1-13
URL：http://www.crc-japan.net/contents/guidance/pdf_data/kiyou_no11.pdf

◆保坂亨　2014　脱落型不登校と「危険な欠席」,「行方不明」　青少年問題61(春季号), pp.10-17

◆保坂亨　2015a　居所不明児童生徒の実態と学校教育　子ども虐待とネグレクト17(1), pp.28-33

◆保坂亨　2015b　学校から見えない子どもたち　月刊生徒指導6, pp.18-21

1 子どもをめぐる課題への援助

③ いじめ

1　いじめに関する合意形成を丁寧に

いじめの定義は，研究者や行政のものでも変化し，一致していない。近年はネットいじめの登場により，いじめの範囲を定めるのはさらに困難になった。子どもたちや保護者の間でも定義にずれがあり，対処の開始を阻害する場合がある。世界各国の類似の現象を指し示すことばにも，ニュアンスの違いがある。しかし，いじめの本質は，〈第三者に告げたり逃げたりしにくい関係の中で繰り返される攻撃〉である。そういう点では，児童虐待やドメスティック・バイオレンスとも通底する。

だからこそ，予防や介入のための援助場面では，だれかの定義のみで議論するのではなく，自分たちの定義を話し合うことに意味がある。また，いじめだけではなく，児童虐待などの問題との関連をおさえる必要がある。

いじめは，初期はからかいなどと見分けにくく，深刻化すると被害者も隠すために発見が難しい。いつでもどこでも起きうることを前提にした予防教育が望まれる（山崎・戸田・渡辺，2013）。

2　いじめをエスカレートさせない

いじめは，被害者，加害者，観衆，傍観者の四層構造で行われる（森田・清永，1986）。観衆がはやしたて，傍観者が見て見ぬふりをすることで，いじめは深刻化する。加害者や被害者への働きかけだけではなく，いじめの実態を知る周囲の子の態度が，いじめ抑止の鍵になる。

中井（1997）は，被害者の立場からいじめの過程に着目し，孤立化，無力化，透明化と

◆山崎勝之・戸田有一・渡辺弥生編著　2013　世界の学校予防教育―心身の健康と適応を守る各国の取り組み―　金子書房

■いじめの四層構造

いじめ問題を考える際に，個人の問題として考えるだけではなく，集団の病理として考えることが必要である。加害者と被害者以外に，起きていることを「知っている」人がいる。社会的注目を集めるいじめ自殺事件などの際に，後から出てくる目撃証言やアンケート結果が，なぜ事前に集約され活かされなかったのか，考える必要があると思われる。

◆森田洋司・清永賢二　1986　いじめ―教室の病い―　金子書房

◆中井久夫　1997　アリアドネからの糸　みすず書房

いう3段階に分けている。戸田ら（2008）は，いじめのプロセスモデルを提案し，いじめの芽であったものが繰り返されていじめになり，深刻化していじめ犯罪になるとしている（右図）。

　いじめ防止対策推進法が施行されたことで学校の対策は前進したが，対策の見直しの継続が重要である。例えば，「いじめのないクラス（学校）」を目標に掲げることにはデメリットもある。担任などが自身の評判の低下を恐れて，いじめの発見に消極的になることもあるからである。むしろ，「いじめの芽」を発見して早期に対処し，「いじめをエスカレートさせない」ことを目標にすることが望ましい。

3　いじめのアフターケアも

　いじめは，時に長期的な影響を及ぼす。被害者の抑うつなどが継続するだけではなく，かつてのいじめ加害者が親である子どもがいじめをしやすいという縦断的調査の結果もある。アメリカやフィンランドでは，いじめ被害者が後に学校銃乱射事件を起こし，多くの命が失われている。

　よって，いじめ予防と早期介入だけではなく，関係者のアフターケアが重要である。しかし，この観点での学校での取り組みは，現時点では不十分と思われる。

　また，いじめは子どもたちの間だけではなく，教職員の中でも起きうる。体罰も，逃げられない関係の中で繰り返されることがある。いじめ，体罰，パワハラなど，異なる呼称の問題を皆で総合的に考え，抑止していく風土を学校に醸成していく必要がある。

（戸田有一）

■いじめのプロセスモデル

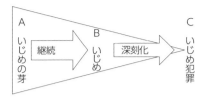

◆戸田有一・Strohmeier, D.・Spiel, C.　2008　人をおいつめるいじめ―集団化と無力化のプロセス―　（加藤司・谷口弘一編著　対人関係のダークサイド　北大路書房, pp.117-131）

■いじめ防止対策推進法
　平成25年9月に施行されたもので，学校に対して，国や地域のいじめ防止基本方針を踏まえ，その学校の実情に応じた同様の基本的な方針の策定を求めている。さらに，学校の設置者およびその設置する学校が講ずべきいじめの防止等に関する措置や，重大事態への対処等について規定している。

■被加害者（bully-victim）
　短期間のうちに，いじめの被害者と加害者の両方を経験する子どももいる。そういう子どもについては，被加害者というカテゴリで注目されており，精神衛生上の問題がより深刻である。

■いじめと学校銃乱射事件
　アメリカで1974〜2012年に起こった中学校と高等学校での銃乱射事件36件の犯人38人のうち，少なくとも20人（52.6%）が仲間によるいじめ・ハラスメント・脅迫への復讐が動機であった（Larkin, 2013）。

◆Larkin, R. W. 2013 Legitimated Adolescent Violence: Lessons from Columbine. In N. Böckler, T. Seeger, P. Sitzer & W. Heitmeyer (Eds.), *School Shootings: International Research, Case Studies, and Concepts for Prevention* (pp.159-176). New York, US: Springer Science + Business Media.

① 子どもをめぐる課題への援助

4 非行

■少年法上の「非行」

「非行」には，14歳以上20歳未満の少年による犯罪行為，14歳未満の少年による触法行為，そして，20歳未満の少年による虞犯行為（犯罪や触法に至るおそれの高い行為状態）の3種類がある。

また，非行には至らないものの，飲酒・喫煙・深夜徘徊等をしている少年は，「不良行為」少年と呼ばれる。

非行少年は，家庭裁判所に送致され，保護処分を受ける可能性がある。一方，不良行為少年は警察の補導対象となるが，家庭裁判所には送致されない。

なお，14歳未満の少年については，少年法よりも児童福祉法上の措置が優先されるため，非行をした場合でも，まずは児童相談所において判断を行う。

■非行予防教育の具体的方法

國分康孝監修・押切久遠著　2001　クラスでできる非行予防エクササイズ　図書文化
を参照されたい。

■非行への3段階の対応モデル（非行モデル）

図　3段階の対応，その対象および対応の例

非行問題への対応を考える際にも，学校心理学の視点が役に立つ。ここでは特に，学校心理学における「3段階の援助サービス」を基にした「非行への3段階の対応モデル（非行モデル）」を提示してみたい。

1　非行モデルにおける第1段階の対応

すべての子どもを対象に非行予防教育を行うことである。非行は未然に防ぐことが最も大切である。ホームルーム・道徳・総合的な学習の時間等を使い，構成的グループ・エンカウンターやアサーション・トレーニング等の手法を用いたり，外部から講師を招いたりして，予防教育を計画的に行うことが望ましい。少年による事件がクローズアップされることも多い昨今，非行というテーマに焦点を絞った具体的な予防教育（例えば，どのような行動が非行にあたるのかをグループで考え，学ぶエクササイズ等）を，早いうちから実施することが重要と考える。

2　第2段階の対応

粗野な言動や，生活時間の乱れ，不良グループへの接近など非行化のサインが見られる子どもに関わっていくことである。この段階で丁寧な対応をしておけば，多くの子どもは，非行が進む前の段階で引き返すことができる。また，不良行為少年や非行少年のうち，非行性がそれほど進んでいない子ども（例えば初発の子ども）は，この段階と第3段階の中間に位置する対象である。個別に関わったり，校内でチーム援助を行ったり，警察・児童相談所等の外部機関と積極的に連携したりして，

早期対応に努める必要がある。

3　第3段階の対応

　非行を繰り返す子どもを対象に行うものである。この段階では，かなりの時間と労力を覚悟し，外部ともしっかり連携してチーム援助を行っていく必要がある。対象となる子どもは，学習面や心理・社会面，家族関係，交友関係等に大きな問題を抱えていることが多いからである。もしもその子が非行をして家庭裁判所に送致された場合，観護措置，試験観察や保護処分（少年院送致，保護観察等）となる可能性も出てくる。少年鑑別所，保護観察所などさまざまな機関が関係してくるかもしれない。児童自立支援施設や少年院等の施設へいったん送られるのでないかぎり，その子は家庭や学校に戻って，従来の生活環境の中で更生を図ることになる。その場合，より広範囲の大人による粘り強い働きかけが必要とされるであろう。

■非行少年の処遇
　概要については，最新刊の『犯罪白書』（法務総合研究所）を参照されたい。

■より広範囲の大人
　保護司等の地域ボランティアも，更生のための援助資源として大切な存在である。

4　指導サービスと援助サービス

　非行問題に対応する際は，どの段階の対応を行っているのか，または行う必要があるのか，常に意識しておいた方がよい。そして，その段階に合わせて，外部とうまく連携していくことが大切である。

　また，非行モデルにおいては「指導サービス」，特に「枠組みをつくる」「ルールを守らせる」「壁になる」といったことも重要になってくる。しかし，指導サービスの基盤には「援助サービス」がある(石隈，1999)ことを，忘れてはならないと思う。援助サービスを基盤にするとは，心理教育的アセスメントによる，その子どもの援助ニーズの把握と援助資源の発見，さらにはその援助資源の活用が対応の基本にあるということである。　　（押切久遠）

■連携のコツ
　うまく連携するコツは，連携する相手方の役割・立場・組織等を可能なかぎり理解しておくことである。

■非行対応の蓄積と共有
　各段階で得られた経験や知識を蓄積し，共有することによって，学校組織としての非行対応に厚みがでてくるはずである。

□ 子どもをめぐる課題への援助

❺ 発達障害

1　学習面・行動面での著しい困難

　小中学校や高等学校の通常学級には，知的障害はないものの学習面や行動面でさまざまな状態の児童生徒が在籍している。そのような偏りは，時に，学習面や行動面における特定の事項についての著しいつまずきとなる場合がある。得意不得意が，教科間の場合もあれば，同じ教科の中でも領域による得意不得意が生じることもある。また，人間関係の形成が特に苦手であったり，あるいは，そうではなく特定の事項に特に強いこだわりをもったりするなど，行動面においても，得意不得意の顕著な差が出てくる場合もある。

　そして，その程度（状態）が一定レベル以上である場合，学校教育においては，特別な指導・支援が必要となる。

2　文部科学省による全国調査

　日本の文部科学省は，全国の小中学校の通常学級の教員を対象に教室でのつまずきに基づく質問紙調査を2回行っている。それによると，発達障害の可能性のある児童生徒の割合は，6.3％（2003），6.5％（2012）とされている。通常学級における発達障害のある子どもへの援助の工夫や通級による指導が行われている。

3　障害特性

　学習面では，聞く，話す，読む，書く，計算する，推論する，行動面では，不注意，多動性，衝動性，そして，こだわり，コミュニケーションの問題，人間関係の形成の問題が，それぞれ，学習障害（LD），注意欠陥多動性

■文部科学省による全国調査（一部抜粋）
　文部科学省が2012年12月に公表した，小中学校の通常学級に在籍する「知的発達に遅れはないものの学習又は行動面で著しい困難を示すとされた児童生徒の割合」は6.5％であった（参考までに，2003年公表のほぼ10年前の調査では6.3％であった）。
　さらに，学習面で著しい困難を示す場合は5.4％，行動面で著しい困難を示す場合は，3.6％，学習面と行動面ともに著しい困難を示す場合は1.6％であった。また，行動面のうち，「不注意」または，「多動性―衝動性」の問題を著しく示す場合は3.1％「対人関係やこだわり等」の問題を著しく示す場合は1.1％であった。

障害（ADHD），自閉症の顕著な障害特性として知られている。そして，それらの現れは，児童生徒一人ひとりによって異なることに注意したい。したがって，障害名がその後の心理的，教育的対応に直結するのではなく，それらの状態の詳細な把握（包括的なアセスメント）に基づく，指導・支援（三次的援助サービス）の対応の検討が重要である。

4　発達障害という総称（発達障害者支援法による定義（範囲））

発達障害者支援法は，2004（平成16）年12月に成立し，2005（平成17）年4月に施行された。発達障害を，「自閉症，アスペルガー症候群（障害），その他の広汎性発達障害，学習障害，注意欠陥多動性障害，その他これに類する脳機能の障害」と定義している。行政施策上，知的障害は既に支援する法律があることから，本定義から除外された。本法の施行から10年が経ち，現在，その改正作業が始まっている。

5　医学の進歩と診断

発達障害は，種々の関連する障害の総称であり，統一された定義は現時点では存在しない。英訳は，その意味によって，developmental disabilities（日本LD学会編　2011　『LD・ADHD等関連用語集』第3版），developmental disorderなどが使われる。また，世界保健機関WHOによるICD-10では「心理的発達の障害」，米国精神医学会によるDSM-5では，「神経発達症（Neurodevelopmental disorder）」というカテゴリーで，関連障害をまとめて総称している。発達障害について理解し，医療や福祉との連携も必要となる。

（柘植雅義）

■発達障害者支援法（一部抜粋）
第1条　この法律は，発達障害者の心理機能の適正な発達及び円滑な社会生活の促進のために発達障害の症状の発現後できるだけ早期に発達支援を行うことが特に重要であることにかんがみ，発達障害を早期に発見し，発達支援を行うことに関する国及び地方公共団体の責務を明らかにするとともに，学校教育における発達障害者への支援，発達障害者の就労の支援，発達障害者支援センターの指定等について定めることにより，発達障害者の自立及び社会参加に資するようその生活全般にわたる支援を図り，もってその福祉の増進に寄与することを目的とする。

■DSM-5（一部抜粋）
アメリカ精神医学会による，精神疾患の診断と統計のマニュアル（DSM）が，2013年に第5版（DSM-5）に改訂された。それによると，DSM-Ⅳにあった「広汎性発達障害」がなくなり，DSM-5では「自閉スペクトラム症／自閉症スペクトラム障害（ASD）」となった。また，「学習障害」が「限局性学習症／限局性学習障害（SLD）」，「注意欠陥多動性障害」が「注意欠如多動症／注意欠如多動性障害（ADHD）」などとなった。なお，日本の関係法令に直接影響するWHOのICDについても，まもなく改訂される予定である。

[1] 子どもをめぐる課題への援助

6 PTSDの理解と学校における支援方法

表1 子どものストレス反応と応急処置

1 痛み：頭痛，腹痛，筋肉の痛み，手足がつるなど
  ⇒ ・身体の緊張をほぐす（マッサージ，温タオルであたためる，深呼吸など）。
    ・子どもが落ち着くことを一緒にする（絵本を読む，遊びをする，音楽を聴く，散歩するなど）。
2 食欲：食欲不振，吐き気，嘔吐，消化不良など
  ⇒ ・吐き気の対象や食べたがらないものは与えない。
    ・水分は十分にとる，吐き気が治まったら，食べられそうなものや，消化のよい物を少量ずつ与える。
    ・嘔吐が激しいときは必ず医療機関を受診
3 睡眠：一人で眠れない，夜中に目が覚める，怖い夢を見る，叫ぶなど
  ⇒ ・添い寝，寝つくまで絵本を読むなど，安心させる。
    ・暗闇が怖い場合は，電気を弱めにつける（明るすぎると眠れない場合もある）。
4 排泄：おねしょ，便秘，下痢など
  ⇒ ・身体の緊張をほぐす。
    ・おもらししたときの，処置の仕方や助けの求め方を教える。
    ・下痢が激しいときは必ず医療機関を受診。
5 衝動的になる：落ち着きがない，しゃべり続ける，突然何かを始める，攻撃的になる，注意が散漫になる，すぐあきらめるなど
  ⇒ ・周囲の刺激を少なくしたり，落ち着ける場所に連れて行く。
    ・今やっている行動をいつまで，どこまでやるかの具体的な見通しを立てる。
    ・繰り返し行動が出ている場合は，「終わり」の時間を決めて終結を促す。
6 閉じこもる：人と会いたがらない，こだわりが強くなる。
  ⇒ ・無理強いはしない。日常の生活のペースを整え，会う人や場所を決めて安心させる。ここまではやってよいという限界を決める。
7 親から離れたがらない：まとわりつく，親が出かけるのを怖がる。
  ⇒ ・抱きしめたり，目線を合わせて話をするなど安心感を与える。
    ・無理に離さず，お手伝いしてもらうなど一緒に活動をする。
    ・出かけるときは「何時に帰る」「連絡先の番号」などを教えておく。
8 感情の起伏が激しい：急に怒り出したり，泣き出したりする，はしゃぎすぎる。

1 PTSD（心的外傷後ストレス障害）とは

突然の災害，事故や事件など，自我のコントロールを超えた暴力的・侵入的な出来事に対して心は対応できなくなる。この時に受けた傷が「トラウマ（心的外傷）」となる。トラウマは，災害・事故等による急性のものと虐待・いじめ等による慢性のものがあるため，学校では急性症状への応急処置を迅速に行うこと，および慢性症状と他の心身症症状について的確なアセスメントを行って対応できる体制を整えておく必要がある。

2 診断基準

DSM-5の主な診断基準を表2に記す。以下の項目が1か月以上続いている場合に診断される。トラウマ体験，再体験，逃避・回避行動，トラウマに関連した認知と気分の陰性変化，覚醒症状の5項目だが，6歳以下の子どもは4項目になっている。特に子どもの場合は，気持ちや状況のとらえ方が否定的になり，回避や解離症状，フラッシュバック等からの心的苦痛のみならず，学業への影響，ひいては人格形成にも大きな影響が出るため学校現場における早期発見，迅速で適切な対応が必要となる。

3 どのように援助したらよいのか

PTSDの支援は，発症の予防と対応に分かれる。また，発症後の対応は，直後の応急処置と継続的な治療の2段階がある。トラウマ治療は心的外傷体験を「閉じる面接」を中心にした体験との「直面化」であり，高度な心理治療技術を要するため，学校では応急処置

を中心に行い，継続治療は専門家と連携する。
（1）応急処置
　表1に子どもの急性ストレスおよびPTSD症状と応急処置を記した。基本は具体的に「安全な環境」を整えて「安心感」を増すと同時に「自己コントロール感」を取り戻すことで感情や認知が否定的，絶望的になることを予防することである。不安の直接原因を除去し（いじめや暴力を与える相手と別室にする，事故現場から離れるなど）安心感が取り戻された後に「ディブリーフィング」を行う（本田，2001）。これは，自分に何が生じたか「事実の整理」と突然表出した「感情を鞘に納める作業」および「これから具体的に何をすればよいのか」を言語化することで自己コントロール感を取り戻すものである。応急処置は年齢別の情緒や認知の発達に応じて行う。例えば「客観性」が未発達な幼児・低学年には「漠然とした不安」を大人が具体的に解決することで「安心感」「周囲への信頼」を回復させるが，「自我」が発達している3年生以上では，子どもが自分で解決するサポートをすることによって「自己コントロール感」「自信」を回復する援助が大切である。

　また保護者や教員向けパンフレットを用意し，子どもにどう対応したらよいか，どんな症状が出る可能性があるか等についての情報を提供する。このように家庭，学校はできるだけ「日常」の生活を行えるような体制をつくることで二次的症状を予防する。異常事態が長引けばPTSDが出やすくなるためである。

（2）学校・地域の体制
　トラウマ対応が迅速に落ち着いて行われるためには，SCや学校心理士などが管理職と協力して学校内の危機介入チーム（本書pp.222-223参照）をつくっておくことを勧める。
（本田恵子）

⇒・興奮しているときは，刺激のもとになっているもの（写真，テレビ，勉強道具，周囲の人など）を見えないようにする。
・ゆったり構えて気持ちを受け止める。「どうしたのかな？」「しんどそうだね」
・少し落ち着いてきたら，気分転換になることを一緒にして気持ちのペースメーカーになる。
・興奮が30分以上続くようなら，専門家に相談。興奮が続くのは，子どもにとって負担が大きいため。

9　気持ちが沈み込む：無力感や悲しみ，罪悪感などにとらわれる。
⇒・無理に励ましたりはしない。
・いつもどおりに接する。日常生活のペースは保つ。
・罪悪感について子どもが自分から話してきたら，じっと聴き，今，一緒にできることをする。

10　感情が動かない：ボーっとしている，実感がない。
⇒・日常生活のペースを保ち，お手伝いをしてもらうなど身体を動かす。
・お父さんやお母さんに心配かけないためにがまんしている場合は，気持ちを自然に表現してよいことを伝える。

表2：DSM-5によるPTSD診断基準（抜粋）

A：トラウマとなる体験（直接体験と，その場に居合わせて事件・事故を目撃した，近親者の心的外傷体験を耳にしたという間接体験，および，支援者（仕事）として心的外傷の強い不快感をいだく部分に繰り返し暴露される〈例：遺体を収集する緊急対応要員，児童虐待の詳細に繰り返し暴露される警官，児童相談所職員等〉）．
B：再体験（心的外傷体験のフラッシュバック，夢に苦痛な場面が繰り返される等）．
C：逃避・回避行動（心的外傷体験に関する記憶や，思考，感情を回避する，記憶を呼び起こすような場所，活動，人等を避ける等）．
D：トラウマ体験に関連した認知と気分の陰性変化（トラウマ体験に関する記憶の一部欠如，自分や他者，社会への持続的で過剰に否定された信念や予想〈例：自分はもうだめだ，街・社会は復活しない等〉，継続的でゆがんだ認識，陰性感情の持続，活動意欲の減退，孤立した感覚，養成情動を感じ続けられない〈例：愛情を感じられない〉）．
E：覚醒症状（人や物への攻撃性，無謀な自己破壊行動，過度な警戒，集中困難，睡眠障害等）

◆本田恵子　2001　事件，事故，災害時の危機介入のための資料室　http://sheport.co.jp/site/mcpo/materials/index.html

① 子どもをめぐる課題への援助

7 自殺（自死）

■子どもの自殺者数と自殺率の推移

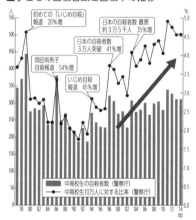

中・高校生の自殺者数と自殺率の推移
（警察庁・文部科学省調査結果より作成）（全国の中・高校生の総数　1986年：1137万人　2014年：684万人）

最近の20年，生徒の自殺者数は年間300人前後であるが，少子化のため自殺率は上昇している。2000〜2014年の児童自殺者数の平均は8人だったが，2014（平成26）年は18人となった。

■学校における自殺予防の3段階と具体的な取り組み例

段階	内容 （対象者）	具体的な取り組み例
予防活動（プリベンション）	意識啓発 （すべての） 教職員	研修会等の実施 ・教師向け自殺予防プログラム 　（自殺予防の正しい知識と理解） ・事例検討会
	自殺予防教育 心の安定 （すべての） 子ども	授業の実施 ・子ども向け自殺予防プログラム 　（援助希求，心の危機理解） ・生と死の教育 ・心理教育（ストレスマネジメント，人間関係づくり，感情学習など）
		日常的教育相談活動 ・相談週間 ・アンケートなど
	意識啓発 （すべての） 保護者	研修会等の実施 ・保護者向け自殺予防プログラム 　（自殺予防の正しい知識と理解）

1　子どもの自殺の現状と理解

　児童生徒の自殺率は上昇傾向を示し，自殺関連行動である自傷行為を繰り返したり，不適応から死を考えたりする子どもの存在は特殊なケースとして片づけることのできない状況にある。未来のある子どもたちが自ら命を絶つということほど悲惨なことはなく，周囲への影響も計り知れないものがある。

　子どもの自殺は，引き金となる直接的な動機だけでなく，心の病，衝動性，生育歴や性格傾向などの潜在的要因が重なり合って生じる。自殺に至る心理や行動には，絶望・孤立・希死念慮・うつ状態・視野狭窄など共通した特徴が見られる。それらのサインを察知し，生きづらさに伴う生と死の葛藤を理解しようと耳を傾け，ともに解決策を考えていこうとする真摯な姿勢が伝われば防ぐことは不可能ではない。いかに誠意を尽くそうと不幸な事態に陥ってしまう場合もあるが，うつ状態をはじめ治療可能な者も多く，自殺予防の3段階それぞれに，専門機関と連携しながら手だてを模索し続けることが重要である。

2　子どもの自殺予防の3段階

（1）予防活動：子ども向け自殺予防プログラムを実施し，子ども自身に自殺の危険を切り抜ける力や危機にある身近な友人を支える手だてを身につけさせる取り組みが求められる。それに先立って，教職員や保護者が自殺予防の正しい理解と知識をもつことや危機介入や事後対応における適切な行動について学ぶことが不可欠である。

（2）危機介入（きようしつがキーワード）：自殺の危険の高い子どもへの関わりとは、心の危機に（き）気づいたら、（よ）寄り添い耳を傾け、生きずらさを理解しようと（う）受け止め、（し）信頼できる専門家に、（つ）つなげ連携しながら対応することである。休養が必要であったり、対人関係において安心できる環境が大切であることが少なくない。

前提として、関わる大人は子どものSOSに気づくための高いアンテナをもつとともに、子どもが心の危機を伝えようとする信頼される大人になり得るかどうかが大事である。

（3）事後対応：不幸にして自殺が起きてしまったときの事後対応をしっかりと行うことが、自殺の連鎖を防ぎ、学校危機の増幅を避けることにつながる。その留意点として、

- 子どもに事実を伝える際は、大きな集会を避け、自殺は多くの複雑な要因から追い込まれた末の行動であり、自殺を美化したりおとしめることのないようにする。
- 情報発信や葬儀等も遺族に寄り添い、確信のもてないことは調査するなど、誠実な対応に心がける。
- 3日以内に教職員から聞き取り、時系列に整理し、職員間で情報の共有を図る。
- 学校に都合の悪いことでも事実に向き合う。

3　子どもの自殺予防の方向性

子どもの将来にもわたって自殺を防ぐには、心の危機は「救いを求める叫び」であるという観点に立った取り組みが求められる。自殺予防に取り組むことは、重いネガティブな問題と向き合うと同時に、いかに人が「生きる」かを考えることを通して人生を前向きにとらえることにつながる。学校における自殺予防教育は、「未来を生き抜く力」を育む教育と言い換えることができる。　　　（阪中順子）

危機対応（インターベンション）	リスクの軽減	校内危機対応チームの設置（必要に応じ教育委員会への支援要請）
	ハイリスクな子ども（影響を受ける子ども）	・緊急ケース会議（アセスメントと対応） ・本人および周囲の安全確保とケア ・ハイリスクな子どもの保護者との連携
事後対応（ポストベンション）	心のケア（影響を受ける子ども）（遺族）（保護者）（教職員）	校内危機対応チームの設置（教育委員会、関係機関との連携） ・ケア会議 ・遺族、周囲の子ども、教職員へのケア ・情報収集、記録、発信 ・保護者会

■子ども向け自殺予防プログラムの全体像

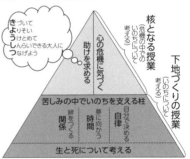

■自殺予防教育実施の前提条件
- 関係者の合意形成
- 適切な教育内容
- ハイリスク生徒のフォローアップ

◆阪中順子　2015　学校現場から発信する子どもの自殺予防ガイドブック　金剛出版

◆高橋祥友　2014　自殺の危険　金剛出版

◆文部科学省　2009　教師が知っておきたい子どもの自殺予防

トピックス⑪
いじめ防止対策推進法

コンプライアンスと組織的実践

学校現場でのいじめ問題は，国家的な教育課題である。いじめ防止対策推進法は，2013年に制定され，戦後の教育法では「いじめの禁止」（第4条）を成文化した画期的法律である。学校心理士は，生徒指導におけるいじめ対応において，同法の構成と内容（6章・35条）を理解し，学校現場で法令遵守の姿勢で実践する。同法に関する論点は，日本教育評価研究会（2014）『指導と評価』特集「いじめ問題のいま」6月号（図書文化）が参考になる。同法の留意点は，以下のとおりである。

① 法律としては，国のいじめ防止基本方針（第11条），地方公共団体の地方いじめ防止基本方針（第12条），各学校単位での学校いじめ防止基本方針（第13条）がある。このほか，地方自治体のいじめ防止に関する条例などがある。

② 組織としては，各学校単位でのいじめ防止等を担う組織（第18条・22条），学校外のいじめ問題対策連絡協議会（第14条），教育委員会の附属機関，重大事態発生時の調査機関（第28条，第30条）がある。

同法には罰則規定はないが，重大事態時のいじめ被害児童等や保護者への情報提供や民事訴訟などの裁判での証言や証拠提出が想定されるため，コンプライアンスと組織的実践が重要である。

学校心理士の新たな役割

同法の趣旨を具現化するための学校心理士の役割としては，以下の3点がある。

① 成長促進型生徒指導の担い手

いじめ防止では，小学校段階から計画的，系統的，継続的ないじめ防止教育（第15条）が大切である。学級・ホームルームや小集団を対象とした道徳教育や人権教育，社会的スキル教育などの防止教育，換言すれば，ガイダンスカリキュラムの策定，実践，評価者として，学校心理士は期待されている。

② 生徒指導コーディネーターと学校コンサルタント

同法では，ネットワーク型チーム援助を前提としている。各学校での必置組織であるいじめ防止組織や学外の連絡協議会，附属機関，調査委員会では，学校心理士の専門的知識や実務経験から，学校と関係機関等との行動連携をスムーズに行う生徒指導コーディネーターの役割を果たす。また，ガイダンスカリキュラム実践，学級・ホームルーム経営，学校いじめ防止方針の更新，家庭・地域への広報活動など，いじめ防止に寄与する一次的援助サービスを効果的に展開するために，管理職や教職員に専門的助言を行う学校コンサルタントの役割を果たす。

③ いじめ防止リサーチャー

定期的に実施されるいじめ調査データの分析（第16条・第20条）やガイダンスカリキュラム等の教育効果の分析を通して，いじめ防止に関する実証的な調査研究を行い，いじめ防止に寄与するエビデンスを学校内外に提供をする。すなわち，いじめ防止のリサーチャーとしての役割を果たす。そのためには，援助実践データベースの構築は，必須である。例えば，八並（2003）の「三次的援助サービスのためのチーム援助データベースの開発とチーム援助体制の改善効果に関する研究」（日本生徒指導学会編『生徒指導学研究』第2号，pp.99-109）が参考になる。　　　　　（八並光俊）

トピックス⑫
ネット問題の広がりと低年齢化

「ネットいじめ」「スマホ依存」など，マスメディアでは連日，青少年のネット問題が懸念されている。内閣府（2015）によると，何らかの機器でインターネットを利用する高校生は95.8％，中学生は79.4％で，利用時間の平均はそれぞれ約3時間と2時間強となっている。小学生でも53.0％がネットを利用しており，利用時間は83.3分と低年齢化も懸念されている。

学校での「ネット問題」

学校では「ネットいじめ」が問題になることが多かった。24時間利用可能で，すぐに広がるネットの特性上，問題になりやすい。海外では2004年頃から国内でも「『サイバー型いじめ』（Cyber Bullying）の理解と対応に関する教育心理学的展望」（小野・斎藤，2008）以来，多くの研究知見がある。スマートフォンの爆発的な普及により，「炎上問題」「高額課金」等，「ネット問題」が多様化している。特に近年は，LINE等の無料通話アプリを媒介し，自律的にリスク回避のできない低年齢層が，文字を基本としたやりとりでの勘違いや行き違いで問題を生じさせたり，不幸な出会いをしたりすることもある。

解決のために

ネット上のトラブルは，解決が難しい。特に小学生の場合，もともとコミュニケーション能力が未熟なのでなおさらである。ネット上では大人の気づきや対応が遅れ，後手になりやすい。未然防止が必要なのだが，実際は教師を含めて，大人がよくわかっていないことが多く，指導教材もまだ豊富ではない。文部科学省も指導用教材（http://jouhouka.mext.go.jp/school/information_moral_manual/index.html）や啓発用HPや壁新聞等（http://www.mext.go.jp/a_menu/sports/ikusei/taisaku/）を用意したり，各自治体もモデル授業を提示したり（熊本県 http://kyouiku.higo.ed.jp/page2012/page3853/page3854.html），指導用DVDを各学校に配布したり（神戸市 http://www.city.kobe.lg.jp/information/press/2014/09/20140926843002.html）しているが，これらの周知がまずは必要だろう。

指導体制も更新する必要あり

ネット問題だけでなく，いじめや不登校などへの指導体制や方法も，ネット時代に対応していく必要がある。

例えば，いじめ指導では，複数の加害者がいる場合は，LINE等での口裏合わせを回避するため，指導は一斉に行うことが必須である。また被害者が加害者に言動を管理され続けるケースも多いので，そのあたりの配慮は最優先されている。不登校対応では，不登校がネット依存から始まることも多い反面，不登校生がネット上に新しい居場所を見つけ，心の平静を得ていることも珍しくない。このあたりのノウハウは，中学校，高校では常識になりつつあるが，小学校ではまだ知られていないことも多く，現場の対応が後手に回ることもある。

これからのために

ネット問題に限らず，大人が子どもたちの現状を知る努力をすることは重要であるが，特にこの種の問題は，子どもたちの進化のスピードに大人が全く追いついていない。

そのためにも子どもたち自身が自分たちで考える場を提供したり，大人と子どもが一緒に考える機会をもったりすることが，この問題の解決のための近道だろう。

（竹内和雄）

2　家族・地域をめぐる課題への援助

1　多様な家族への対応

1　家族の機能と家族形態の変容

　家族とは経済，保護，教育，愛情，生殖，健康，安らぎなど多面的な機能をもつ。こうした機能のいずれにおいても共通することは，家族構成員の福祉（しあわせ）がめざされているという点である。家族は社会を構成する基本的単位の集団であり，人間形成の基盤を培う生活空間の場である。家族形態には，一組の夫婦とその子どもからできた核家族，3世代同居に代表されるような合同家族，父系や母系の二つ以上の核家族が同居ないし密接な関係にある拡張家族などがある。しかし，1990年代以降，離別や死別の後，子連れで再婚したことによって形成される家族はステップファミリーと呼ばれ，日本でも話題になってきている。血縁関係にない親子関係が一組以上含まれる家族形態をいう。

2　家族理解

（1）一人親家庭の増加

　母子のみにより構成される母子世帯数は約76万世帯，父子のみにより構成される父子世帯数は約9万世帯（2010年国勢調査）である。母子以外の同居者がいる世帯を含めた全体の母子世帯数は約124万世帯，同様に父子世帯数は約22万世帯（2011年度全国母子世帯等調査）であった。母子世帯になった理由は，離婚が約8割，死別は約1割，そして父子世帯になった理由は，離婚が7割，死別が約2割となる（1983年では母子世帯で離婚約5割，死別約4割，父子世帯で離婚約5割，死別約4割であった）。

（2）多問題家族

多問題家族とは，ソーシャルワークの用語である。経済的な困窮や疾病，住宅環境の厳しさとともに，不適切な子どもへの養育や家族の問題行動，さらには外部からの支援や援助を受けたがらないなど，複合した課題をもつ場合が多い。近年，「多問題」というレッテルを貼る支援者の倫理的課題もあり，「不利益な状態に置かれた家族」と呼ぶことが多い。この用語は家族内にのみ問題の責任を問うのではなく，新たなソーシャルサポートへの気づきを喚起するものである。

（3）外国籍の子どもやニューカマーの家族支援

ニューカマーの子どもたちにとって，日本語教育や国内の学校生活への円滑な適応を図るだけでなく，海外における学習・生活体験を尊重した教育を推進することが大切になる。日本では外国籍の子弟には就学義務が課せられてはいないが，公立小・中学校への進学を希望する場合には，これらを受け入れ，授業料不徴収や教科書の無償給与など，日本の子どもたちと同様に配慮されている。

3　「複雑な家庭」の表現を問う

子どもの学習と，生活基盤である家庭への関わりが大切になっている。しかし，学校現場には「家庭問題には立ち入らない」との考えや，「複雑な家庭」と呼んで保護者の家庭状況を客観的なアセスメントの対象にすることが少なかった。2006年の教育基本法改正により「家庭教育」が新設され，学校と家庭のパートナーシップが不可欠とされ，また，学校保健安全法には家庭や保護者への指導が明示された。これらの法的根拠から，家庭へのアプローチや日常的な信頼関係を構築する傾聴や援助の技法が求められている。　（鈴木庸裕）

■ニューカマー
1990年の「出入国管理及び難民認定法」（入管法）の改正により中小企業や自動車産業などにおいてニューカマーと呼ばれる日系の南米人が急増した。外国人住民への日本語学習や生活支援など不就学児童生徒への対応が課題となっている。オールドカマーとは，1980年代以前からの在日韓国人などを指す。

■保護者とは
保護者ということばは専門職（分野）によってその対象が異なる。学校で言う保護者とは在籍する園児や児童，生徒の父母（親権者）を示すことが一般的である。児童福祉や保健福祉の分野では，同居や近隣に在住する祖父母や養育者なども含めて対象とする。関係機関の専門職によって日常的な連携や相談スタイルに違いが生まれる。

■学校保健安全法（2008年改正）
第9条では「保健指導」として，「養護教諭その他の職員は，相互に連携して，健康相談又は児童生徒等の健康状態の日常的な観察により，児童生徒等の心身の状況を把握し，健康上の問題があると認めるときは，遅滞なく，当該児童生徒等に対して必要な指導を行うとともに，必要に応じ，その保護者に対して必要な助言を行うものとする」とされる。

◆宮島喬・太田晴雄編　2005　外国人の子どもと日本の教育　東京大学出版会

2 家族・地域をめぐる課題への援助

② 子どもの貧困

■貧困率の国際比較

日本の貧困率は，国際比較から見ても高い。OECDの統計によれば，2000年代半ばの時点でOECD加盟国30か国のうち，相対的貧困率が最も高かったのはメキシコ（約18.5％），次いで2番目がトルコ（約17.5％），3番目が米国（約17％），4番目に日本（約15％）であった。日本はこの時期から一貫して上昇傾向にあり，OECD平均を上回る。

■子どもの貧困・関係イメージ図

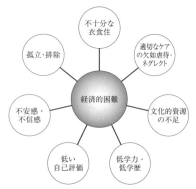

出典：子どもの貧困白書編集委員会編 2009 子どもの貧困白書 明石書店

1 貧困率の高い日本

貧困率とは，低所得者の割合を示す指標である。厚生労働省の「国民生活基礎調査」（2014年）では，等価可処分所得の中央値の半分の額に当たる「貧困線」（2012年は122万円）に満たない世帯の割合が「相対的貧困率」と呼ばれ，18歳未満の子どもを対象にした「子どもの貧困率」は16.3％となり，過去最悪を更新した。これは，日本の子どもの約6人に1人が相対的な貧困層にあることを意味する。長引くデフレ経済下で子育て世帯の所得が減少したことや母子世帯の多くが給与水準の低い非正規雇用であることに起因すると分析されている。

2 生活経験の中にある貧困

保護者の経済的格差が子どもの学習機会や生活経験の格差になるだけでなく，成長や発達の条件や環境の格差となる。経済的困窮や生活上の欠乏状態が，子どもの発達の段階においてさまざまな経験や体験を損なわせかねない状況にある。経済的困難は低学力や不十分な衣食住のみならず，不安感や孤立感など心理的影響にも大きな課題を及ぼす。いじめやひきこもり，不登校，非行，校内暴力などといった課題について，「問題を抱える子ども」というよりも，「適切な経験ができていない子ども」と見る視点が大切である。

3 学校をプラットフォームに

子どもの貧困率が過去最悪になったことを受けて，2014年8月，「子どもの貧困対策大綱」が策定された。子どもの貧困対策の推進

に関する法律では「子どもの将来がその生まれ育った環境によって左右されること」がないよう，学校を子どもの貧困対策のプラットフォームと位置づけた。施策として，①教育および教育費に関する支援，②低所得世帯への無料学習支援，③奨学金の充実等，④乳幼児期からの早期対応の充実，⑤子ども・親に対するサポートシステムの構築，⑥親の就労に関する支援，⑦職業能力が十分でない者に対する職業訓練などがあげられている。

4　スクールソーシャルワーカーとの連携

　学校心理学は子どもの環境に着目する（石隈, 1999）。今日，この環境をめぐる理解の広がりと情報共有を活かす支援チームの組織化が大切になっている。子どもの貧困問題は学校心理士の機能や役割において，ソーシャルワークの相談援助技術やスクールソーシャルワーカーの活動への関心を高めると言える。子どもの問題行動等の状況や背景には，子どもの心の問題とともに，生活困窮や社会資源の欠乏という生活環境の問題が複雑に絡み合っている。教育的視点や心理的視点，および生理的視点によるアセスメントとともに，社会福祉的視点やニーズへのアセスメントが欠かせない。子どもの生活環境に直接的間接的に働きかけることができる人材（例：スクールソーシャルワーカー）との連携は学校心理士の役割をより深化発展させる。①問題を抱える子どもの課題解決を図るための外部的な専門職をケース会議などへ適切に呼び込んでいくこと，②関係機関等とのネットワークを活用し多様な支援方法をコーディネートして課題解決への対応を図ることなど，こうした計画や実践の提案者となる力量が学校心理士に求められている。

（鈴木庸裕）

■**子どもの貧困対策の推進に関する法律**
（2014年）
第1条：この法律は，子どもの将来がその生まれ育った環境によって左右されることのないよう，貧困の状況にある子どもが健やかに育成される環境を整備するとともに，教育の機会均等を図るため，子どもの貧困対策に関し，基本理念を定め，国等の責務を明らかにし，及び子どもの貧困対策の基本となる事項を定めることにより，子どもの貧困対策を総合的に推進することを目的とする。

◆阿部彩　2008　子どもの貧困　岩波書店

■**スクールソーシャルワーカーとは**
　2008年より文部科学省「スクールソーシャルワーカー活用事業」が始まり，学校と家庭や地域（関係機関）をつなぐ人材が全国の自治体において活動している。教育と福祉の両面に関して，専門的な知識・技術を有するとともに，過去に教育や福祉の分野において活動経験の実績等がある者とし，社会福祉士や精神保健福祉士などが多い。
　以下に主な活動内容を示す。
1　問題を抱える児童生徒が置かれた環境への働きかけ
2　関係機関等とのネットワークの構築，連携・調整
3　学校内におけるチーム体制の構築，支援
4　保護者，教職員等に対する支援・相談・情報提供
5　教職員等への研修活動　等

◆鈴木庸裕ほか編　2014　教師のためのワークブック・子どもが笑顔になるスクールソーシャルワーク　かもがわ出版

◆鈴木庸裕ほか編　2016　子どもへの気づきがつなぐ「チーム学校」～スクールソーシャルワークの視点から　かもがわ出版

2 家族・地域をめぐる課題への援助

3 児童虐待

■「児童虐待の防止等に関する法律（児童虐待防止法）」における児童虐待定義（抜粋）
第2条　この法律において，「児童虐待」とは，保護者（略）がその監護する児童（略）について行う次に掲げる行為をいう。
1　児童の身体に外傷が生じ，又は生じるおそれのある暴行を加えること。
2　児童にわいせつな行為をすること又は児童をしてわいせつな行為をさせること。
3　児童の心身の正常な発達を妨げるような著しい減食又は長時間の放置，保護者以外の同居人による前二号又は次号に掲げる行為と同様の行為の放置その他の保護者としての監護を著しく怠ること。
4　児童に対する著しい暴言又は著しく拒絶的な対応，児童が同居する家庭における配偶者に対する暴力（配偶者（婚姻の届出をしていないが，事実上婚姻関係と同様の事情にある者を含む。）の身体に対する不法な攻撃であって生命又は身体に危害を及ぼすもの及びこれに準ずる心身に有害な影響を及ぼす言動をいう。）その他の児童に著しい心理的外傷を与える言動を行うこと。

■児童虐待の種類
①身体的虐待
　身体的暴力，たばこ・熱湯による熱傷，薬物投与など，身体面に損傷を与える行為。
②心理的虐待／情緒的虐待
　罵倒，脅し，きょうだい間の待遇の差別，子どもを拒絶など，心に外傷を与える行為。子どもが怖がる状況に曝す行為（DVの目撃など）や，子どもの能力以上の学習を強制する行為（教育的虐待）も含まれる。
③性的虐待
　性行為，子どもに性的行為をさせるなど，子どもを性的対象として扱う行為。
④ネグレクト
　子どもを放置，病気の治療や登校をさせないなど，子どもの健全な心身の成長，発達に必要なケアをしない行為。

1　児童虐待とは

　わが国の法律では，保護者による行為によって定義されている。諸外国の法律上の定義も，ほぼ同様である。しかし，これらの定義は，対象を具体的に示すという法律の性質上，虐待の種類を示しているもので，概念的な定義とは異なる。広い概念では，子どもの人権侵害行為を指すとするのが国際的な理解となってきている。なお，最近のわが国では，行政領域以外では，「子ども虐待」という用語が広く用いられるようになってきている。

2　児童虐待の種類

　一般的には，法律でも規定されている四つの種類とされる。なお，人権侵害行為という視点から，WHOでは，強制労働に従事させるなどの搾取も含めている。また，国際的には，人身売買，移植のための臓器摘出，儀式生け贄なども含めて議論されることが多い。

3　わが国の現状

　児童虐待の頻度を正確に把握することは不可能であるが，わが国では，1990（平成2）年度から集計されている児童相談所における虐待相談対応件数が指標として用いられている。平成2年度の相談件数は1,101件であったが，平成26年度は88,931件と約90倍近い件数となっている。虐待の種類では，全体では身体的虐待が多いものの，その割合は経時的に減少し，ネグレクトと心理的虐待の割合が増加している。児童虐待に対する認識の広まりが反映されていると考えられる。子どもの年齢では，就学前の乳幼児が43.5％，小学生

が34.5％，中学生が14.1％，高校生が7.9％である。経時的には，小中学生の相談事例が増加してきており，虐待に対する教育現場の意識の高まりが推測される。

4　虐待の影響

虐待は，子どもの心身に大きな影響を与え，わが国でも，客観的に問題が認められなかった被虐待児は全体の20％前後とする報告がある（小林，2002）。わが国における虐待による死亡は，乳幼児がほとんどで，半数弱は0歳以下であり，出生時の死亡が多いのが特徴である。心への影響としては，攻撃性，非行，性的言動，不安，抑うつなど，行動・情緒の問題から精神障害まで多彩な問題が生じる。

5　児童虐待の発見・通告

児童虐待防止法では，虐待が疑われる児童を見つけたすべての国民は通告することが義務づけられている。児童の福祉と関連する施設・職種は，早期発見に努めるとされ，学校と教員も指定されている。通告先は，市町村の児童相談窓口，児童相談所，福祉事務所である。

6　学校の役割

児童虐待に関して，学校が意識しなければいけないことは，虐待を受けている児童生徒の多くは毎日登校しており，そのため，学校は，早期発見と通告以上に，虐待を受けている子どもの教育に対して大きな責任をもっているという点である。被虐待児の行動は，これまで生徒指導の対象とされてきたものと同一である。教員は，児童生徒の問題行動の背景にある家庭の状況に配慮し，子どもの教育を受ける権利を適切に保障する役割があることを自覚するべきと思われる。　　　（宮本信也）

■児童虐待の予後調査（小林，2002）
わが国で唯一の大規模全国調査によると，2000（平成12）年度で虐待と把握された22,257例の経過は，死亡0.5％，生命危険4.5％，要治療6.8％，身体的軽症20.3％，発達遅滞・行動問題33.1％，特定の所見なし21.3％であった。

◆小林登　2002　児童虐待及び対策の実態把握に関する総合的研究報告書　平成13年度厚生科学研究（子ども家庭総合研究）

■虐待死亡例の検証結果
厚生労働省による虐待死亡例の検証では，2003（平成15）年7月から2014（平成26）年3月までの10年8か月間で心中以外の虐待死亡例は582人，90％弱が6歳以下，75％が3歳以下，0歳児が45％前後，0か月児が20％，0日齢児が17％を占めていた。

◆社会保障審議会児童部会児童虐待等要保護事例の検証に関する専門委員会　平成27年10月　子ども虐待による死亡事例の検証結果等について（第11次報告）
http://www.mhlw.go.jp/stf/seisakunitsuite/bunya/0000099920.html（2016年1月12日）

■保育・教育現場で虐待を疑う状況
①身体状況
・怪我ややけどが繰り返される
・衣服や身体が汚れている
・身長，体重の伸びが悪い
・たくさんの虫歯がある
②行動特徴
・食べ物への執着（過食，盗食，異食など）
・落ち着きのない行動（多動，衝動性など）
・過剰な対人接近あるいは対人回避行動
・集団逸脱行為
・反抗的，挑発的な態度や行動
・加減のない突発的な暴力や器物破壊
・理由のはっきりしない欠席，遅刻の反復
・動植物に対する残酷な行為
・単独での非行行為（盗みと嘘の反復など）
・性的逸脱行為や過剰な性的行動
・無気力・無為や突然の成績低下

2 家族・地域をめぐる課題への援助

4 地域をめぐる問題

1 地域社会の変化と子どもの成長

子どもたちは学校の児童生徒であるとともに地域住民の一員であり，地域社会が子どもの成長や発達に与える影響はだれもが疑わない。少子化や高度情報化，都市化などへの急速な変化により，地域の教育力の低下が指摘されて久しいが，その課題の本質は，個々人の価値観やライフスタイルの多様化，個別化による人と人とのつながりの希薄化にある。

しかし，こうした状況は，子どもを取り巻く諸問題について学校が地域と連携していかに取り組むかという姿勢によって変容する。今日，学校は地域の子育て支援機関の一つであるという理解が重要になる。

自己肯定感や規範意識を育てるうえで，ものの見方や感じ方，考え方を豊かにしていくには地域での人間関係を通じた体験や経験が欠かせない。従来の「地域が子どもを育てる」という視点とともに，子どもたちが主体的に地域の課題を考え，改善に向けた行動や発言ができる力（子どもが地域を育てる）を高めていくことにも注目する必要がある。

2 人と環境の相互作用

地域の中で教師・学校心理士が実践視点を広げるには，地域で暮らす人々がさまざまな身体的，心理社会的，文化的条件をもちながら，ともに生きることを模索しているという理解である。コミュニティ心理学は人と環境の適切なつながりを最大限有効で有意義なものとして相互に作用し合うために，実際に起こるさまざまな心理社会的問題の解決に参加する視点をもつ（山本和郎，1986）。

■コミュニティ・スクール（学校運営協議会）
保護者や地域が学校のさまざまな課題解決に参画し，それぞれの立場で主体的に子どもたちの成長を支えていくための仕組み。学校関係者と地域や放課後に関わる関係者が情報や課題を共有し，教育目標やめざすべき子ども像を協議し，学校・家庭・地域の連携やその協働体制を構築するもの。

◆文部科学省　2010　『生徒指導提要』第8章 学校と家庭・地域・関係機関との連携

◆山本和郎　1986　『コミュニティ心理学──地域臨床の理論と実践』東京大学出版会

青少年のいじめ，非行・暴力，不登校，ひきこもりなどの深刻化は，家庭での養育環境や個人の特性要因にのみ求めるものではない。人と環境の相互作用という観点は，教師や心理専門職にとって，支援や援助の対象が地域住民や関係機関全体となるという考え方の醸成にもつながる。

3　コミュニティ・スクールの展開

　開かれた学校づくりは，学校・家庭・地域の連携を深める。その中で，地域とともにある学校づくりを進める仕組みとしてコミュニティ・スクールが全国的に広がりを見せている。これは，学校と保護者や地域住民とがともに知恵を出し合い，学校運営面でも協働し，子どもたちの豊かな成長を支えるものである。

　この取り組みには，①地域に根ざした特色ある学校づくりを進めていく，②学校支援の活動をより充実させていく，③家庭の教育力と地域の教育力を向上させていく，という三つの目標がある。そして，五つの機能として，①学校の現状や課題を教職員や保護者等と協議，②保護者や地域住民が学校評価に参画，③保護者や地域住民の学校運営への参画や地域人材の活用，④学校・家庭・地域の役割分担の調整，⑤地域資源を活用した土曜事業や家庭教育事業などの実施があげられている。

　これらは，生活や学習において困難を抱える子どもの成長を切れ目なく支援する地域のネットワークづくりという面にもつながる。今日，青少年育成施策大綱による教育分野のネットワークをはじめ，福祉や保健分野のもの（例えば要保護児童対策地域協議会や障害者自立支援協議会など）が自治体ごとに設けられており，その活用にも着目したい。

　　　　　　　　　　　　（鈴木庸裕）

■青少年育成施策大綱（2003年12月・青少年育成推進本部）
①青少年が，現在の生活を充実して送るとともに，将来に向かって，挑戦と試行錯誤の過程を経つつ，自己選択，自己責任，相互支援を担い，社会とのかかわりの中で自己実現を図る，社会的に自立した個人として成長するよう支援すること。
②大人が，青少年の問題は大人社会の問題の反映であることを踏まえ，青少年の健全な育成を図る上で望ましいものとなるよう大人社会の在り方についての見直しを行うとともに，青少年が，成長に応じて大人社会を理解し適応するという，大人と青少年双方の信頼と努力が必要であること。
③青少年の健全な育成は，社会全体の責任であることを踏まえ，家庭，学校はもとより，職場，地域，民間団体等の社会を構成するすべての組織及び個人が，それぞれの役割及び責任を果たしつつ，相互に協力しながら取り組むことが必要であること。

■要保護児童対策地域協議会
　虐待を受けている子どもなど要保護児童の早期発見や保護を図り，子ども等に関する情報や考え方を共有し対応する機関。

■障がい者自立支援協議会
　障がい児者の地域生活を支援するために，関係機関が目的と情報を共有し，具体的な協働を計画実施する機関。

3 教師をめぐる課題への援助

1 教師の養成をめぐる課題

■中央教育審議会
　文部科学大臣の諮問に応じて，日本の教育政策に関わる重要事項について審議する会のこと。30人以内の委員のほか，臨時委任および専門委員で組織される。委員は文部科学大臣により任命され，任期は2年である。

1　中央教育審議会答申にみる教師の資質

　日本の教育政策の具体的方向性を提案する「中央教育審議会」は，2012（平成24）年8月28日「教員生活の全体を通じた教員の資質能力の総合的な向上方策について」を答申した。それによると，グローバル化や情報化，少子高齢化など社会の急激な変化に伴い，高度化・複雑化する諸課題への対応から，学校教育における人材養成，すなわち教師の養成においても変化への対応が必要になってきた。そこで，今後，必要とされる教師は，児童生徒に21世紀を生き抜くための力を育成しなければならない。すなわち，基礎的基本的な知識・技能の修得に加え，これらを活用して課題を解決するために必要な思考力・判断力・表現力等の育成や学習意欲の向上，多様な人間関係を結んでいく力を育成する必要がある。そのため，さまざまな言語活動，協同的学習活動を取り入れ，地域社会と一体となった児童生徒を育成できる力や地域社会のさまざまな機関と連携できる力をもつ教師が求められるのである。

2　教員養成において取り組むべき課題

　前項で述べたように，これからの社会で求められる人材としての児童生徒を育成するには，教師自らが社会から尊敬・信頼を受け，思考力・判断力・表現力等を育成する実践的指導力を有し，困難な課題に対しては同僚教師と協同したり地域と連携していく能力を修得しておかねばならない。

このような資質能力は，従来のように大学での教員養成と教職に就いて以降行われる教育委員会の研修とが分断されている現状では，なかなか修得できない。大学での教師養成段階から学校における諸課題を理解し，教師になってすぐに諸課題に対応できる実践的指導力の修得を図る必要がある。

3　「教職大学院」を活用した教員養成

　文部科学省は，平成20年に19大学（うち，私立4）に教職大学院の設置を認可した。平成27年4月現在，26大学（うち，私立6）となっている。特に学部卒業者対象コースでは，教職実践力の向上に向けたプログラム（インターンシップ）が有効で，教職大学院修了者の教員採用率は，学部卒業者70.1％（平成25年3月の教員養成学部卒業者平均）と比べ，92.6％（平成25年度修了者25大学院平均）と高い。教職大学院では，教育の理論の学修を学校現場での実習と結びつけたプログラムとなっていることが，こうした成果につながっていると考えられている。他方，現職教員を対象としたコースでは，学校の課題解決に向けた実践研究（課題研究等）が成果を上げている。今後，教職大学院と学校，教育委員会の連携による教員養成に期待が高まっている。

4　学校心理学の役割と課題

　教師として取り組むべき学校の課題と学校心理学の課題は重なるものが多い。学力向上，いじめ・不登校，特別な支援を要する児童生徒の指導等の課題に対して，学校心理学の方法を取り込みながら，課題解決を図ることが求められる。

（小野瀬雅人）

■**日本における教職大学院**（2015年4月現在）
　教職大学院を設置した26大学（国立20，私立6）は以下のとおりである。
　北海道教育大学，宮城教育大学，山形大学，群馬大学，東京学芸大学，聖徳大学，創価大学，玉川大学，帝京大学，早稲田大学，上越教育大学，福井大学，山梨大学，岐阜大学，静岡大学，愛知教育大学，常葉学園大学，京都教育大学（連合），大阪教育大学（連合），兵庫教育大学，奈良教育大学，岡山大学，鳴門教育大学，福岡教育大学，長崎大学，宮崎大学

◆**参考図書**
　八尾坂修　2006　教職大学院―スクールリーダーをめざす　協同出版

3 教師をめぐる課題への援助

② 教師のキャリア発達

1 キャリアステージ

急速に社会が変化する中で,高度な技能の習得を求められる専門職においては,「学び続ける教師像」を具現化することが期待されている。教師は他の職業とは異なり,先輩の姿を見ながら見習いをして学ぶのではなく,最初から授業を任され教壇に立つ。また経験を積んでも教壇に立つことに変わりはなく,その意味で自らの授業を省察・デザインすることが生涯求められる。この意味で他の専門職とは異なる期待や責任を新任期から担うことになる。

ただし,教職経験に応じて学校組織の中で求められるスキルと役割や職務は変化する。その職能成長に応じた段階が,キャリアステージである。ただしキャリアステージは,教師全般に一定の経験年数が特定の段階であるとあてはめることのできるものではない。学校種や各学校が抱える課題や専門性,組織の人員配置や構成,教員個人の個人史によって幼稚園から高校まででも異なっている。

2 教員の育成指標

各段階(ステージ)に応じた資質能力を身につけていくことが,専門家としての成長の一つの指針となる。教員養成・採用・研修の接続を強化し,具体的にその中で育成が期待される資質能力を明確にすることによって,職能発達の見通しを教員がもつことができ,またそれに応じた支援体制づくりができると考えられる(文部科学省,2015)。

■学び続ける教師像
　大量退職・大量採用やIT機器の変化など急激な時代変化において,経験年数のいかんにかかわらず,教育課程や授業方法の改善がどの年代の教師にも求められている。特に主体的,対話的で深い学びのための授業方法などのためには,カリキュラムマネジメントや授業デザインをチームとして学校の同僚とともに行う資質が求められてきている。

■反省的実践家と技術的合理性
　高度な専門職においては,きまった技術を毎回同じように適用することで効率よく行うだけではなく,状況と対話し実践をしながらその中で省察することが求められる。このような実践家のあり方が反省的実践家と呼ばれる。(ショーン,2001)

◆ショーン,D.　佐藤学・秋田喜代美訳　2001　専門家の智慧:反省的実践家は行為しながら考える　ゆみる出版

◆文部科学省　2015　これからの学校教育を担う教員の資質能力の向上について(中間まとめ)

3　キャリアステージと研修

　大きくは5ステージを考えることができる。そして，各期に応じた研修体系が力量形成を支えると考えられる。

①養成段階
　基礎知識や理論をテキスト等で習得する段階。

②採用段階
　円滑に入職し，学校文化に適応できることが期待される段階。

③初任段階（1～数年目）
　基礎固めの時期であり，指導教員からのメンタリングやコーチングをうけてその学校や状況に応じた知識を身につける時期。およそ3年ほどの間に，年間の見通しをもつことができるようになる。

④中堅段階（数年目～10年目）
　10年ほどの間に学校の一員であるという意識をもって連携や協働を高めることがミドルリーダーとなっていく段階。実践でも積極的に試みてその経験から学ぶことができる。

⑤ベテラン段階（10年を超えた時期）
　学校を越えて地区での教科の専門性をもったり学年主任など学校の中での役割を担いながら学校運営を考える段階。

　これらの段階に応じた研修では，学校と教育委員会，地域の大学や教職大学院が連携支援していくことが期待されている。

〔秋田喜代美〕

■教員研修
　研修には，各自治体の教育センターなどで職能に応じた専門的知識の習得をめざして実施する研修と，学校内で行う校内研修，また民間団体等が行うインフォーマルな研修があり，それぞれに応じて教員が得る知識やスキルは異なる。特に校内研修は，生徒の学習支援として日常の実践と直結した研修であり，充実が求められている。

3 教師をめぐる課題への援助

3 教師の成長

■教師の実践的知識
　教師の実践的知識は方法，内容，学習者の知識を複合化し多層的な知識を有しているところに大きな特徴がある。

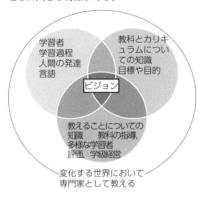

◆ダーリング-ハモンド, L., バラッツ-スノーデン, J.　秋田喜代美・藤田慶子訳　2009　よい教師をすべての教室へ：専門職としての教師に必須の知識とその習得　新曜社

◆秋田喜代美　1997　教師の生涯発達(1)　つまずきと成長　児童心理51(3), pp.118-125.

1　技能・知識の適応的熟達

　教師の成長は，授業を実施するための知識や技能とともに，学級経営や生徒指導を行う知識や技能，また同僚や保護者との関係を形成する力など，さまざまな知識や技能を獲得することとしてとらえられる。
　特に大事なことは，その実践的知識や技能を習得することだけではなく，学校や学級，生徒の状況に応じて適用しながら，適切な意思決定判断ができ行動できることである。すなわち，熟達に伴って，状況的文脈的な思考ができるようになる。これは「適応的熟達」と呼ばれる。

2　教える技能の発達段階

　具体的な姿としては以下のような段階を想定することができる（秋田, 1997）。
①初任1年目頃
　文脈から離れた一般的なルールは習得しており，それに基づいて授業を行おうとする。
②初任2・3年目
　特定の場面や状況に応じた方略的な知識が習得される。具体的な文脈の手がかりに応じて授業をコントロールでき，文脈を超えた場面の類似性を認識できるようになる。
③3・4年目以降
　授業において重要な点と何をすべきかを意識的に選択し，優先順位をつけられるようになる。授業の全体構造が見えるようになり，教師の使命感も高まる。
④熟達者
　経験による直感やノウハウが使用される。意識的な努力なしに事態を予測し，その場

に対応して授業を展開できるようになる。個々の出来事よりさらに高次なレベルで全体的な類似性や共通の問題を認識できるようになる。

ただし教師においては，経験年数とともに熟達をするとは必ずしもいえず，多忙化からむしろ停滞やマンネリズムに陥り，可塑性や柔軟性が失われるなどの側面もある。

3 成長を支える事例研究

専門家は，多くの事例を知り，学ぶことによって状況や文脈の中での判断をより豊かに知ることができるようになる。そのために授業研究や実践記録の検討，生徒に関するケースカンファレンスなどが有効である。特に授業に関しては授業を参観する授業研究が，実際に他教師の身体的な関与や場のデザインを学ぶこと，振り返りにおいて計画とは異なった意思決定判断がどのようになされたかを知る場として，実践知の習得において特に大きな意味をもっている。

（秋田喜代美）

■**よい事例とは**
計画段階では想定していない具体的な文脈と意図や予期に反した変化，その時の判断内容とその判断の分析と省察が出来事として書かれていることが重要である。(Shulman, 2003)

◆ Shulman, L. 2003 The Wisdom of Practice. Jossey Bass.

3 教師をめぐる課題への援助

4 教師のバーンアウト

1 教師のバーンアウトとその問題点

「バーンアウト」とは,ある日突然,今まで生き生きと働いていた人が,職場に行くのが嫌になったり,人との関わりが煩わしくなったりするような症状のことである。「モーターがバーンアウトした（焼け切れた）」などのように使われる。一生懸命働きすぎて,燃え尽きてしまった状態のこと。これまでの研究では,「極度の身体疲労と感情の枯渇を示すシンドローム」(Maslach, 1976) とか,「自ら理想を求めて悩みながら努力してきたが,その結果は不満足・疲労感・失敗感だけもつ状態」(Freudenberger & Richelson, 1980) と定義されている。「情緒的消耗感」「脱人格化」「個人的達成感の低下」の三つの特徴がある。教師のストレス症状の中で,とりわけ「バーンアウト」が問題視されるのは,学校教育サービスの担い手である教師のメンタルヘルスを悪化させるだけではなく,サービスの享受者である児童生徒や保護者にも,その影響が及ぶからである。つまり,教師が「バーンアウト」すれば,児童生徒や保護者に対する関わりが,温かさや思いやりを欠いたものになる可能性があり,その結果として,学校教育サービスの低下を招くおそれがあるからである。

2 バーンアウトしやすい職場環境と教師の特徴

これまでの研究によれば,①職務多忙,②生徒指導の困難,③職員の人間関係の悪いこと等で,ストレスの多い職場にバーンアウトが発生しやすいと報告されている (Burke &

◆Maslach, C. 1976 Burned-out. *Human Behavior* 5(9), pp.16-22.

◆Freudenberger, H. J. & Richelson, G. 1980 *Burnout: The High Cost of High Achievement*. NY : Anchor Press.

■「バーンアウト」の3因子
　Maslach は,バーンアウトは三つの因子で構成されると報告している。
①「情緒的消耗感」：疲れて何もする気がしなくなる状態
②「脱人格化」：対人関係が面倒臭くなり,相手に対し人間的に振る舞えなくなる状態
③「個人的達成感の低下」：自分のすることに疑いをもったり,自分の能力に自信をなくした状態

Greenglass, 1995；Friesen, Prokop & Sarros, 1988）。また，①手抜きができない教師，②イラショナル・ビリーフ（論理性を欠く考え方）の強い教師（國分，1996），③被援助志向性（他者に援助を求める態度）の低い教師（田村・石隈，2001）などに，バーンアウトが発生しやすいと報告されている。

3　教師のバーンアウトを防ぐための手だて

① 教師集団の特徴は，「疎結合システム」（互いに働きかければそれに応えるが，通常は個々の独立性と分離性が保たれている状態）である（淵上，1995）。教師の自由裁量が大きいという長所の反面，何か問題が起こった場合に，組織的な対応がスムーズに行われず，教師が孤立しやすいシステムとも言える。今後の学校運営では，何か問題が発生した場合に，問題を抱えた教師を組織的にサポートできるシステムを早急に構築することが必要である（田村・石隈，2002）。

② 職場の人間関係は，互いに助けたり助けられたりしながらよくなっていく。それが教師のバーンアウトの予防やストレスの軽減にもつながる。そこで，日常のちょっとした愚痴のこぼし合いや，本当に疲れたときには，遠慮なく，年休が取れるような職場の雰囲気づくりも重要である（諸富，2009）。

③ 石隈（1999）は，学校教育サービスの向上のために「チーム援助」の推進を主張している。現在，多くの学校にスクールカウンセラーが配置されているが，教師との効果的な連携が望まれる。また，教師の相互援助も重要である。その場合，問題を抱えている教師自身が，被援助志向性を高めながら問題解決のために，自発的に援助を求めていく姿勢が大切である（田村，2008）。

（田村修一）

◆Burke, R. J., & Greenglass, E. 1995 A Longitudinal Study of Psychological Burnout in Teachers. *Human Relations*, 48(2), pp.187-202.

◆Friesen, D., Prokop, C. M. & Sarros, J.C. 1988 Why teachers burnout. *Educational Research Quarterly*, 12(3), pp.9-19.

◆國分康孝　1996　ポジティブ教師の自己管理術―教師のメンタルヘルス向上宣言　誠信書房

◆田村修一・石隈利紀　2001　指導・援助サービス上の悩みにおける中学校教師の被援助志向性に関する研究―バーンアウトとの関連に焦点をあてて　教育心理学研究49(4), pp.438-448

◆淵上克義　1995　学校が変わる心理学―学校改善のために　ナカニシヤ出版

◆田村修一・石隈利紀　2002　中学校教師の被援助志向性と自尊感情の関連　教育心理学研究50(3), pp.291-300

◆諸富祥彦　2009　教師の悩みとメンタルヘルス　図書文化

◆石隈利紀　1999　学校心理学―教師・スクールカウンセラー・保護者のチームによる心理教育的援助サービス　誠信書房

◆田村修一　2008　教師の被援助志向性に関する心理学的研究―教師のバーンアウトの予防を目指して　風間書房

③ 教師をめぐる課題への援助

5 教師のリーダーシップ

■ PM理論

二つの機能のそれぞれの強弱で，リーダーシップを四つのタイプに分類することができる。子どもによる担任の評定では，学級への思いや学習意欲について，PM＞pM・Pm＞pmの順で高いと報告されている（三隅, 1978）。

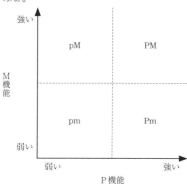

図 4つのリーダーシップタイプ

◆三隅二不二 1978 リーダーシップ行動の科学 有斐閣

■条件即応モデル
Contingency model of leadership. フィードラー（Fiedler, F.E.）による。

■状況理論（Leadership situational theory）
ハーシィ（Hersey, P.）らによる。

1 リーダーシップ

集団の目標を達成しようとするときに，リーダーが集団の成員や集団の活動に影響を与える過程を，リーダーシップという。リーダーシップは，リーダーに限らず集団内の他の成員でも発揮できるものであり，また資質や才能といった個人の特性よりも，集団の状況に合わせた適切なリーダーシップのあり方を探るという，リーダーシップの機能面が注目されてきている。

2 学級担任のリーダーシップ

学校だけに限らず，企業やその他の種々のグループにおいて，リーダーシップが次の二つの機能から構成されているとするPM理論が有名である。目標達成機能（Performance）は，集団の目標を明確にし，そのための計画や方法を具体化して，結果を評価するものであり，集団維持機能（Maintenance）は，集団成員間のコミュニケーションを図り，人間関係を維持する働きをいう（三隅, 1978）。

さらに，集団の特徴も考慮して，①集団の課題や達成手段の明確さ，②リーダーと成員との関係，③リーダーの地位や権限の三つの要因の組み合わせによって効果的なリーダーシップが異なるという条件即応モデルが提唱されている。これは，学級でいえばその状況によって，必要とされる教師のリーダーシップが異なることを示している。

また，状況理論では，成員の成熟度（意欲，責任感，能力，経験など）によって，適切なリーダーシップは変化するとされている。すなわち，①成員の成熟度が低い段階では，課

題の達成を重視した教示的リーダーシップ・スタイル，②成熟度がやや高い段階では，課題達成をやや抑え，関係性を重視する傾向を強めた説得的リーダーシップ・スタイル，③成熟度が高まった段階では，課題達成を抑え，関係性を一層強めた参加的リーダーシップ・スタイル，そして④成熟度が相当に高い段階では，どちらの機能も抑えて成員の自主性を尊重した委譲的リーダーシップ・スタイルが効果的であるとされている（ハーシィら，2000）。学級でいえば，子どもの発達段階やまた1年間の学校生活の時間経過に伴って，リーダーシップスタイルを変えていくことができれば効果的であることを示している。

小学校では，一人の学級担任が学校生活のほとんどの時間を指導するため，学級担任のリーダーシップは重要な意味をもつ。中学・高校では，さらに教科担任の役割も大きい。

3　学校心理学実践におけるリーダーシップ

心理教育的援助サービスの提供においては，学級での指導に限らず，学年や学校全体での組織的な取り組みの推進にも効果的なリーダーシップ行動が必要である。

例えば，アセスメント，カウンセリング，コンサルテーション，あるいはチーム援助の導入と実践には，職位（管理職，中間管理職等）と校務分掌における責任者や担当（主任，部長，係等）に応じたリーダーシップが求められる。またこれは，子どもの実態，学校規模，教職員の実情に見合ったものでなければ，学校の教育機能を高めることにはつながらない。外部資源（スクールカウンセラーなど）として学校に関わる際にも，それに適したリーダーシップが必要である。

（小泉令三）

◆ハーシィ，P.・ブランチャード，K.H.・ジョンソン，D.E. 著，山本成二・山本あずさ訳　2000　行動科学の展開―人的資源の活用：入門から応用へ―新版　生産性出版

■職位
　小・中・高等学校での具体的な職位としては，校長，副校長，教頭，主幹教諭，指導教諭，教諭，養護教諭，栄養教諭などがある。チーム援助におけるチーム編成では，権限と責任の関係で，適した職位にある者が構成員となる必要がある場合がある。

■校務分掌
　学校は一つの組織体であり，教職員はさまざまな業務を分担している。その業務分担のために編成される組織を校務分掌という。例えば，教務部，生徒指導部，教育相談部，進路指導部などが設けられる。

4 学校をめぐる課題への援助

1 学力の問題

■指導要録
　指導要録は，学籍に関する記録（証明機能）と指導に関する記録（指導機能）からなる。

■「目標に準拠した評価」と「集団に準拠した評価」
　「目標に準拠した評価」は，具体的な到達目標を設定し，それに到達したか否かを評価する方法である。
　他方，「集団に準拠した評価」は相対評価のことであり，集団の中での相対的位置を示す。各評価段階の配分比率が自動的に決まる。客観性は高いが，子どもの努力の跡を反映させにくいという欠点をもつ。多くの心理検査は，相対評価に基づいて作成されている。

■評価規準と評価基準
　評価規準とは，「〜がわかる」「〜ができる」といった質的なキジュンであり，評価基準とは，A（十分に満足できる），B（おおむね満足できる），C（努力を要する）と3段階で評定する量的なキジュンである。Cをつけた子どもに対しては，回復の手だてを指導案などに記載することが求められる。

◆藤岡秀樹　2012　新版小学校新指導要録記入文例1000　日本標準

■全国学力調査
　全国学力調査の対象教科は，当初は国語と算数・数学であったが，2012年には理科が追加された。

1　学力とは
　学力の定義は，計測可能な要素に限定したものから，「生きる力」を含む広範囲のものまで多様である。2003年の中央教育審議会答申では，「確かな学力」が提起された。これは「知識・理解」「技能」だけでなく，学ぶ意欲や問題解決能力を含む広い概念である。

2　学力の評価
　学力の構成因のうち，「知識・理解」「技能」といった「見える学力」は，ペーパーテストで容易に評価できるが，「思考・判断・表現」「関心・意欲・態度」といった「見えにくい学力」は，ペーパーテストで評価することが困難であり，観察やパフォーマンステストなど多様な技法を用いることが肝要である。
　指導要録の「各教科の学習の記録」は，「観点別学習状況」と「評定」で構成されている。前者は，3段階の「目標に準拠した評価」を用いて評価する（高校には当該欄はない）。評価観点は，おおむね「関心・意欲・態度」「思考・判断・表現」「技能」「知識・理解」の四つである。妥当性のある評価規準と評価基準の作成が必要である。後者は，小学3〜6年では3段階，中学校では5段階の「目標に準拠した評価」で行う。

3　学力調査
　文部科学省は，2007年から小学6年と中学3年を対象に，全国学力調査を実施している。基礎知識を見るA問題と思考力・応用力を見

るB問題からなる。A問題と比べてB問題の正答率が低い。あわせて生活習慣の質問紙調査も行い，学力との関連を分析している。

国際的学力調査としては，IEA（国際教育到達度評価学会）のTIMSSやOECDのPISAがある。TIMSSは4年ごとに小学4年生と中学2年生を対象に算数・数学と理科の学力を調べる。

PISAは3年ごとに15歳児を対象に読解力，数学的リテラシー，科学的リテラシーを調べるものである。2012年の調査では，重複テスト分冊法を用いて数学的リテラシーを中心に実施され，あわせて学習環境の調査も行われた。数学的リテラシーは65か国中7位，読解力と科学的リテラシーはともに4位であった。日本の高校生の学力は，2003年や2006年と比べると，順位は改善されているものの，数学の自己効力感の低さがうかがわれた。

4　PISA型学力と21世紀型能力

2000年代のPISAの結果では，日本の子どもの学力低下が指摘され（PISAショック），読解力の向上，表現力を重視した授業，活用型の学力向上などの取り組みが行われた。PISA型学力が第1位であったフィンランドの指導スタイルを採り入れようとしたのである。PISA型学力のリテラシーは，DeSeCoのキー・コンピテンシーの中の「道具を相互作用的に用いる」能力の一部を測定可能な程度までに具体化したものである（松下，2010）。

他方，21世紀型能力とは，DeSeCoのキー・コンピテンシーや企業による「21世紀型スキル」研究などを融合し，国立教育政策研究所が提起したものである。これは「生きる力」としての知徳体を構成する資質・能力を抽出し，「基礎」「思考」「実践」の観点で再構成した資質・能力の枠組みである。　（藤岡秀樹）

■ TIMSSとPISA

TIMSSとはTrends in International Mathematics and Science Studyの略語であり，PISAとはProgramme for International Student Assessmentの略語である。

2011年のTIMSS調査では，小学4年生・中学2年生ともに参加国の中では4〜5位であった。

■重複テスト分冊法

重複テスト分冊法は，大規模調査で採用される標本調査法である。最低限必要とする問題数を一人の生徒で答えられる分量の問題セットに分割し，一部の問題を互いに重複させながら，複数のテスト冊子を作って答えさせる。一人の生徒の回答すべき問題量を少なくし，回答時間や疲労などを軽減させる効果がある。他方，冊子の配布などの実施手続きが複雑になり，同質条件になるようにするのが困難であるという課題もある。

◆藤岡秀樹　2010　テスト研究の動向（教育目標・評価学会編　「評価の時代」を読み解く（下）　日本標準，pp.22-31）

■ DeSeCo

DeSeCoとは，Definition and Selection of Competenciesの略語である。DeSeCoでは，コンピテンスを「ある特定の文脈における複雑な要求に対し，心理－社会的な前提条件の結集を通じてうまく対応する能力」と定義している。

◆松下佳代　2010　コンピテンシーを中心とする能力概念の検討（教育目標・評価学会編　「評価の時代」を読み解く（下）　日本標準，pp.32-41）

■21世紀型能力

21世紀型能力は，思考力（問題解決・発見力・創造力，論理的・批判的思考力，メタ認知・適応的学習力）を中核とし，それを支える基礎力（言語・数量・情報スキル）と，使い方を方向づける実践力（自律的活動力，人間関係形成力，社会参画力など）の三層からなっている。

4 学校をめぐる課題への援助

② 授業のユニバーサルデザイン

1 授業のユニバーサルデザインとは

昨今、教育現場で注目が集まっている「障害の有無に関係なく、だれもがわかる・できる授業をめざす」と謳う「授業のユニバーサルデザイン」をどう進めるかをここで簡単に論じ、一次的援助サービスのヒントを提供する。
※以下、ユニバーサルデザインをUDと略記する。

■「時間の構造化」の例
発達障害のある子どもの中には作業の流れ（全体像）が見えると安心する子どもがいる。また、すべての子どもにとって、授業内の「学習の迷子」をなくす配慮になる。

図1　時間の構造化

■授業のUD化モデル
図2の左側は発達障害のある子どもの授業でつまずきの原因となる特徴を示した。それぞれの特徴は、最も関連がある階層ごとに整理して記載してある。

2 授業をUD化モデル

この授業のUD化への動きは、大きく三つの段階からなると筆者は考えている。第一段階は、授業内容そのものでなく授業を取り巻く「環境」を整備していくものである。これは特別支援教育の中にあった工夫や視点を、通常学級の中でも生かしていくかたちで導入される。例えば、「場の構造化」「時間の構造化」「刺激量の調整」などを通常学級用にアレンジし、授業の環境を安定的なものにしていくなどのかたちで行なわれる（図1に「時間の構造化」の例を示した）。ただし、この段階の工夫は、子どもの授業の「参加」を支えるが「理解」を支えるわけではないという課題ももつ。ここで、図2の「授業のUD化モデル」を見てほしい。このモデルでは授業を階層構造でとらえようとしている。階層の土台になる部分には「参加」がある。授業は、まず、子どもが参加しなければ始まらない。しかし「参加」が確保された以上は、その上に「理解」が乗ってこなければならない。UD化の第一段階ともいえる環境の整備がなされ、子どもの授業参加がなされたら「理解」を深めるために「授業視点の導入」をめざす必要が

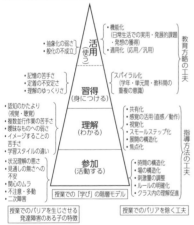

図2　授業のUD化モデル

214　Part Ⅲ　学校心理学の実践：心理教育的援助サービス

ある。これを筆者は授業のUD化の第二段階ととらえている。ここで図2の理解階層の右側にある視点を授業の中に導入していく。例えば，授業をシンプルでフォーカスされたものにする「焦点化」，展開を論理的にすっきりさせる「展開の構造化」，課題解決のプロセスを細分化する「スモールステップ化」，情報を見える化する「視覚化」，感覚的なとらえを認識の支えにする「感覚の活用」，お互いに意見をやり取りしながら理解を進める「共有化」などがこの階層の視点である。

3　授業展開をUD化する

さらに，ここで授業のUD化の第三段階といえる「授業展開の導入」に触れたい。この段階の一つの試みとして図3に示した「授業展開のUD化試案モデル」がある。

このモデルのポイントは授業の「山場」を授業の中盤に設定して「山場から逆算」して授業展開をつくるところにある。〈山場〉とは授業の中の大事なことに対して「わかった！」「できた！」「そういうことか！」ということば（感嘆詞）が生まれる瞬間である。この瞬間を，現実に，確実に，つくり出すために「山場から逆算」して授業を展開していく。そのためには，山場に向けての導入を工夫する必要がある。「わかった！」をつくり出すためには，導入で「どうしてだろう」の疑問がつくり出されるような〈めあて〉の提示が必要であり，「できた！」をつくり出したいのであれば，「やってみよう」の〈めあて〉を提示する。このように展開そのものから授業をUD化する流れは，基本的には特別支援教育というより，教科教育の流れに位置づけられるものである。

今後の教科教育に新しい視点をもたらす可能性のあるものであろう。　　　　（小貫　悟）

■**授業展開のUD化試案モデル**
　平成25年～27年度に東京都日野市立小・中学校全25校では，図3のモデルに基づいた研究授業を実施し，その妥当性と効果を検討した。

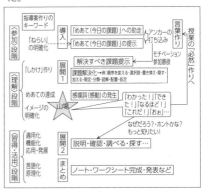

図3　UD化をめざした授業展開の構造

◆小貫悟・桂聖　2014　授業のユニバーサルデザイン入門～どの子も楽しく「わかる・できる」授業のつくり方～　東洋館出版社

[4] 学校をめぐる課題への援助

③ 教師と保護者のコミュニケーション

1　教師と保護者の連携の難しさ

　教師と保護者は，ともに子どもの生活に深く関与する直接的援助者であり，子どもを援助するチームの中核的な役割を担う存在である。しかし，子どもと接する場面が異なるため，情報自体が食い違うことも少なくない。また，子どもに対する役割の違いが，子どもの実態理解や教育観のずれにつながることもある。教師と保護者との連携には，両者が子どもと密に関わる直接的援助者だからこそ生じる難しさがある。

2　保護者面談における教師の発話特徴

　教師と保護者がコミュニケーションを図る場面の一つに，保護者面談がある。保護者面談に焦点を当て連携に向けた教師のコミュニケーションについて検討しよう。

(1) 保護者面談における教師の発話構造

　保護者面談における教師の発話は，①援助策具体化プロセスと②関係構築プロセスで構成されている（左図：上村・石隈，2007）。

(2) 教師の発話特徴

　教師の発話には，間接的援助者が行う一般的な相談とは異なる特徴が三つある。

　1点目は，面談目的を確認する発話が少ないことである。一般的な相談では，面談の導入にクライエントの面談目的を明確化することが欠かせない。保護者面談では，面談目的が確認されないまま面談が進むこともある。継続的な連携により既に目的が共有されている場合もあろう。しかし，両者の面談目的が常に一致するとは限らない。面談目的確認は双方の意図を確認する重要なプロセスである。

■教師の発話構造

　援助策具体化プロセスには，面談の目的確認から子どもの情報交換，問題状況の分析を経て，教師自身が自らの対応を振り返り，今後の対応策を具体化するまでの発話が含まれる。

　一方，関係構築プロセスには，面談の始めと終わりに交わされる挨拶，保護者の話を聞いていることを示す発話，自身の感情を伝える発話等が含まれる。保護者の情報や意向を確認する発話は，援助策を具体化するとともに，関係構築にも役立っていることから，双方のプロセスに位置づいている。

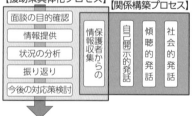

保護者面談における教師の発話分析結果
（上村・石隈，2007を改変）

◆上村惠津子・石隈利紀　2007　保護者面談における教師の連携構築プロセスに関する研究─グラウンデッド・セオリー・アプローチによる教師の発話分析を通して─
教育心理学研究55(4)　pp.560-572

2点目は,「振り返り」の発話が見受けられる点である。「振り返り」の発話は,保護者からの新たな情報や視点を得て,教師が自らの対応や方針を見直す発話である。「振り返り」は,学校生活で子どもと密に関わる経験を有する教師だからこそ可能な発話である。

3点目は,今後の対応策について積極的に提案することである。学校での対応を積極的に提案することは,学校における主たる援助者である教師の役割とも言えるだろう。また,指導場面での対応策の具体化は,教師の専門性が最も発揮しやすい場面でもある。

3　教師の発話特徴を活かすために

教師の発話特徴から考えると,保護者からの情報や視点を組み入れ,自らの指導方針や指導内容を振り返り,これを踏まえて具体的な対応策を提案することが,教師の特徴を活かした保護者面談の展開と言えるだろう。

援助策具体化プロセスを見ると,「振り返り」と「今後の対応策検討」は,プロセスの後半に位置する。プロセスの前半,面談目的を共有し,情報と状況の理解を共有するプロセスにはどのような意味があるのだろうか。

「振り返り」を行いながら新たな対応策を提案する教師の発話特徴を活かす視点で考えれば,援助策具体化プロセスの前半においては,単に視点や情報の共有をめざすのではなく,むしろ,教師と異なる「情報や視点」をいかに保護者から引き出せるかがポイントとなろう。そうすることが,教師の振り返りにつながり,子どもの実態理解や指導方針,指導内容の検討につながるからである。そして,このような教師のスタンスが,保護者と教師が対等であることを示し,連携を促進することにつながるのだろう。

（上村惠津子）

4 学校をめぐる課題への援助

④ 学級崩壊

1　学級崩壊とは

　日本では1990年代半ば頃から，一斉形態の授業や学級活動が成立しない，いわゆる，学級崩壊の問題がマスコミに取り上げられ社会問題となった。旧文部省も1998年に「学級経営研究会」を立ち上げ，「学級がうまく機能しない状況」を，「子どもたちが教室内で勝手な行動をして教師の指導に従わず，授業が成立しないなど，集団教育という学校の機能が成立しない学級の状態が一定期間継続し，学級担任による通常の手法では問題解決ができない状態に立ち入っている場合」と定義して，実態把握を行っている（学級経営研究会, 1998）。そして代表的な10のケースの報告を示した。また，全国連合小学校長会（2006）は，学級崩壊の状態にある学級は，小学校の8.9%にのぼっていることを報告している。

　つまり，近年の日本の学校現場のいじめの問題や学力の問題などの背景に，児童生徒にとって学級集団が教育的な状態になっていないという現状があり，そのような状況は既に一定の比率で存在していると考えられる。学級集団が教育的環境になっていない状況は，「学級」を一つの単位として集団教育する日本の学校教育では，教育活動の基盤をゆるがす問題である。

2　教育環境として低いレベルの学級集団

　学級崩壊という学級集団が教育的環境になっていない状態まで悪化しないまでも，学級集団が教育環境として児童生徒が互いに建設的に切磋琢磨するような状態と，相互に傷つけ合い互いに防衛的になっている状態とでは，

◆学級経営研究会　1998　学級経営の充実に関する調査研究（中間まとめ）

◆全国連合小学校長会　2006　学級経営上の諸問題に関する現状と具体的対応策の調査

児童生徒の学習意欲や友人関係形成意欲，学級活動意欲に有意な差が生じることが推測される。河村・武蔵（2008a，b）は220学級を対象にして学級集団の状態を独立変数として取り上げ，児童生徒間に一定のルールと良好な人間関係であるリレーションが同時に確立している満足型学級では，学級崩壊はしていないがルールの定着の低い学級や良好な人間関係が形成されていない学級と比較して，いじめの発生数が少なく，かつ，児童生徒の学習の定着率が高いことを指摘し，学級集団の状態が児童生徒の活動に有意な影響があることを実証的に明らかにしている。

さらに，河村（2015）は，首都圏のA市の教育委員会が管轄する全小中学校と連携し，各教師が担任する学級集団の状態と課題を可視化してとらえ，良好な学級集団づくりを基盤にして，学級内の児童生徒個々に沿った個別対応を確実に行っていく，という取り組みを3年間実施したところ，学級集団の教育環境の向上とともに，児童生徒の学力の向上のみならず，不登校の減少，いじめにつながる問題行動の減少，通常学級に在籍する特別支援を必要とする児童の学級生活満足感と学校生活への意欲が向上したこと，すなわち，すべての教育実践の領域でその成果が見られたことを報告している。

学級崩壊の状態は対外的に顕在化し，問題としてとらえられることが必至なのに対して，教育環境として低いレベルの学級集団の問題は，各教師が問題提起しないかぎり，問題として表面化することは少ない。ここに，この問題の深刻さがあると言える。

（河村茂雄）

◆河村茂雄・武蔵由佳 2008a 学級集団の状態といじめの発生についての考察 教育カウンセリング研究2，pp.1-7

◆河村茂雄・武蔵由佳 2008b 一学級の児童生徒数と児童生徒の学力・学級生活満足度との関係 教育カウンセリング研究2，pp.8-15

◆河村茂雄 2015 こうすれば学校教育の成果は上がる 図書文化

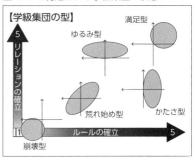

■ Q-Uで判定される学級集団の状態

4 学校をめぐる課題への援助

5 学校種間の連携

◆臨時教育審議会 1985 教育改革に関する第一次答申
　この答申において，6年制中等学校の設置が提言された。

◆中央教育審議会 1999 初等中等教育と高等教育との接続の改善について

◆中央教育審議会 2005 子どもを取り巻く環境の変化を踏まえた今後の幼児教育の在り方について

◆教育振興基本計画 2008
　第2期教育振興基本計画 2013

◆教育再生実行会議 2014 今後の学制等の在り方について（第五次提言）

◆中央教育審議会 2014a 新しい時代にふさわしい高大接続の実現に向けた高等学校教育，大学教育，大学入学者選抜の一体的改革について

◆中央教育審議会 2014b 子供の発達や学習者の意欲・能力等に応じた柔軟かつ効果的な教育システムの構築について

■小中一貫教育の2類型
・義務教育学校
　一人の校長のもと，一つの教職員集団が9年間一貫した教育を行う。
・小中一貫型小学校・中学校（仮称）
　独立した小・中学校が義務教育学校に準じたかたちで一貫した教育を施す。

1 学校種間の連携・接続と一貫教育

　戦後教育制度の根幹である6-3-3-4制を見直す動きは，臨時教育審議会（1985）および1998年の学校教育法改正による中等教育学校の創設が契機となった。高等学校と大学の連携についても，中央教育審議会（1999）において，高校生が大学レベルの教育を履修する機会の拡大や入学者選抜のあり方が議論された。さらに保・幼－小の連携については，中央教育審議会（2005）において，子どもの発達や学びの連続性を確保する観点から，「幼小連携推進校」の奨励や幼小一貫教育が検討されている。

　このような中，教育振興基本計画（2008，2013）においては，学校段階間の円滑な連携・接続の取り組みが検討課題となった。これを踏まえて，教育再生実行会議（2014）や中央教育審議会（2014a）では，小中学校間および高校大学間の接続について議論された。

2 小中一貫教育

　今日，学校種間の連携において注目されているのは，小中一貫教育である。小中一貫教育は，2000年に広島県呉市で実施されたのを皮切りに，2006年には東京都品川区で公立施設一体型小中一貫校が開校した。国においても，中央教育審議会（2014b）を経て，2015年には学校教育法が改正され，新たな学校種として義務教育学校が創設された。文部科学省調査（2014）によれば，小中一貫教育に取り組んでいる自治体は211（12％）あり，小中連携教育は1147自治体（66％）にのぼる。

　小中一貫教育の推進理由としては，上級学

校への円滑な移行，ゆとりと連続性のある教育課程，長期にわたる児童生徒理解と異学年交流，教員の資質向上と学校経営の活性化，学校・家庭・地域社会の連携といった点があげられる。特に，中１ギャップの解消が小中一貫教育には期待されている。また，９年間を見通した系統的な教育内容や，異学年交流を通した人間形成にも意義が見られる。

　小中一貫教育においては，教育目標，授業時間，きまり等を共通化したり，新教科（領域）や副教材を作成している学校も多い。教員の交流も定期的に行われ，異学年交流についても，小中９年間を４－３－２年のように区切り，４年生や７（中１）年生がリーダーシップをとる場合もある。

３　子どもの発達・少子化と学校種間の連携

　発達の観点から見ると，幼児期や児童期の身体的精神的早熟化や，青少年期における体力・運動能力の低下，若者の精神的な幼さが指摘されている。平均寿命も伸び高学歴化が進む中，６－３－３－４制の枠組みや指導方法が実態に合わないことが，学校種間連携を促進する要因となっている。

　それとともに，少子化による学校規模適正化の方策として，小中一貫教育を行う自治体も増えている。小規模校では，クラス替えや班編成，話し合いや体育・音楽等の集団活動，部活動や学校行事の実施，教職員の校務分掌等における困難さがある。研究協力者会議（2014）においても，小中一貫教育とコミュニティ・スクールを組み合わせて，中学校区における一体的な学校運営協議会の設置が提言されている。幼稚園や高等学校も含めて，学校種間の連携を進めることは，地域における学校のあり方という点からも課題である。

（樋口直宏）

◆文部科学省　2014　小中一貫教育等についての実態調査の結果
　小中一貫教育を実施している1130件のうち，施設一体型は148件（13%），施設隣接型は59件（5%），施設分離型・その他は923件（82%）である。

■中１ギャップ
　中学校進級時に直面する，教科担任制，中間・期末テスト，新しい友人関係，先輩・後輩，部活動といったさまざまな課題。

■異学年交流の例
　交流給食，縦割り班活動，集団登下校，遠足・発表会・運動会等といった合同行事のほか，施設分離型における上級学校・部活動体験，中学生の母校訪問，同じ中学校区にある複数の小学校どうしの交流等がある。

■児童数と小学校数
　1981年に約1,182万人であった小学校の児童数は，2015年には約654万人であり，2019年には約625万人になると推計されている。これに対して小学校数は，1984年の24,822校に対して，2015年は20,601校である。中学校も，同様の傾向にある。

◆コミュニティ・スクールの推進等に関する調査研究協力者会議　2014　小中一貫教育を推進する上での学校運営協議会の在り方について（第一次報告）

[4] 学校をめぐる課題への援助

❻ 危機支援

1　学校安全の取り組みと学校危機

　学校は安全で安心できる場所でなければならない。しかし，時として事件や事故が発生し，また自然災害により学校運営に支障をきたす事態が発生する。この状況を「学校危機（school crisis）」と呼び，学校には特別な備えや対応が求められる。

　学校における危機について，上地（2003）は，個人レベル，学校レベルおよび地域社会レベルの3種類に分類した（表1）。学校は，校内や登下校中などの学校管理下で発生した危機に対応するだけでなく，児童生徒個人の危機への対応や，地域社会で発生している危機への対応が求められる。

2　危機への支援

　学校危機直後の対応では，混乱した学校運営を回復するため，校内の資源を最大限活用してチームで対応すべきである。まず，管理職やチームのリーダーは，教職員に対して現況の報告と情報の共有，人員のバックアップ体制，当日の授業や行事などのスケジュール調整を短時間のうちに決定する。

　学校運営の方針が定まった後には，児童生徒，保護者，教育委員会などへ連絡や報告をし，心身の健康状態の確認や心のケアの実施について検討する。外部の専門家や専門機関からの支援が必要かどうかを見きわめ，当該の児童生徒に対応する学級担任や教職員に対する適切な応対の仕方を含めた心理教育の研修を準備する。状況をアセスメントし，援助ニーズに援助資源をつなぎ，徐々に日常の学校運営に戻すことをめざす。

表1　学校危機の内容の分類

個人レベルの危機	不登校，家出，虐待，性的被害，家庭崩壊，自殺企図，病気等
学校レベルの危機	いじめ，学級崩壊，校内暴力，校内事故，薬物乱用，食中毒，教師バーンアウト等
地域社会レベルの危機	殺傷事件，自然災害（大震災），火災（放火），公害，誘拐・脅迫事件，窃盗・暴力事件，IT被害，教師の不祥事等

（上地，2003より作成）

■心理教育

　事件・事故や災害後の子どもの反応やそれへの対応についての基礎的な知識を学習するために設定される。災害，事件・事故後には，被災体験，喪失体験，事件・事故などによる心的外傷体験によって安心感や安全感が失われること，児童生徒の心理，身体や行動にさまざまな変化が見られるが，そのような変調は災害，事件・事故直後にはしばしば見られる正常な反応であること，子どもによって受け止め方に差があること，時間の経過とともに症状は軽減していくことなど，トラウマ反応の具体例について解説する。簡易にできるリラックスやリフレッシュの方法について説明する。正しい情報を伝え，安心感をもたらす対応が必要である（瀧野，2006）。

その後の学校運営では，授業など日々の教育活動において授業時間や教材などで配慮が必要になる。学校行事，校外活動などにおいては事件・事故，災害直後に集団で一斉に対応できたが，児童生徒の回復の度合いに差が生じてくることによる個別の対応が求められたり，中長期にわたる継続的支援が必要になる場合もある。そのため，支援チームのコーディネーターは，校内の教職員だけでなく，外部の専門家にも支援を求める必要がある。

3　学校危機対応と学校心理学

学校心理学を学んだ学校心理士，臨床発達心理士，特別支援教育士，臨床心理士等は，学校精神保健の担い手として，学校の危機管理についての知識をもち，平時よりリスク・マネジメントや一次予防を実践し，リスクを回避したり，その影響を緩和するための安全管理，安全教育に積極的に関与する推進者であることが期待される。援助資源となる地域関係機関との連携も確認しておきたい。

危機発生後は，クライシス・マネジメントのコーディネーターとして，迅速な対応と被害最小化をめざし，応急手当に始まる対応（二次予防）をリードする。

引き続き，被害からの回復に向けた学校における中長期の支援（三次予防）を推進してもらいたい。特に，学校は，児童生徒にケアを提供するのにふさわしい場所であることを認識すべきである。一定の知識のある教職員が対応し，一日の大半の時間の様子を見守りながら変化をとらえ，保護者からの情報を得たり助言などの働きかけがしやすい位置から，異なる役割や知識，経験，技量をもった教職員がチームで対応できるという有利な点を活用し，すべての教職員で危機対応に取り組んでいきたい。

（瀧野揚三）

■中長期の個別対応と外部資源の活用

時間経過とともに回復の度合いに違いが生じることがあり，個別の対応が必要になる場合には，スクールカウンセラー，スクールソーシャルワーカー，精神科医，小児科医などの外部の専門家に知識や技術の提供を求める必要がある。障害のある児童生徒への対応には，特別支援教育士，学校心理士，臨床発達心理士などに支援を求める必要がある。管理職やコーディネーターには，ニーズの変化を見きわめた対応が求められる。

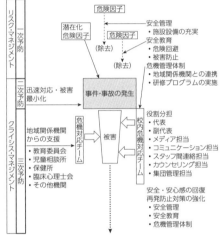

図1　危機管理のプロセス例（瀧野，2004より作成）

■引用文献
◆瀧野揚三　2004　危機介入に関するコーディネーション（松村茂治・蘭千壽・岡田守弘・大野精一・池田由紀江・菅野敦・長崎勤編　講座 学校心理士―理論と実践3 学校心理士の実践　幼稚園・小学校編）北大路書房　pp.123-136
◆瀧野揚三　2006　学校危機への対応 予防と介入　教育心理学年報45　pp.162-175
◆上地安昭　2003　教師のための学校危機対応実践マニュアル　金子書房

トピックス⑬ 生徒指導提要

生徒指導の理論化の難しさと必要性

　生徒指導は見通しが立てにくく，内容も多岐にわたり効果を測ることも難しいなどから，理論や技法の体系化は不問にされ，個々の教師の経験や勘，人間性といったものが働きかけのバックボーンとされてきた。しかし2000年代に入る頃から，不登校・いじめ・暴力行為という従来型の問題行動ばかりでなく，自殺やネット犯罪，児童虐待，薬物乱用など多様な問題行動が次々と起こり，しかも，目立つ非行傾向が見られなかった子どもが突然キレて暴力行為に及ぶなど，わかりにくさを伴う問題行動が頻発するようになった。そのため，今起こっていることの意味を探り，今後起こりうる展開を予測し，ばらばらな理解による矛盾した対応を避けて共通理解に基づく組織的対応を可能にするような「実践を支える理論」が強く求められるに至った。

『生徒指導の手引き』から『生徒指導提要』へ

　そうした要請を背景に，2010（平成22）年に，文部科学省によって『生徒指導提要』が公刊された。それ以前にも，文部省（当時）は，1965（昭和40）年に『生徒指導の手引き』，1981（昭和56）年にはその改訂版を出している。いずれも優れた内容のものであるが，多様化・重層化が進む生徒指導上の諸課題を網羅的に理解し，対応の方向性を示すためには新たな生徒指導の基本書が必要とされたのである。「提要」とは，「要点・要領をあげ，示すこと。また，その書物」（三省堂『大辞林』）であり，学習指導要領に匹敵する生徒指導の道標となるべきものとして作成がめざされた。

生徒指導提要が示す今後の生徒指導の方向性

　『生徒指導提要』において強調されている，今後の生徒指導の方向性は，次の6点である。
①すべての児童生徒が問題行動の要因を内包している可能性があるという認識をもつ。
②すべての教師が生徒指導を担い，校内連携によるチームサポートと関係機関との連携によるネットワーク型のサポートを基盤とする組織的対応を行う。
③発達段階に応じた体系的生徒指導を展開するために，幼保小中高の学校種間の情報連携や行動連携の重要性の認識を深める。
④生徒指導と特別支援教育の協働により，発達上の課題を抱えた児童生徒に対する周囲の理解と特性に応じた指導を進める。
⑤問題対応型の生徒指導（学校心理学でいう第三次支援）から開発的・予防的生徒指導（第一次・二次支援）へと，「育てる」生徒指導へのシフトを図る。
⑥学習指導と生徒指導の一体化を図り，学びに生きる生徒指導を展開する。

「社会的なリテラシー」の育成

　生徒指導がめざすものは，個々の幸福を追求すると同時に社会の発展をも追求する「一人前の社会人」として，社会の中での自己実現を促すことである。知識やスキル，断片的な資質や能力を寄せ集めただけではなく，それらを統合して主体的に行動できる社会の形成者となることが求められている。『生徒指導提要』では，その時々の状況を適切に判断し，個人と社会の目的を両立させながら達成していく包括的・総合的な能力を「社会的なリテラシー」と呼び，その育成こそが生徒指導の最終目標であるとしている。

　『生徒指導提要』を活用し，すべての教師が生徒指導上の諸課題に積極的に取り組むことが望まれる。

（新井　肇）

トピックス⑭
教員養成への提案

背　景

「教師の養成をめぐる課題」(本書 pp.202-203 参照)でも述べたとおり，これからの社会で求められる人材としての児童生徒を育成するには，教師自らが社会からの尊敬・信頼を受け，思考力・判断力・表現力等を育成する実践的指導力を有し，困難な課題に対しては同僚教師と協同したり地域と連携したりしていく能力を教員養成の段階から修得しなければならない。

教員養成と学校心理学

学校心理学は，学習，心理・社会，進路，健康の4領域について，アセスメント，カウンセリング，コンサルテーションをはじめ，チーム支援において重要な役割を果たすコーディネーションに至るまで，理論と実践に関する知見を集積している。これらを教員養成のプログラムに取り入れることで，教育をめぐる課題への対応力を修得させることが可能となる。

(1) 実践的指導力

実践的指導力の要素としては問題把握能力(現状把握力)，授業力，学級経営力がある。これらの能力には学校心理学におけるアセスメントが関係する。すなわち，児童生徒の各教科の学習指導に関する関心・意欲や学習のレディネス(準備状態)の把握(事前評価)，授業の途中での教科内容の修得状況(事中評価)，授業終了段階での修得状況(事後評価)を行う多様な方法・手段を提供できる。また心理・社会の領域では，クラス内での「いじめ」防止につながる対人関係能力を高める方法についての提案も可能である。例えば，論理療法やソーシャルスキル・トレーニング(SST)などの技法が利用されている。これらは学級経営力の向上に利用できる。

(2) 同僚教師との協同

近年になって「教師の多忙化」が問題となっている。文部科学省「教員勤務実態調査」によれば，教員の残業時間は，1966(昭和41)年に月平均約8時間だったのが2006(平成18)年にはその4倍にあたる約34時間にまで増加した。授業準備のほか，事務的な業務，補習・部活，保護者対応がその要因となっている。教師一人で抱え込むことでオーバーワークとなり，心身の健康管理にも大きな支障を来している。これからの教師は同僚教師がチームを組んで協同して学校の課題に取り組む必要がある。その意味で，学校心理学の「チーム支援」についての理論や実践は参考になる。

(3) 地域との連携

地域の教育資源を活用するには，地域と学校をつなぐコーディネーション能力が必要である。学校心理学はこれに関する理論と実践も蓄積しているので，参考になる。

教師の教育実践を支える学校心理学

現在，文部科学省は学校をめぐる課題に対応するため，学校とソーシャルワーカーやスクールカウンセラー，部活動支援員等より構成される「チーム学校」を構想している。学校心理学はこうした新しい組織を支える教員養成の基盤となる領域をカバーする重要な理論・実践体系となる。

(小野瀬雅人)

索　引

（太字は見出し頁）

事項編

【あ行】

アイデア会議　43
アイデンティティ　69
アクティブ・ラーニング　159
アセス　109
アセスメント　6, 53, 70, 100, 102
　援助サービスシステムの――　**120**
　学習面の――　**106**
　学級――　**116**
　学級集団の――　**114**
　学級風土の――　**116**
　学校で使える――　**146**
　健康面の――　**112**
　子どもと環境の折り合いの――　**118**
　自助資源と援助資源の――　101
　心理教育的――　**100**
　心理・社会面の――　**108**
　進路面の――　**110**
　生態学的――　103
　臨床心理――　84
アタッチメント　60
アドバイスモデルのコンサルテーション　152
安心　222
安心感　173
安全　173, 222
アンダーアチーバー　107
異学年交流　221
生きる力の育成　54
石隈・田村式援助シート　101, 102, 169

いじめ　**182**
いじめ集団の四層構造　25
いじめのプロセスモデル　183
いじめの四層構造　182
いじめ防止基本方針　192
いじめ防止対策推進法　49, **192**
一次的援助サービス　6, 48, 49, 56, 100, 110, 113, 126, 128, 145, 156, 179, 192, 214
一次予防　223
一般意味論　124
意味論療法　125
イラショナル・ビリーフ　132, 209
インクルーシブ教育　37
「ウェブ」型組織　33
エクスポージャー　135
援助(helping)　92
援助行動　**92**
援助策具体化プロセス　216
援助サービス
　――システムのアセスメント　**120**
　――におけるコーディネーション　162
　一次的――　6, 48, 49, 56, 100, 110, 113, 126, 128, 145, 156, 179, 192, 214
　三次的――　6, 7, 48, 49, 52, 101, 110, 113, 126, 128, 187, 192
　3段階の心理教育的――　100
　心理教育的――　2, 4, 5, 6, 9, 120, 154, 155, 164
　二次的――　6, 48, 49, 56, 101, 110, 113, 126, 128
援助資源　3, 101, 222
　――チェックシート　101

援助チーム
　拡大――　168
　コア――　168
　個別の――　162, **168**
　ネットワーク型――　169
援助ニーズ　222
援助要請行動　92
応用行動分析　135
オーセンティック評価　106
オーバーアチーバー　107
折り合い　5
オン・ザ・フライ・ミーティング　42

【か行】

解決焦点化アプローチ　136
ガイダンスカウンセラー　13
ガイダンスカリキュラム　120
外発的動機づけ　107, 178
カウンセリング　3, 6, 53, 73, **122**
　――と一般意味論　124
　――における3種類の関わり　122
　学校で使える――　**147**
　ブリーフ――　**136**
カウンセリングマインド論　50
カウンセリングモデルによるコンサルテーション　153
学習意欲　72
学習スキル　73
学習スタイル　119
学習動機づけ　107
学習性無力感　75
学習面のアセスメント　**106**
拡大援助チーム　168
学力　106
　――の問題　**212**
　見えにくい――　212

見える―― 212
課題解決的な指導　49
学級アセスメント　116
学級経営　30
学級風土　116
　――のアセスメント　116
学級崩壊　114, 218
学校種間の連携　220
学校危機　172, 222
学校教育相談　50, 127
学校経営　28
学校銃乱射事件　183
学校心理学
　――の意義　2
　――の基本的な考え　3
　――の定義　2
　――の内容　4
　――の方法　6
　――を構成する学問領域　8
　――を支える三つの柱　8
学校心理士　10
学校心理士スーパーバイザー CSP-SV　10
学校心理士（学校心理学）と倫理　14
学校心理士の資格とその認定　10
学校心理士倫理綱領　14
学校生活の質（Quality of School Life）　2
学校精神保健　223
学校で使えるアセスメント　146
学校で使えるカウンセリング　147
学校におけるコンサルテーション　160
学校の自主性・自律性の確立　29
学校保健安全法　195
カリキュラム開発と評価のコンサルテーション　158

カリキュラム・マネジメント　23, 158
感覚過敏　38
環境（社会）の中にいる子ども　118
関係構築プロセス　216
感情のリテラシー　63
管理職へのコンサルテーション　154
危機　5
危機介入　191
危機支援　222
危機対応チームにおけるコーディネーション　172
危機における援助　123
キー・コンピテンシー　213
キャリアカウンセリング　56
　進路指導と――　56
キャリア教育　54
キャリア行動理論　57
（教師の）キャリアステージ　204
キャリア発達　55
教育学　58
　――の学び方　58
教育課程　22
教育現場に活かす臨床心理学　82
教育社会学　24
教育心理学の学び方　98
教育制度　34
教育相談コーディネーター　52
教育的関わりの四類型　127
教育哲学　18
教育評価　80
教育病理　25
教育方法　20
教員養成への提案　225
教科心理学　76
共感性（empathy）　93
教師
　――と保護者のコミュニケーション　216

　――のキャリア発達　204
　――のバーンアウト　208
　――の養成をめぐる課題　202
　――のリーダーシップ　210
　――へのコンサルテーション　150
教授・学習心理学　74
教授三角形　20
教職実践演習　31
教職大学院　203
クライエント中心療法　130
クライシス・マネジメント　223
グローモデル　140
継次処理　119, 139
健康調査　113
健康面のアセスメント　112
言語心理学　78
研修型コンサルテーション　156
コア援助チーム　168
高機能自閉症　36
向社会性　61
構成的グループ・エンカウンター　143
行動スタイル　119
行動療法　134
校内委員会　37, 41
公認心理師　12
　――と学校心理学に関わる資格　12
公認心理師法　12
交流分析　109
誤概念　73
こころのスペース（空間）　131
個人としての子ども　118
コーチング　21, 140
　――のコア・スキル　140
コーディネーション　53, 161, 162, 172, 174, 225
　――行動　170, 174

索引　227

――の定義と意義 162
――の強みと課題 **174**
援助サービスにおける―― **162**
危機対応チームにおける―― **172**
「チーム」としての学校における心理教育的援助サービスの―― 163
トータルな―― **161**
コーディネーション委員会 155, 162, 164, **166**
コーディネーター 164, 172, 175, 223
　特別支援教育―― 37, 40, 52
子ども・子育て関連3法 27
子どもと環境の折り合いのアセスメント **118**
子どもの心をめぐる臨床心理学的問題 **84**
子どもの貧困 **196**
子どもの貧困対策大綱 196
個別指導 44
個別の援助チーム 162, **168**
個別の学習支援 **138**
個別の教育支援計画 37
個別の指導計画 37
個別の対応 223
コミュニティ・スクール 201
コンサルタント 148
コンサルティ 148
コンサルテーション 3, 6, 53, 117, **148**, 150, 154, 155
　――と（狭義の）カウンセリング，スーパービジョンとの違い 148
　――とコンサルティの関係 149
　――の定義と意義 148
　アドバイスモデルの―― 152

カウンセリングモデルによる―― 153
学校における―― **160**
カリキュラム開発と評価の―― **158**
管理職への―― 154
教師への―― 150
研修型―― 7, **156**
コンサルテーションモデルの―― 152
システム介入型―― 7
相互―― 166, 168
保護者・家族への―― 152
問題解決型―― 7

【さ行】

作文指導 79
三次的援助サービス 6, 7, 48, 49, 52, 101, 110, 113, 126, 128, 187, 192
三次予防 223
3段階の心理教育的援助サービス 6, 100
支援ツール 38
自校通級 44
自己学習力 73
自己決定感 179
自己効力感 75
自己コントロール 135
自己コントロール感 189
自殺（自死） **190**
自殺予防プログラム 190
思春期 **64**
自助資源 3, 101
　――と援助資源のアセスメント 101
システム介入型コンサルテーション 7
自尊感情 38, 67
実践的指導力 225
実践的知識 206
児童期 **62**
児童虐待 **198**

指導サービス 185
自閉症スペクトラム障害 2
自閉スペクトラム症／自閉症スペクトラム障害（ASD） 187
社会規範 90
社会心理学の学び方 99
社会性と情動の学習 144
社会的参照（social referencing） 60
社会的なリテラシー 224
社会的能力 144
集団基準準拠評価 81
集団規範 90
集団心理学（規範，同調，リーダーシップ） **90**
主観的世界 88
授業改善 40
授業のUD化モデル 214
授業のユニバーサルデザイン **214**
10歳の壁 70, 107
守秘義務 41, 89, 149
障がい者自立支援協議会 201
障害名 39
小学校の通常学級における援助 40
状況理論 210
条件即応モデル 210
小集団指導 44
状態被援助志向性 97
小中一貫教育 220
情緒的消耗感 208
初経 65
自律性（autonomy） 61
事例研究 207
人格 86
人格理論 **86**
人権侵害 198
心身症 113
身体発育のスパート 64, 66
心的外傷体験 222
心理教育 173, 222

心理教育的アセスメント 100
　——の対象 100
　——の定義 100
　——の方法 102
心理教育的援助サービス 2, 4, 5, 6, 9, 120, 154, 155, 164
　——の3層のシステム 162
心理検査 102, 104
　——の活用と限界 104
心理・社会面のアセスメント 108
心理－性的発達理論 83
心理的障害 89
進路指導とキャリアカウンセリング 56
進路選択過程に対する自己効力感 111
進路発達・進路成熟 110
進路不決断 111
進路面のアセスメント 110
スキーマ 72
スクールカウンセラー 117, 163
　——によるカウンセリング 128
スクールソーシャルワーカー 163, 197
スクールソーシャルワーク 53
ステップファミリー 194
既にある解決 136
ストレス反応 112
ストレスマネジメント 173
スーパービジョン 160
成功体験 40
青少年育成施策大綱 201
成人期 68
精神的成長 89
生態学的アセスメント 103
成長促進型生徒指導 192
成長を促す指導 49
精通 65

生徒指導 48, 199
生徒指導提要 48, 224
生徒指導の手引き 224
青年期 66
接続（articulation）関係 34
説明責任 29
専門家チーム 37
専門的ヘルパー 4, 126, 127, 128
相互コンサルテーション 166, 168
疎結合システム 209
ソシオメトリックテスト 115
ソーシャルエモーショナルラーニング 144
ソーシャルサポート 94
　——の4つの機能 94
ソーシャルスキル 142
ソーシャルスキル・トレーニング 142
素朴概念 73
ソリューション（解決）マインド 137

【た行】

対象関係論 83
対人関係ゲーム 135
対話 42
他校通級 44
他者受容感 179
脱落型不登校 180
田村・石隈式援助資源チェックシート 101
多様な家族への対応 194
短所改善型指導 138
地域住民・保護者の学校参加 29
知的好奇心 179
知能 106
　——の個人内差 107
チーム援助 126, 155, 162, 164, 172, 209
　——行動 164

　——体制 164
チーム学校 2, 3, 12, 128, 162, 163, 225
「チーム」としての学校における心理教育的援助サービスのコーディネーション 163
注意欠如多動症／注意欠如多動性障害（ADHD） 187
中1ギャップ 62, 221
中央教育審議会「チームとしての学校の在り方と今後の改善方策について（答申）」 163
中・高等学校の通常学級における援助 42
長期欠席 180
長所活用型指導 59, 138
治療的人格変化 130
通級指導等における援助 44
ディブリーフィング 189
適応的熟達 206
テストバッテリー 105
同一視 91
動機づけ 75, 178
　外発的—— 107, 178
　内発的—— 107, 179
統合（integration）関係 34
同時処理 119, 139
同時的プロセスモデル 103
東大式エゴグラム（TEG） 109
同僚教師との協同 225
特性被援助志向性 97
特性論 86
同調（conformity） 90
特別支援学校
　——による地域の援助 46
　——の「センター機能」 46
特別支援教育 36, 59
　——コーディネーター 37, 40, 52
　——の動向 36

――の学び方　**59**
特別支援教育士　13
「閉ざされた問い」　141
トータルなコーディネーション　**161**
トラウマ体験　188
トラウマ反応　222

【な行】

内発的動機づけ　107, 179
斜めの関係　149
「なべぶた」型組織　33
二次性徴　64, 66
二次的援助サービス　6, 48, 49, 56, 101, 110, 113, 126, 128
21世紀型スキル　213
二次予防　223
日本学校心理士会　10
日本版ヴァインランドⅡ　109
乳幼児期　**60**
ニューカマー　195
認知心理学　**72**
ネット問題の広がりと低年齢化　193
ネットワーク型援助チーム　169

【は行】

発達課題　68
発達障害　2, 36, **186**
発達障害者支援法　**187**
発達心理学の学び方　**70**
発達段階　70
パフォーマンス課題　159
反省的実践家　204
被援助志向性　**96**
　状態――　97
　特性――　97
非行　184
非行への3段階の対応モデル　184
非行予防教育　184
ビッグ5　108

一人親家庭　194
「開かれた問い」　141
不安傾向　39
複合的ヘルパー　4, 126
不登校　**180**
フラッシュバック　188
ブリーフカウンセリング　**136**
方法的実証主義　24
保護者・家族へのコンサルテーション　**152**
ポートフォリオ評価　81
ボランティア的ヘルパー　4, 126

【ま行】

学び続ける教師像　204
学ぶ意欲の問題　**178**
マネジメント委員会　155, 162, **164**, 165
満足型学級　219
見えにくい学力　212
見える学力　212
メタ認知　58, 73
面接　102
メンタルヘルス　41, 208
目標基準準拠評価　81
目標に準拠した評価　158
モデリング　143
問題解決型コンサルテーション　156
問題解決型コンサルテーション　7
問題解決型コンサルテーションのプロセス　154

【や行】

役割取得理論　62
役割的ヘルパー　4, 126
役割分担　172
有能感　179
行方不明の子どもたち　181
幼児期における特別支援　**38**
幼児教育　26

幼小一貫教育　220
幼稚園教育要領　26
要保護児童対策地域協議会　201
予防的な指導　49
4種類のヘルパー（援助者）　4, 126

【ら行】

心理療法　**88**
ライフイベント　68
力動論　87
リスク・マネジメント　223
リーダーシップ　91
臨床心理アセスメント　84
臨床心理学　84
　――的観点　83
　――の学び方　**71**
　教育現場に活かす――　**82**
臨床心理士　13
臨床発達心理士　13
臨床法　83
類型論　86
ルーブリック　159
レジリエンス　101
連携　39
ロールプレイ　143
論理療法　**132**

【A－Z】

ABCDE理論　132
ADHD　2, 36, 187
ASA旭出式社会適応スキル検査　109
Being-For　123
Being-In　123
Being-With　123
DSM-5　85, 138, 187, 188
ICD-10　187
KABC-Ⅱ　59, 138
LD（学習障害）　2, 36, 186
PDCA　23, 139
PISA　178, 213
PM理論　210

PTSDの理解と学校における
　支援方法　**188**
Q-U　109, 115
SELプログラム　145
SFA　136
SOSチェックリスト　102
TIMSS　213
WISC-Ⅳ　59, 138

文献人名編

【あ行】

青木孝悦　86
秋田喜代美　80, 204, 206
秋光恵子　170, 175
芦澤清音　157
安達英明　102
新しい教育心理学者の会　77
安彦忠彦　22
阿部彩　197
天笠茂　28
天野清　79
新井邦二郎　179
有門秀記　136
安部博志　39, 41
飯田順子　163
家近早苗　155, 163, 165, 166,
　167, 175
池田由紀江　223
石井英真　158, 159
石隈利紀　2, 6, 8, 12, 43, 96,
　97, 101, 102, 103, 113, 122,
　127, 129, 132, 154, 155, 163,
　164, 165, 166, 167, 169, 170,
　174, 175, 209, 216
磯貝芳郎　103
市川千秋　136, 137
市村尚久　22
伊藤亜矢子　117
伊藤伸二　132
伊東博　130, 131

伊藤正哉　135
伊藤美奈子　65
伊藤裕子　67
稲越孝雄　77
井上尚美　124
井上弥　109
今井康雄　18
今井靖親　79
今西一仁　110, 111, 174
ウィニコット　83
植田千晶　67
上地安昭　223
上野一彦　105
鵜養啓子　156
鵜養美昭　156
牛島定信　83
牛島義友　76
宇田光　137
内山登紀夫　41
浦上昌則　67, 111
浦光博　92, 93, 94
江花昭一　112
大河原美以　153, 156
大久保忠利　124
大髙泉　21
太田晴雄　195
大野精一　50, 51, 53, 175, 223
大野久　67
大村政男　87
大藪美保　137
岡崎慎治　105
小笠原道雄　19
岡田明　76
岡隆　91
岡田敬司　127
岡田守弘　10, 223
岡田涼　67, 107
岡直樹　75
岡本智周　29
岡本祐子　68, 69
小川俊樹　82
押切久遠　184
小島弘道　28
小田信夫　76

落合良行　67
大西彩子　25
小野瀬雅人　77, 79
小野寺正己　117
小野由美子　28
オルポート，G.W.　86

【か行】

カウフマン，A.S.　105
鹿毛雅治　179
梶田叡一　80
海保博之　82
柏木惠子　153
柏木繁男　87
学級経営研究会　218
学校心理士資格認定運営委員
　会　11, 13
桂聖　215
加藤隆勝　66
加藤司　183
神奈川県立総合教育センター
　52
金子一史　84
狩野素朗　116
上村惠津子　216
亀田達也　91
川浦康至　67
川島一晃　137
川瀬正裕　84
河村茂雄　31, 109, 114, 115,
　117, 133, 219
菅野敦　223
カーンバーグ，O.F.　87
木島伸彦　87
キースラー，C.A.　91
キースラー，S.B.　91
ギップス，C.V.　81
城戸幡太郎　76
木原久美子　148, 157
木村佳世子　141
教育課程審議会　158
教育再生実行会議　220
教育振興基本計画　220
教育制度研究会　34

清永賢二　25, 182
楠見孝　82
久世敏雄　66
窪田眞二　35
久保田真功　25
熊谷一乗　35
熊谷恵子　139
クライン　83
栗原慎二　109
黒川雅幸　25
慶野遥香　15
小泉令三　144, 145
高知県教育センター　110
河野重男　25
黄正国　92
國分久子　132
國分康孝　48, 82, 132, 143, 184, 209
国立教育政策研究所生徒指導進路指導研究センター　181
国立特別支援教育総合研究所　52
小塩真司　67
近藤邦夫　5, 118, 128
兒玉憲一　92
兒玉憲典　69
子どもの貧困白書編集委員会　196
小貫悟　215
小浜逸郎　90
小早川祐子　97
小林朋子　150
小林登　199
小見山栄一　76
子安増生　65, 67
コールマン, J.C.　65
近藤由紀子　86

【さ行】

齊藤万比古　41
齋藤耕二　66
齊藤誠一　67
榊原洋一　41

坂越正樹　19
阪中順子　191
阪本一郎　76
坂本万礼　110
坂柳恒夫　110
相樂直子　113
櫻井茂男　179
迫田裕子　165, 174
佐古秀一　33
佐藤一也　174
佐藤学　14, 204
四方実一　76
繁枡算男　83
柴崎正行　26
清水和秋　111
清水弘司　67
下津雅美　97
下山晴彦　88, 111
ショーン, D.　204
ジョンソン, D.E.　211
白井利明　65, 67
白木豊美　170, 175
新福尚武　154
新堀通也　24, 25
杉村和美　67
杉本卓　77
鈴木清　76
鈴木高士　77
鈴木庸裕　197
鈴木秀幸　81
鈴木宏昭　77
諏訪茂樹　21
瀬尾美紀子　92
瀬戸美奈子　170, 174
全国連合小学校長会　218
曽余田浩史　28, 33

【た行】

第2期教育振興基本計画　220
高田純　92
高橋祥友　191
田上不二夫　118, 133, 135
高森明　41

高山恵子　41
瀧野揚三　173, 223
詫摩武俊　86
高石昌弘　64
武井敦史　33
竹内登規夫　110
武政太郎　76
田崎敏昭　116
辰野千寿　76, 77, 104
棚上奈緒　97
田中耕治　21, 158
田中智志　18
田中輝美　113
田中統治　21, 23, 29
田中康雄　39, 41
谷口弘一　183
田村修一　97, 209
田村節子　101, 102, 129, 156, 163, 164, 168, 169
田村知子　158
ダーリング–ハモンド, L.　206
樽木靖夫　165
丹野義彦　89
中央教育審議会　2, 54, 110, 159, 220
中條和光　75
柘植雅義　37, 139
津田昌弘　14
辻井正次　109
都筑学　67
常田秀子　157
テオプラストス　86
デューイ, J.　22
東京都幼・小・中・高・心性教育研究会　65
東京文理科大学内児童研究会　76
戸川幸夫　76
徳田克己　39
徳田美智子　112
戸田有一　49, 145, 182, 183
冨安浩樹　111

【な行】

永井智　92, 96
中井久夫　182
中岡千幸　92
長崎勤　223
中田正敏　42, 43
中留武昭　23
中野佐三　76
中原美恵　175
中間玲子　67
中邑幾太　76
中山健　105
ナグリエリ，J.A.　105
並河努　67
西岡加名恵　81, 158, 159
西園昌久　87
西舘有沙　39
西平直喜　67
西村高宏　15
西本絹子　157
西山久子　97, 165, 174
西山庸平　76
二宮克美　65, 67
日本学校心理士会・東日本大震災，子ども・学校支援チーム　10
日本スクールカウンセリング推進協議会　49
日本性教育協会　65
日本生徒指導学会　49
日本青年心理学会　65, 67
日本版 PRIM 作成委員会　41

【は行】

ハヴィガースト，R.J.　69
ハーシィ，P.　211
橋本重治　80
長谷川榮　20
長谷川寿一　66
波多野完治　76
八野正男　77
浜谷直人　157
浜田博文　28, 32, 33

ハヤカワ，S.I.　124
早川昌範　91
バラッツ-スノーデン，J.　206
久田満　94
肥田野直　109
日野林俊彦　65
平澤真名子　79
平田華蔵　76
平山祐一郎　79
広田照幸　18
福沢周亮　76, 77, 78, 79, 124
福田由紀　78, 79
福富護　103
藤生英行　113
藤岡秀樹　212, 213
藤崎春代　148, 157
藤田和弘　105, 139
藤田慶子　206
藤村宣之　77
藤原正光　10
淵上克義　28, 97, 165, 174, 209
フラナガン，D.P.　105
ブランチャード，K.H.　211
古川竹二　87
古庄純一　41
ブロンフェンブレンナー，U.　103
別役千世　110
ヘンドリー，L.B.　65
保坂亨　180, 181
星井純子　139
細谷純　77
ホフマン，S.G.　135
堀越勝　135
堀正　86
堀洋道　90, 93
本田恵子　189
本田真大　96

【ま行】

牧昌見　171
正木正　76
増田惟茂　76
松井仁　117

松井豊　92, 93
松尾長造　76
松下佳代　159, 213
松原達哉　104
松村茂治　223
松本順之　76
松本英夫　84
松本亦太郎　76
松本真理子　84
丸山良二　76
三浦光哉　139
三木とみ子　112
水越敏行　116
水野治久　6, 96, 102
三隅二不二　210
溝上慎一　66, 159
満留昭久　112
宮城音彌　76
宮崎洋子　136
宮島喬　195
村田由三子　137
武蔵由佳　219
無藤隆　67
村上隆　109
村川雅弘　158
村山功　77
村山正治　83
村山航　106
茂垣まどか　67
元村直靖　173
森川直　19
森進一　86
森田尚人　18
森田伸子　18
森田洋司　25, 182
森敏昭　75, 80
諸富祥彦　131, 209
文部科学省　22, 40, 45, 48, 52, 56, 65, 112, 127, 191, 200, 204, 221
文部省　26

【や行】

八尾坂修　203

八並光俊　48
藪中征代　79
山内久美　156
山岡晶　110
山口豊一　155, 163, 164, 165
山崎勝之　49, 145, 182
山本あづさ　211
山本和郎　149, 166, 200
山本成二　211
山本真理子　90, 93
山本陽一　93
山谷敬三郎　140
湯澤正通　77
俞善英　93
横浜市教育委員会　49
吉崎静夫　116
吉田友子　39
吉田富二雄　90, 93

【ら行】

蘭千壽　223
リー, P.　43
臨時教育審議会　220

【わ行】

脇田貴文　67
渡部洋　105
渡辺三枝子　57
渡辺弥生　49, 63, 107, 142, 145, 182

【A－Z】

Anderson, G.J.　116
Aronson, E.　91
Baumeister, R.F.　95
Bergan, J.R.　150
Böckler, N.　183
Bogin, B.　65
Burke, R.J.　209
Caplan, G.　94, 154
Carey, T.A.　96
Cohen, S.　95
Coleman, J.　65
D'Andrea, M.　88

Davis, T.E.　137
Dowling, M.J.　96
Durlak, J.A.　145
Dymnicki, A.B.　145
Ellis, A.　132
Fantz, R.L.　60
Folkman, S.　95
Fraser, B.J.　116
Freudenberger, H.J.　208
Friesen, D.　209
Gipps, C.V.　81
Goswami, U.C.　61
Greenglass, E.　209
Heitmeyer, W.　183
Hendry, L.B.　65
Herr, E.L.　55, 57
House, J.S.　94
Ivey, A.　88
Ivey, M.B.　88
Janney, R.E.　43
Kelman, H.C.　91
Kimsey-House, H.　140
Kimsey-House, K.　140
Kinlaw, D.　140
Kratochwill, T.R.　150
Larkin, R.W.　183
Laslet, P.　68
Lazarus, R.S.　95
Leary, M.R.　95
Lichtenstein, R.　173
Martin, R.　150
Maslach, C.　208
Meltzoff, A.N.　61
Meyers, J.　150
Moore, M.K.　61
Moos, R.H.　116
Moustakas, C.　123
Murray, L.　61
Osborn, C.　137
Parsons, R.D.　150
Prokop, C.　209
Pruett, M.K.　173
Richelson, G.　208
Rogers, C.R.　130, 131

Sandahl, P.　140
Sarros, J.C.　209
Schellinger, K.B.　145
Schonfeld, D.J.　173
Seeger, T.　183
Sheridan, S.M.　150
Shulman, L.　207
Simek-Morgan, L.　88
Sitzer, P.　183
Snell, M.E.　43
Speese-Linehan, D.　173
Spiel, C.　183
Strohmeier, D.　183
Taylor, R.D.　145
Thoits, P.A.　95
Trickett, E.J.　116
Walberg, H.J.　116
Weissberg, R.P.　145
Whitmore, J.　141
Whitworth, L.　140
WHO　64
Wills, T.A.　95

あとがき

　本書は，まえがきでも紹介しましたが，2004年に出版した学校心理学ハンドブックの改訂第2版です。この間，初版本は大変に好評で版を重ねてきましたが，10年を経た頃から，学校心理学会の研究委員理事の間で，改訂してはどうか，ということが話題になり始めました。その理由については，まえがきでも触れましたが，一つには，10年間という月日が，学校とそれを取り巻く環境を大きく変えてきたことがあります。わが国における学校心理学のいわば座右の書としての役割を果たしてきた本書は，時代とともに改訂し，発展させていくことが学校心理学の発展にもつながるであろうと考えました。

　そこで，2014年の春，第1回の編集委員会が開催され，内容の見直し，新たに加えるべき事項や全体の構成などについて議論を重ねてきました。よりよい学校心理学の形をめざし，そして何よりも，すべての子どもたちの学校生活がよりよいものとなるような，そのための本書でありたいという思いを共有する会議でした。

　その結果，足かけ3年という長い期間を要することになりましたが，最新の学校をめぐる課題も盛り込まれ，学校心理学の基礎と理論を現場の実践へとつなげることのできる，初学の学生から現場の教員まで幅広い読者層に役立つ本に仕上がりました。

　取り上げた項目は96項目，最新のトピックスとして14項目の計110項目を見開き2ページで簡潔かつわかりやすく解説しています。執筆は，初版と同様に各分野の第一人者の先生総勢78名の協力を得ています。この場を借りて，ご協力いただいた先生方に深く感謝申し上げます。

　さて，めまぐるしく変化する現代社会において，10年という歳月はまさに隔世の感があります。10年前，携帯を持っている小学生はまだ多くなかったと思います。10年後の現在，携帯はすっかり姿を消しつつあり，今や小学生もスマートフォンの時代です。

　一方で，10年前と今も変わらない光景も，実はたくさんあるように思います。その一つが教室や運動場から聞こえてくる子どもたちの元気で楽しそうな歓声です。学校は子どもたちにとって，いつの時代にも変わらない，人生の思い出を作る場で

す。時代の流れの中で学校はさまざまな課題や困難を乗り越えていってほしい，そして，子どもにとって何よりも大切な学校の意味は，時代を超えて変わらずにあり続けてほしい，学校心理学はそのことを支える学問でありたいと思います。

　本書が，そのような学校であることを支えてくださる読者皆様の役に立つのであれば，そしてまた，本書が子どもたちのよりよい歩みを支える基礎になることができれば，編集委員にとってこれ以上の喜びはありません。

　最後に，教育出版の阪口建吾様には，2014年以来，常に的確なアドバイスと粘り強い励ましをいただきました。ここに記して深謝いたします。

　　　2016年10月

責任編集者一同

日本学校心理学会へのお誘い

　今，学校が変わろうとしています。国は今後の学校の組織のあるべき姿として「チーム学校」を打ち出しました。「チーム援助」の理論と実践は本学会の「学校心理学」の主要テーマであり，約20年前から会員により数々の調査研究や実践研究がなされ，その知見に基づき学校現場での実践も広く行われています。

　本学会は，一人ひとりの子どもに対する「心理教育的援助サービスの充実」および「学校心理学の発展」をめざしています。会員は，研究者や大学院生・学生はもちろん，幼稚園・保育園から大学までの教師，養護教諭，管理職，SC，SSW，また地域の相談員，教育行政の担当者，医療・福祉領域の援助者，そして保護者など，さまざまな立場の方々です。会員のもつ資格も，学校心理士をはじめとして，特別支援教育士，臨床発達心理士，臨床心理士，ガイダンスカウンセラーなど多様です。

　本学会は，「研修会」「ニュースレター」「学校心理学研究」を通して，心理教育的援助サービスに関わる会員相互の学習や実践・研究成果の発信を行っています。そして互いの実践・研究の成果の共有を通して，お互いがもっている力と可能性に気づき，子どもの成長をチームとして支えることをめざしています。

　本学会の合い言葉は，「みんなが資源，みんなで支援」です。ぜひご一緒に学びませんか？

連絡先

日本学校心理学会　会員窓口（入会申込み，お問合わせ等）
〒162-0801　東京都新宿区山吹町358-5　アカデミーセンター
TEL：03-5937-0036　FAX：03-3368-2822
　月～金　9:00～17:00（12:00～13:00は留守番電話で対応しています）
E-mail：jspa@schoolpsychology.jp
ホームページ　http://schoolpsychology.jp/index.html
　　　（「日本学校心理学会」で検索してください）

日本学校心理学会　学会事務局
〒114-0033　東京都北区十条台1-7-13
東京成徳大学応用心理学部　田村研究室気付
TEL & FAX：03-5948-4471　　火曜日　10:00～18:00
E-mail：office@schoolpsychology.jp

学校心理学ハンドブック[第2版]
「チーム」学校の充実をめざして

2004年5月15日　初版第1刷発行
2016年11月29日　2版第1刷発行

責任編集　　石隈利紀　　大野精一
　　　　　　小野瀬雅人　東原文子
　　　　　　松本真理子　山谷敬三郎
　　　　　　福沢周亮

編　者　日本学校心理学会
発行者　山﨑 富士雄
発行所　教育出版株式会社

〒101-0051　東京都千代田区神田神保町2-10
電話　03-3238-6965　振替　00190-1-107340

Printed in Japan
落丁・乱丁はお取替いたします。

組版　ピーアンドエー
印刷　神谷印刷
製本　上島製本

ISBN978-4-316-80312-8　C3011